뉴스 영어의
결정적 심화 표현들

박종홍

- 박앵커의 마스터클래스(대표)
  www.parkanchor.com
- 고려대학교 일반대학원 영어교육학 석사
- 순천향대학교 영어영문학과 겸임교수 (2013~2020)
- 아리랑TV 공채 1기 보도기자/뉴스앵커 (23년간 재직)
- (현) CLASSU 뉴스영어 "박앵커의 시사영어 101"
- (현) 파고다어학원 강남 일반영어 주말 강의
- (현) 이창용어학원 통번역·일반영어 주말 강의
- (현) CY통번역센터 대표 영어 MC
- 유튜브 채널 "박앵커의 뭉치영어" 운영

뉴스 영어의 결정적 심화 표현들

지은이 박종홍
초판 1쇄 발행 2023년 10월 4일
초판 2쇄 발행 2024년 12월 11일

발행인 박효상 **편집장** 김현 **기획 · 편집** 장경희, 이한경 **디자인** 임정현
마케팅 이태호, 이전희 **관리** 김태옥

기획 · 편집 진행 김현 **교정 · 교열** 박혜민
본문 · 표지 디자인 고희선

종이 월드페이퍼 **인쇄 · 제본** 예림인쇄 · 바인딩

출판등록 제10-1835호 **발행처** 사람in **주소** 04034 서울시 마포구 양화로 11길 14-10 (서교동) 3F
전화 02) 338-3555(代) **팩스** 02) 338-3545 **E-mail** saramin@netsgo.com
Website www.saramin.com

책값은 뒤표지에 있습니다.
파본은 바꾸어 드립니다.

ISBN
979-11-7101-027-1 14740
978-89-6049-783-2 세트

우아한 지적만보, 기민한 실사구시 사람in

뉴스 영어의
결정적 심화 표현들

ADVANCED ENGLISH EXPRESSIONS FOR NEWS READING

AI technology is on the cusp of revolutionizing numerous industries.

The swimmer had been struggling in the heats, but was finally able to get over the hump and qualify for the finals.

During severe weather events, the importance of emergency preparedness and response efforts come to the fore.

박종홍 저

지성 충만
월드클래스
뉴스 표현들

뉴스에서
막히는
부분이
사라지다

최고 수준의 뉴스 표현 아카이브

사람in

다음은 원어민과의 대화 상황입니다. 역할 놀이하듯 소리 내어 읽어 보세요.

A I am sweating profusely. I am soaked.

B Profusely? That's a real fancy word. Where did you learn it?

A Taking Anchor Park's class. He puts emphasis on collocations.

B He is so right! Collocations can elevate your English, making you sound eloquent."

A 땀을 너무 많이 흘리고 있어. 흠뻑 젖었어.

B Sweat profusely? 그거 정말 고급 단어인데 어디서 배웠어?

A 박앵커님 수업 듣고 있거든. 그분이 연어(뭉치 단어)를 강조하셔.

B 정말 맞아! 연어를 사용하면 영어의 격이 올라가고 유창하게 들릴 수 있어.

학생들을 가르치면서 위와 같은 피드백을 많이 듣는 편입니다. 연어(말뭉치)는 collocation이라고 하며, sweat profusely처럼 '동사 + 부사'의 패턴으로 하나의 단어 조합을 이루는 형태인데 (동사 + 부사 패턴 외에도 다양하게 있습니다), 다양한 collocations를 곱씹고 체화해야 네이티브같은 자연스러움과 품격 있는 영어를 구사할 수 있다고 영어학자들이 이구동성 말합니다. 그중에서도 '엘리트 원어민'들이 사용하는 collocation을 중고급 학습자들에게 유익한 표현들을 중심으로 뉴스 표현에서 뽑아 이 책을 집필했습니다.

〈뉴스 영어의 결정적 심화 표현들〉은 전에 출간된 〈뉴스 영어의 결정적 표현들〉보다 '한 수 위 영어' 컨셉을 세워 집필한 책으로, 이 책을 통해 많은 학습자들이 자신의 영어 표현력을 한 단계 더 격상시킬 수 있을 거라고 생각합니다. 〈뉴스 영어의 결정적 표현들〉이 '범용적인 뉴스 표현'이었다면, 〈뉴스 영어의 결정적 심화 표현들〉은 다소 낯설게 느껴지면서도 난이도 높고 보다 격식 있는 collocation이 주를 이룹니다.

하지만 영어 일간지/방송 뉴스 기사와 논평은 물론, 고등교육을 받은 미국 지식인들이 다른 사람과 차별화된 자신의 학식을 과시할 때 자주 사용하는 표현들(일각에서는 이를 Harvard Speak라고 부릅니다)을 엄선했기에 제대로 익힌다면 소위 '있어 보이는 영어'를 구사할 수 있으리라 생각합니다.

필자는 실전 영어 학습법으로 평소에 '필사와 낭독'이 필수 전략이라고 권합니다. 그 이유는 몰입하여 필사하다 보면 영어의 결을 체화할 수 있고, 올바른 낭독(발성, 연음, 억양, 타이밍, 리듬감 등)을 통해 collocation을 체득하면 실제 상황에서 응용하기가 수월해지기 때문입니다. 〈뉴스 영어의 결정적 표현들〉이 출간되고서 통번역사들에게 특히 좋은 반응을 받았는데, 수준 높은 영어를 필요로 하는 모든 분들이 필사와 낭독으로 〈뉴스 영어의 결정적 심화 표현들〉의 핵심 지문들을 학습하여 좋은 성과를 거두길 바랍니다.

고급 표현들은 비유와 은유적 표현들이 다분히 많은데 표현 유래 설명을 곱씹고 시각화해서 기억하면 효과적입니다. 특히 실제 뉴스에 실린 기사 예시문에는 풍부한 관련 어휘와 수준 있는 구문들이 나옵니다. 단순히 눈으로 보고 넘길 것이 아니라 엄선한 240개 빈출 표현과 이를 다독(多讀)하고 필사하고 낭독하면서 구문 확장과 암송을 권합니다. 독자 여러분이 소장하여 수시로 꺼내 볼 수 있는 책이길 바라는 마음으로 집필한 이 책이 여러분의 여유로운 삶을 위해 작으나마 도움이 되었으면 합니다. 감사합니다.

박종홍

이 책은 영어 뉴스에서 활용 빈도가 높은 240개의 빈출 뭉치 표현을 주제별로 크게 8개 PART로 나누고 다시 세부 CHAPTER로 나누어 풍부한 예문과 실제 뉴스 지문을 통해 익히도록 했습니다.

"down to the wire(최후까...
타내며, 결승선을 앞두고 ㅇ...
이나 결과를 둘러싼 긴장감...

1 주지사 선거는 선거 전 ㅇ...
The race for gov...
candidates r...

이번 선거는 현 행정부에게 시금석이 될 것이다.
001 The election will be a litmus test for the current administration.

"litmus test"는 화학에서 리트머스 종이의 색깔 변화로 산성인지 염기성인지를 판별하는 방법입니다. 이것이 정치 분야에서는 유권자가 어떤 후보자를 결정하기 위해 그 후보자가 갖고 있는 입장 또는 신념이 자신의 이데올로기와 일치하는지 판단하기 위한 기준으로 쓰이다는 비유로 표현으로 쓰입니다.

1 총기 규제 문제가 다가오는 선거에서 정치 후보자들에게 시금석이 되었다.
The issue of gun control has become a litmus test for political candidates in the upcoming election.

2 기후 변화는 많은 유권자들에게 시금석과 같은데 모든 유권자들이 다뤄야 할 주요 쟁점으로 본다.
Climate change is a litmus test for many voters, who see it as a pivotal issue that should be addressed by all candidates.

3 의료 보장은 높은 의료 비용과 보험 활용성을 우려하는 많은 유권자에게 시금석이다.
Healthcare is a litmus test for many voters who are concerned about the high costs of medical care and the availability of insurance.

4 이민 정책은 국경 보안과 불법 이민에 대해 강경한 입장을 취할 것으로 예상되는 여당 후보들에게 시금석이 되었다.
Immigration policy has become a litmus test for ruling party candidates, who are expected to take a tough stance on border security and illegal immigration.

Abortion rights have become a litmus test for Democratic candidates in the 2022 midterm elections, as the Supreme Court prepares to hear a case that could overturn Roe v. Wade. Many Democratic candidates are calling for expanded access to reproductive healthcare and vowing to protect a woman's right to choose, while some moderate Democrats are taking a more cautious approach. <The Guardian>

대법원이 로 대 웨이드 판결을 뒤집을 수도 있는 사건을 심리할 준비를 하면서 2022년 중간선거에서 낙태권이 민주당 후보들에게 시금석이 되고 있다. 많은 민주당 후보들이 생식 건강에 대한 접근성 확대를 요구하고 여성의 선택권을 보호하겠다고 다짐하는 반면, 일부 온건파 민주당원들은 보다 신중한 접근 방식을 취하고 있다. <가디언>

PART 1 정치, 정보, 국제   24

선거는 이제 막바지에 이르렀고 모든 투표가 중요하다.
002 The race is down to the wire, and every vote counts.

"down to the wire(최후까지, 끝까지)"는 경마에서 유래한 표현으로, wire는 결승선을 나타내며, 결승선을 앞두고 승패를 예측할 수 없는 접전인 상황을 가리킵니다. 최종 결정이나 결과를 둘러싼 긴장감이나 기대감을 묘사할 때 사용됩니다.

1 주지사 선거는 선거 전 여론조사에서 두 후보가 박빙을 벌이며 막바지로 치닫고 있다.
The race for governor is going down to the wire, with both candidates neck-and-neck in the polls before the election.

2 양당이 미결정 유권자를 끌어들이기 위해 총력을 기울이면서 접전 주의 싸움은 막바지까지 치닫을 것으로 예상된다.
The battle for the swing state is expected to go down to the wire, with both parties going all-out to woo undecided voters.

3 후보들이 막판에서 치열한 접전을 펼치기에 선거 전 마지막 노동회는 결정적 중요한 토론회가 될 것으로 예상된다.
The last debate before the election is expected to be critical, as the candidates jockey for position down to the wire.

4 사전 투표가 진행 중이고 선거일이 빠르게 다가오면서 선거운동이 막바지로 치닫고 있다.
With early voting underway and Election Day fast approaching, the campaign is coming down to the wire.

The stain of corruption turned Lula into a pariah for many Brazilians, and the 2022 elections went down to the wire. While many have fond memories of economic prosperity under Lula's rule and he remains deeply popular among poor communities especially in Brazil's northeast – his fiefdom – many others voted for him merely to see the back of Bolsonaro. This was Lula's sixth presidential campaign. <France24>

부패의 오명으로 인해 룰라는 많은 브라질 국민에게 기피 인물이 되었으며, 2022년 선거는 막판까지 엎치락뒤치락했다. 많은 사람들이 룰라 집권 당시 경제적 번영의 좋은 기억을 갖고 있고 특히 브라질 북동부 – 그의 영지에서 가난한 지역사회에서 여전히 매우 인기가 있지만, 많은 사람들이 보우소나루의 퇴진을 보기 위해 그에게 투표했다. 이번이 룰라의 여섯 번째 대선 도전이었다. <프랑스24>

pariah 기피인물 사람   **fiefdom** 장의대권한 지자분

CHAPTER 1 선거와 정치 일반   25

Abortion rights have beco...
in the 2022 midterm electio...
that could overturn Roe v. Wa...
expanded access to reproduc...
right to choose, while some m...
approach. <The Guardian>

대법원이 로 대 웨이드 판결을 뒤집을 수 있는 사...
낙태권은 민주당 후보들에게 시금석이 되...
접근성 확대를 요구하고 여성의 (낙태)...
후보들은 보다 신중한 접근 방식을 취...

빈출 표현 설명

먼저 빈출 표현에 대해 문법과 어휘, 어원 측면에서 설명합니다. 어떤 형태이며 왜 그렇게 쓰이고 어떻게 그런 의미를 갖게 되었는지 이해할 수 있습니다. 관련한 참고 표현도 함께 배울 수 있습니다.

대표 예문

빈출 표현을 활용한 예문을 3∼5개씩 소개하여 활용 원리와 쓰임을 익힐 수 있습니다. 영어 뭉치 표현과 우리말 뭉치 표현이 어떻게 대응되는지도 눈여겨보시기 바랍니다. 원어민 성우가 녹음한 예문을 여러 번 들으면 정확한 발음을 익힐 수 있습니다. 눈으로만 읽지 말고 따라 읽으며 익히시기를 권합니다.

실제 뉴스 지문

빈출 표현이 사용된 실제 영어 뉴스 기사를 소개합니다. BBC 뉴스, KBS 월드 라디오 뉴스, New York Times(뉴욕 타임스), Guardian(가디언) 등 유수의 영어 뉴스 매체에 실제로 쓰인 뉴스 영어 패턴을 확인할 수 있습니다. 살아 있는 뉴스 영어를 직접 보고 학습할 수 있는 좋은 기회이니 역시 눈으로만 읽지 말고 따라 읽으며 익히시기 바랍니다.

PART 1 정치, 안보, 국제

CHAPTER 1 선거와 정치 일반

CHAPTER 2 정권과 비리

CHAPTER 3 안보와 군사, 전쟁

CHAPTER 4 국제 정세와 테러

PART 2 경제, 경영, 산업

CHAPTER 1 경기와 수요, 공급

CHAPTER 2 투자와 금융, 무역

PART 4 취미, 건강, 자기 계발

CHAPTER 1 취미

CHAPTER 2 비만과 체중 조절

CHAPTER 3 스트레스와 질병, 중독

PART 5 문화, 연예

CHAPTER 1 영화와 TV, 온라인 스트리밍

PART 6 스포츠

CHAPTER 1 운동 일반

CHAPTER 2 축구

PART 7 환경

CHAPTER 1 오염과 지구 온난화

PART 8 사설, 논평

CHAPTER 1 긍정적 평가 & 부정적 평가

PART 1
정치, 안보, 국제

CHAPTER 1

선거와 정치 일반

이번 선거는 현 행정부**에게 시금석**이 될 것이다.

The election will be a litmus test for the current administration.

MP3 001

"litmus test"는 화학에서 리트머스 종이의 색깔 변화로 산성인지 염기성인지를 판별하는 방법입니다. 이것이 정치 문맥에서는 유권자가 어떤 후보자를 결정하기 위해 그 후보자가 갖고 있는 입장 또는 신념이 자신의 이데올로기와 일치하는지 판단하기 위한 기준으로 쓰인다는 비유적 표현으로 쓰입니다.

1 총기 규제 문제가 다가오는 선거에서 정치 후보자들에게 시금석이 되었다.
   The issue of gun control has become **a litmus test for** political candidates in the upcoming election.

2 기후 변화는 많은 유권자들에게 시금석과 같은데, 유권자들은 이를 모든 후보가 해결해야 할 주요 쟁점으로 본다.
   Climate change is **a litmus test for** many voters, who see it as a pivotal issue that should be addressed by all candidates.

3 의료 복지는 높은 의료 비용과 보험 활용성을 우려하는 많은 유권자들에게 시금석이다.
   Healthcare is **a litmus test for** many voters who are concerned about the high costs of medical care and the availability of insurance.

4 이민 정책은 국경 보안과 불법 이민에 대해 강경한 입장을 취할 것으로 예상되는 여당 후보들에게 시금석이 되었다.
   Immigration policy has become **a litmus test for** ruling party candidates, who are expected to take a tough stance on border security and illegal immigration.

NEWS

Abortion rights have become **a litmus test for** Democratic candidates in the 2022 midterm elections, as the Supreme Court prepares to hear a case that could overturn Roe v. Wade. Many Democratic candidates are calling for expanded access to reproductive healthcare and vowing to protect a woman's right to choose, while some moderate Democrats are taking a more cautious approach. <The Guardian>

대법원이 로 대 웨이드 판결을 뒤집을 사건을 심리할 준비를 하는 가운데 2022년 중간선거에서 낙태권은 민주당 후보들에게 시금석이 되고 있다. 많은 민주당 후보들이 재생산 의료(모자보건)에 대한 접근성 확대를 요구하고 여성의 (낙태) 선택권을 보호하겠다고 약속하는 반면, 일부 온건파 민주당 후보들은 보다 신중한 접근 방식을 취하고 있다. 〈가디언〉

선거는 이제 **막바지에** 이르렀고, 모든 투표가 중요하다.

The race is down to the wire, and every vote counts.

MP3 002

"down to the wire(최후까지, 끝까지)"는 경마에서 유래한 표현으로 wire는 결승선을 나타내며, 결승선을 앞두고 승패를 예측할 수 없는 접전인 상황을 가리킵니다. 최종 결정이나 결과를 둘러싼 긴장감이나 기대감을 묘사할 때 사용합니다.

1 주지사 선거는 선거 전 여론조사에서 두 후보가 팽팽한 접전을 벌이며 막바지로 치닫고 있다.

The race for governor is going **down to the wire**, with both candidates neck-and-neck in the polls before the election.

2 양당이 미결정 유권자를 끌어들이기 위해 총력을 기울이면서 경합 주의 선거는 막판까지 치열하게 전개될 것으로 예상된다.

The battle for the swing state is expected to go **down to the wire**, with both parties going all-out to woo undecided voters.

—— swing state (공화당인지 민주당인지 선거 때마다 바뀌는) 경합 주

3 후보들이 막판까지 치열한 접전을 펼치기에 선거 전 마지막 토론회는 굉장히 중요한 토론회가 될 것으로 예상된다.

The last debate before the election is expected to be critical, as the candidates jockey for position **down to the wire**.

—— jockey 앞서기 위해 다투다

4 사전 투표가 진행 중이고 선거일이 빠르게 다가오면서 선거전이 막바지로 치닫고 있다.

With early voting underway and Election Day fast approaching, the campaign is coming **down to the wire**.

The stain of corruption turned Lula into a pariah for many Brazilians, and the 2022 elections went **down to the wire**. While many have fond memories of economic prosperity under Lula's rule and he remains deeply popular among poor communities especially in Brazil's northeast -- his fiefdom -- many others voted for him merely to see the back of Bolsonaro. This was Lula's sixth presidential campaign. <France24>

부패의 오명은 룰라를 많은 브라질 국민에게 혐오스러운 인물로 만들었고, 2022년 선거는 막판까지 접전으로 치달았다. 많은 사람들이 룰라 통치 하의 경제적 번영에 대한 좋은 기억이 있고, 특히 그의 절대적 지지 기반인 브라질 북동부의 빈민 지역에서는 여전히 룰라의 인기가 높지만, 많은 사람들은 그저 전 대통령인 보우소나루가 물러나는 뒷모습을 보기 위해 그에게 투표했다. 이번이 룰라의 여섯 번째 대선 캠페인이었다. 〈프랑스24〉

pariah 버림받은 사람   **fiefdom** 절대적인 지반

빈출 표현 003

논란의 여지가 있는 이 조치는 더 많은 지지를 얻기 위한 **정치적 도박**으로 보였다.

The controversial move was seen as a political gambit to gain more support.

MP3 003

"political gambit(정치적 도박)"은 체스 게임에서 유래된 표현입니다. 체스에서 "gambit"이란 보다 유리한 위치를 얻기 위해 자신의 기물이나 이점을 잃을 위험을 감수하는 수를 의미하는데요. 정치에서의 "gambit"은 정치인이나 정당이 특정 결과를 이끌어내기 위해 하는 계산된 움직임을 나타냅니다. 원하는 결과를 이루기 위해 위험을 감수하거나 대담하게 움직이는 것을 의미합니다.

1 야당의 최근 법인세 인상 제안은 진보 유권자들의 마음을 사로잡으려는 정치적 도박으로 보인다.
   The opposition party's recent proposal to raise taxes on corporations is seen as **a political gambit** to win over progressive voters.

2 일부 전문가들은 정부 결정이 현재 진행 중인 경제 쟁점에서 주의를 돌리기 위한 정치적 도박이라고 비판했다.
   Some experts have criticized the government's decision as **a political gambit** to distract from ongoing economic issues.

3 총리의 예상치 못한 농촌 마을 방문은 농민들에게 어필하기 위한 정치적 도박으로 보인다.
   The prime minister's unexpected visit to a rural village is being seen as **a political gambit** to appeal to farmers.

4 새로운 외교 정책 계획을 발표하기로 한 대통령의 결정은 지지율을 높이기 위한 정치적 도박으로 보인다.
   The president's decision to announce a new foreign policy initiative is being seen as **a political gambit** to boost his approval ratings.

5 주요 쟁점에 대한 그 상원의원의 갑작스러운 입장 전환은 많은 이들이 더 많은 유권자를 끌어들이기 위한 정치적 도박으로 보고 있다.
   The senator's sudden reversal on a key issue is being viewed by many as **a political gambit** to attract more voters.

Joe Biden's announcement that he plans to nominate Kamala Harris as his running mate was **a political gambit** designed to energize the Democratic base and appeal to women and people of color. Harris, a former prosecutor and California attorney general, is a well-known figure in Democratic circles and brings a wealth of experience to the ticket. <CNN>

카말라 해리스를 러닝메이트로 지명하겠다는 조 바이든의 발표는 민주당 지지층에 활력을 불어넣고 여성과 유색인종에게 어필하기 위해 고안된 정치적 도박이었다. 전직 검사이자 캘리포니아주 법무장관 출신인 해리스는 민주당 내에서 잘 알려진 인물로, 공천에 풍부한 경험이 있다. 〈CNN〉

과거 사례를 보면, 투표율이 낮을 가능성이 높다.
If history is any guide, voter turnout is likely to be low.

MP3 004

역사는 되풀이된다는 말이 있지요. "if history is any guide(역사를 기준으로 본다면)"는 과거의 유사한 상황이나 사건을 살펴본다면 현재 상황이나 미래의 사건을 예측할 수 있음을 시사합니다. 미래를 예측하는 일에 신중을 기해야 할 필요가 있다는 의미도 내포합니다.

1 역사적으로 볼 때, 유권자들이 많은 쟁점에 동기부여를 받고 있어서 올해 선거는 투표율이 높을 것이다.
   If history is any guide, turnout will be high in this year's election, as voters are motivated by many issues.

2 역사적으로 볼 때, 무소속 유권자의 과반수를 얻는 후보가 당선자로 부상할 가능성이 높다.
   If history is any guide, the candidate who wins the majority of independent voters will likely emerge as the winner.

3 전례에 따르면, 현직 대통령이 선거에서 유리하지만, 코로나19 팬데믹의 영향으로 올해 선거는 예외가 될 수도 있다.
   If history is any guide, the incumbent president has an advantage in the election, but this year's race may be an exception due to repercussions of the COVID-19 pandemic.
   —— repercussion 영향

4 전례에 비추어 볼 때, 많은 유권자가 연휴 전에 투표하기로 결정하면서 올해 선거에서는 사전 투표가 중요한 역할을 할 것이다.
   If history is any guide, early voting will play a significant role in this year's election, with many voters choosing to cast their ballots before the holidays.

If history is any guide, voter turnout in this year's presidential election will be higher than in previous years. The COVID-19 pandemic has made voting more challenging, with many states expanding their mail-in and early voting options to accommodate voters. In addition, the issues at stake in this election, including the pandemic, the economy, and social justice, are highly polarizing and are motivating many voters to participate. <The Washington Post>

전례에 비추어 볼 때, 올해 대선 투표율은 예년보다 높을 것이다. 코로나19 팬데믹으로 많은 주에서 유권자를 수용하기 위해 우편투표와 사전투표 옵션을 확대하면서 투표 자체가 꼭 해 봐야 하는 것이 되었다. 또 팬데믹, 경제, 사회 정의 등 이번 선거의 성패가 달린 쟁점들은 양극화가 심해 많은 유권자가 투표에 참여하도록 동기 부여하고 있다. 〈워싱턴 포스트〉

challenging 도전 의식을 북돋우는   **mail-in** 우편으로 처리되는 예상치 못한 선거 결과로 정치 지형에 **지각 변동**이 일어났다.
The unexpected result of the election caused tectonic shifts in the political landscape.

MP3 005

"tectonic shifts"는 지구 표면을 이루는 지각판들이 큰 규모로 이동하면서 지진을 일으키는 현상을 말합니다. 은유적으로 어떤 분야나 영역에서의 중대한 변화나 움직임을 표현하며, 이러한 변화는 근본적이고 광범위한 영향을 미친다는 것을 시사합니다. 이 표현은 주로 정치, 사회, 경제, 기술 시스템의 중요한 변화에 대한 논의에서 자주 활용됩니다. 유사 표현으로 "seismic shift", "political earthquake"가 있습니다.

1   코로나19 팬데믹으로 인해 많은 유권자들이 자신들의 우선순위를 바꾸고 예년과는 다르게 투표하면서 최근 선거에 지각 변동이 일어났다.
The COVID-19 pandemic has caused **tectonic shifts** in the latest election, with many voters changing their priorities and casting their ballots differently than in previous years.

2   소셜 미디어의 영향력이 커지면서 후보자들이 선거 운동을 하고 유권자들과 소통하는 방식에 지각변동이 일어나고 있다.
The growing influence of social media is causing **tectonic shifts** in the way that candidates campaign and communicate with voters.

3   제3당 후보의 부상과 양당 체제의 쇠퇴가 정치 지형에 지각 변동을 일으키고 있다.
The rise of third-party candidates and the decline of the two-party system are creating **tectonic shifts** in the political landscape.

4   유권자의 다양성 증가를 포함한 미국의 인구통계학적 변화는 후보자가 다양한 유권자 그룹에 호소하는 방식에 지각 변동을 일으키고 있다.
Demographic changes in the United States, including the growing diversity of the electorate, are causing **tectonic shifts** in the way that candidates appeal to different groups of voters.

―――― electorate 유권자

The 2020 election is shaping up to be one of the most consequential in American history, with **tectonic shifts** taking place across the political landscape. The COVID-19 pandemic has upended traditional campaign tactics and forced candidates to find new ways to connect with voters. <CNN>

정치 지형 전반에 걸쳐 지각 변동이 일어나면서 2020년 선거는 미국 역사상 가장 중요한 선거 중 하나가 될 것이다. 코로나19 팬데믹은 전통적인 선거 전술을 뒤집어 놓았고, 후보자들은 유권자들과 만나고 친해질 수 있는 새로운 방법을 찾아야 했다. 〈CNN〉

이 스캔들은 정치계를 **발칵 뒤집어 놓았다.**

The scandal turned the political world upside down.

MP3 **006**

"be turned upside down(발칵 뒤집히다)"은 말 그대로 물체의 윗면과 아랫면이 뒤집히는 물리적인 어감으로, 어떤 것이 완전히 바뀌거나 반전되었다는 것을 의미합니다. 능동태 "turn upside down"으로도 쓰이며, 순서가 뒤집히거나 역전된 상황을 묘사하는 데 자주 활용됩니다.

1   고위 공직자와 관련된 주요 스캔들이 드러나면 정치 지형이 발칵 뒤집힐 수 있다.
    The political landscape could **be turned upside down** if a major scandal involving a high-ranking official comes to light.
    ────── come to light 밝혀지다, 알려지다

2   정부 핵심 인사의 갑작스런 사임은 정치적 균형을 뒤집고 대대적인 내각 개편으로 이어질 수 있다.
    A surprise resignation by a key member of the government could **turn** the political balance **upside down** and lead to a major cabinet shakeup.
    ────── shakeup 대대적인 개편

3   유권자들이 문제를 해결하기 위한 새로운 해결책을 모색하면서 주요 경제 위기가 정치 상황을 뒤집을 수 있다.
    A major economic crisis could **turn** the political situation **upside down**, with voters looking for new solutions to address the challenges.

4   대규모 테러 공격은 외교 정책의 급진적 변화를 요구하면서 정치 풍토를 뒤집을 수 있다.
    A major terrorist attack could **turn** the political climate **upside down**, with calls for radical changes in foreign policy.

The COVID-19 pandemic **has turned** the world **upside down**, affecting every aspect of daily life and causing unprecedented disruptions to the global economy. The crisis has also had a profound impact on politics, with many governments struggling to contain the spread of the virus and respond to the needs of their citizens. <The Guardian>

코로나19 팬데믹은 전 세계를 뒤집어 놓았으며, 일상 생활의 모든 측면에 영향을 미치고 세계 경제에 전례 없는 혼란을 야기하고 있다. 이 위기는 정치에도 큰 영향을 미쳤으며, 많은 정부가 바이러스 확산을 억제하고 시민의 요구에 대응하기 위해 고군분투하고 있다. 〈가디언〉

contain 억제하다, 방지하다

정부는 해결해야 할 **수많은 문제**에 직면해 있다.
The government faces a litany of issues that need to be addressed.

MP3 007

이 표현은 문제가 많거나 불만 사항을 목록으로 나열하는 데 쓰입니다. "litany"는 원래 '기도나 종교적인 노래'를 가리키는데, 문제가 너무 많다 보니 마치 종교적인 기도나 노래처럼 끝없이 이어진다는 느낌을 주기에 이렇게 활용됩니다.

1 그 대선 후보는 과거 사업 거래에 대한 의혹과 논란의 여지가 있는 발언을 포함한 수많은 문제에 직면해 있다.
The presidential candidate faces **a litany of issues**, including questions about their past business dealings and controversial statements.

2 시장직은 범죄율 증가부터 저렴한 주택 부족에 이르기까지 수많은 문제를 다루고 있다.
The mayor's office is dealing with **a litany of issues**, from rising crime rates to a shortage of affordable housing.
—— office 직무

3 야당은 부패 혐의를 포함한 현 행정부에 대한 수많은 문제를 제시했다.
The opposition party has presented **a litany of issues** with the current administration, including accusations of corruption.

4 그 나라는 기후 변화에서 시민권에 이르기까지 수많은 문제와 씨름하고 있다.
The country is grappling with **a litany of issues**, from climate change to civil rights.

NEWS

The new administration will be facing **a litany of issues** as they take office, including a pandemic that has claimed hundreds of thousands of lives, an economy in shambles, and a deeply divided country. The COVID-19 pandemic has upended daily life and wreaked havoc on the healthcare system, leaving millions of Americans without jobs or healthcare. <CNN>

새 행정부는 취임과 동시에 수십만 명의 목숨을 앗아간 팬데믹, 혼란에 빠진 경제, 심하게 분열된 국가를 포함한 수많은 문제에 직면하게 될 것이다. 코로나19 팬데믹은 일상을 뒤흔들고 의료 복지 체계를 혼란에 빠뜨렸으며, 수백만 명의 미국인이 일자리와 의료 서비스를 받지 못하고 있다. 〈CNN〉

in shambles 난장판이 된   **upend** 뒤집어 놓다
wreak havoc on ~을 사정 없이 파괴하다

양당은 발의된 법안을 놓고 **첨예하게 대립 중이다.**
The two parties are at loggerheads over the proposed bill.

MP3 **008**

"be at loggerheads(첨예하게 대립하다)"는 다른 사람과 강한 불화나 충돌이 있는 것을 뜻합니다. 충돌하는 이슈는 주로 over 뒤에 놓아서 언급합니다. 이 표현은 벌목(logging)에서 유래한 것으로, 톱으로 나무를 자를 때 나무가 제대로 정렬되지 않으면 톱이 막혀서 진행이 안 되는 상황을 묘사합니다. 그것이 정치 관련해서는 첨예하게 대립한다는 의미로 쓰이게 된 것이죠.

1   두 정당은 세금 정책, 의료 서비스, 기후 변화를 포함한 다양한 이슈를 놓고 첨예하게 대립한다.
    The two political parties **are at loggerheads** over a range of issues, including tax policy, healthcare, and climate change.

2   주지사와 주 의회가 양측 모두 타협을 거부하며 예산 문제로 첨예하게 대립하고 있다.
    The governor and the state legislature **are at loggerheads** over the budget, with both sides refusing to compromise.

3   다가오는 선거에 출마한 후보들은 이민 정책을 둘러싸고 첨예하게 대립하고 있으며, 이는 선거 운동 과정에서 격렬한 논쟁과 분열을 초래하는 미사여구로 이어지고 있다.
    The candidates for the upcoming election **are at loggerheads** regarding immigration policies, leading to intense debates and divisive rhetoric on the campaign trail.

4   상하 양원이 주요 세출 법안을 놓고 대립하고 있다.
    The two chambers of Congress **are at loggerheads** over a major spending bill.

NEWS

Former coalition partners the DA and ActionSA **are at loggerheads** over a mayoral candidate for Johannesburg. A new mayor is scheduled to be elected at a council meeting taking place on Tuesday morning. This follows the abrupt resignation of former mayor Thapelo Amad, who was facing a motion of no confidence against him last week which was withdrawn after he stepped down. <Times live>

요하네스버그 시장 후보를 놓고 전 연립 정부 파트너였던 DA와 ActionSA가 대립하고 있다. 새 시장은 화요일 오전에 열리는 시 의회 회의에서 선출될 예정이다. 이는 타펠로 아마드 전 시장의 갑작스러운 사임에 따른 것으로, 그는 지난주 불신임 발의안에 직면했는데, 이 발의안은 그가 물러난 후 철회되었다. 〈타임즈 라이브〉

motion 발의, 동의   **no confidence** 불신임

논란이 되는 이 정책은 현재 국회에서 **뜨거운 논쟁이** 되고 있다.
The controversial policy is currently being hotly contested in the National Assembly.

MP3 009

"be hotly contested"는 격렬하게 논쟁이 되거나 다투는 것을 의미합니다. "contest" 는 경연에서 열심히 기량을 겨루며 다투는 걸 뜻하는데, 마치 격렬한 권투 경기나 경주 등에서의 몸싸움을 연상케 합니다. 대체 표현으로 "be fiercely debated, be strongly challenged, be highly divisive"가 있습니다.

1 다수 후보가 지명을 받기 위해 경쟁하는 등 상원의원 선거는 치열한 접전이 예상된다.
The race for the Senate seat is expected to **be hotly contested**, with multiple candidates vying for the nomination.
———— vie for ~을 위해 경쟁하다. 다투다

2 의료 정책에 대한 논쟁이 치열하게 전개될 것으로 보인다.
The debate over healthcare policy is likely to **be hotly contested**.

3 새 대법관 결정은 두 당이 법원의 미래를 (자신들이) 형성하려고 하면서 열띤 경쟁을 벌일 것이다.
The decision on the new Supreme Court justice is sure to **be hotly contested**, with both parties seeking to shape the future of the court.

4 총기 규제 문제는 지지자와 반대자가 최선의 해결책을 놓고 깊이 분열되어 항상 뜨거운 논쟁이 되고 있다.
The issue of gun control **is** always **hotly contested**, with supporters and opponents deeply divided over the best solution.

The 2020 presidential election is shaping up to **be** one of the most **hotly contested** in American history, with the country deeply divided and passionate about the outcome. The Democratic primary has been marked by a crowded field of candidates, each with their own vision for the future of the country. <NBC News>

2020년 대선은 미국 역사상 가장 열띤 경쟁으로 전개되고 있으며, 그 결과를 놓고 국민은 깊은 분열 양상과 동시에 열정을 보이고 있다. 민주당 예비경선은 국가의 미래에 대한 각자의 비전을 가진 후보들이 대거 출마한 가운데 치러졌다. 〈NBC 뉴스〉

shape up 전개되다. (어떤 방향으로) 되어 가다

빈출 표현 010

야당은 포괄적인 조사를 시작하는 **것 외에는 다른 방법이 없다.**
The opposition party has no recourse but to launch a comprehensive investigation.

MP3 010

"have no recourse but to"는 어떤 상황에서 다른 선택지가 없으므로, 본인의 의지와 무관하게 어쩔 수 없이 무엇을 하게 되는 것을 의미합니다. 법적인 개념에서 "recourse"는 법적 조치를 취하거나 문제를 해결하기 위한 대안을 찾을 수 있는 능력을 나타내지요. 이 맥락에서 "no recourse"는 그 문제를 해결할 다른 수단이 없어서 상황을 있는 그대로 받아들이고 필요한 조치를 취하는 것을 뜻합니다.

1 정부가 세금 인상 계획을 발표했을 때 시민들은 항의하는 것 외에는 다른 방법이 없었다.
The citizens **had no recourse but to** protest when the government announced its plan to increase taxes.

2 야당은 정치적 교착 상태를 막기 위해 여당의 연립 정부 제안을 받아들이는 것 외에는 다른 방법이 없다.
The opposition party **has no recourse but to** accept the ruling party's proposal for a coalition government in order to prevent a political deadlock.

3 후보자의 비윤리적인 행동으로 인해 선거 운동은 엉망이 되었고, 후보자는 정치적 평판을 회복하기 위해 공개 사과를 내는 것 외에는 다른 방법이 없었다.
The candidate's unethical actions left his campaign in shambles, and he **had no recourse but to** issue a public apology to salvage his political reputation.

——— in shambles 난장판이 된, 대 혼란인

 NEWS

The Supreme Court's recent decision to uphold a controversial immigration policy has left many undocumented immigrants with **no recourse**. The policy, known as the 'Remain in Mexico' program, requires asylum seekers to wait in Mexico while their cases are processed in the United States. The program has been criticized for putting migrants in dangerous and difficult situations, and for denying them access to legal representation and other resources.
<The Washington Post>

논란이 많은 이민 정책을 유지하기로 한 대법원의 최근 결정으로 인해 많은 서류 미비 이민자들이 의지할 곳이 없게 되었다. '멕시코 잔류' 프로그램으로 알려진 이 정책 때문에 망명 신청자들은 미국에서 사건이 처리되는 동안 멕시코에서 대기해야 한다. 이 프로그램은 이민자들을 위험하고 어려운 상황에 처하게 하고, 법률 대리인 및 기타 자원에 대한 접근을 허락하지 않는다는 비판을 받아왔다.
〈워싱턴 포스트〉

uphold 유지시키다, 확인하다

CHAPTER 2

정권과 비리

여당은 논란이 많은 법안을 **눈 감고 승인했다.**

The ruling party **rubberstamped** the controversial bill.

MP3 011

"rubberstamp the bill(눈 감고 승인하다)"은 검토 없이 법안을 승인하는 것을 뜻합니다. 이 표현은 인쇄 과정에서 동일한 이미지 복사를 위해 사용하는 고무 도장(rubberstamp)에서 유래했습니다. 이것이 입법 관련 맥락에서는, 정부 기관이나 위원회가 세부 사항이나 영향을 철저히 검토하지 않고 법안을 승인하는 것으로 쓰입니다. bill 대신 policy, order 같은 다른 표현을 넣어 활용할 수도 있습니다.

1   다수당이 많은 토론이나 논의 없이 법안을 승인할 것으로 예상되어 야당의 비판을 불러일으킬 것이다.
    The majority party is expected to **rubberstamp** the bill without much debate or discussion, sparking criticism from the opposition.

2   논란이 많은 새 정책에 눈감고 승인하기로 한 정부의 결정은 인권 단체들의 광범위한 비난을 불러일으켰다.
    The government's decision to **rubberstamp** the controversial new policy has drawn widespread condemnation from human rights organizations.

3   총리가 소속한 당이 의회에서 과반수를 차지하고 있는데, 이는 그 당이 눈 감고 법안을 승인할 수 있다는 뜻이기도 하다.
    The prime minister's party holds a majority in parliament, which means they can **rubberstamp** the bill.

4   행정 명령을 눈 감고 승인하기로 한 대통령의 결정은 주 정부와 지방 정부의 저항에 부딪쳤다.
    The president's decision to **rubberstamp** the executive order has been met with resistance from states and local governments.

The Senate is poised to **rubberstamp** a major defense spending bill, with lawmakers set to vote on the legislation later this week. The bill, which includes funding for a range of military programs and initiatives, has been the subject of intense debate and negotiation in recent weeks. Despite some concerns about the cost and scope of the bill, it is expected to pass with strong bipartisan support. <CNN>

이번 주 후반에 의원들이 법안에 투표할 예정인 가운데, 상원은 주요 국방 지출 법안을 눈 감고 승인할 준비가 되어 있다. 다양한 군사 프로그램과 계획에 대한 자금이 포함된 이 법안은 최근 몇 주 동안 격렬한 논쟁과 협상의 대상이었다. 법안의 비용과 범위에 대한 일부 우려에도 불구하고, 법안은 강력한 초당파적 지지를 받아 통과될 것으로 예상된다. 〈CNN〉

be poised to ~ ~할 준비가 되어 있다

신임 대통령이 몇 주 후에 리더 **역할을 이어받을** 것이다.
The new president will don the mantle of leadership in a few weeks.

MP3 **012**

"don the mantle of(~의 역할을 이어받다)"는 원래 '망토를 걸치다'의 뜻으로 의무나 명예가 수반되는 특정한 책임, 역할 또는 지위를 맡는 것을 의미합니다. 과거에 망토가 권위나 지도력의 상징이었던 것이 은유적인 사용으로 이어졌습니다.

1 퇴임하는 대통령은 곧 원로 정치인의 역할을 이어받아 자신의 경험과 전문성을 바탕으로 차세대 지도자들을 지도하게 된다.
The outgoing president will soon **don the mantle of** elder statesman, using his experience and expertise to guide the next generation of leaders.

───── outgoing 자리를 떠나는

2 새로 임명된 내각위원은 책임감을 갖고 국민을 섬기기 위해 부단히 노력할 것이다.
The newly appointed cabinet member will **don the mantle of** responsibility and work tirelessly to serve the people.

3 주지사 당선자는 리더 역할을 이어받아 다양한 문화권으로 이뤄진 주를 통치하는 어려움을 떠맡게 될 것이다.
The governor-elect will **don the mantle of** leadership, taking on the challenges of governing a diverse state.

4 시장은 공공 서비스의 임무를 이어받아 유권자의 생활을 개선하고 도시를 더 살기 좋은 곳으로 만들기 위해 노력할 것이다.
The mayor will **don the mantle of** public service, working to improve the lives of his constituents and make the city a better place to live.

NEWS

With his inauguration just days away, President-elect Joe Biden is preparing to **don the mantle of** leadership and take the helm of the country in the midst of a pandemic, economic crisis, and deep political divisions. Biden has promised to be a president for all Americans, and to work tirelessly to bring the country together and heal the wounds of the past four years. He faces daunting challenges on multiple fronts, from COVID-19 to climate change to racial justice. <The New York Times>

취임식이 며칠 앞으로 다가온 조 바이든 대통령 당선인은 팬데믹, 경제 위기, 심각한 정치적 분열 속에서 리더십을 이어받아 국가를 책임지고 이끌 준비를 하고 있다. 바이든은 모든 미국인을 위한 대통령이 될 것과 미국을 하나로 모으고 지난 4년간의 상처를 치유하기 위해 끊임없이 노력하겠다고 약속했다. 그는 코로나19부터 기후 변화와 인종간 공평성에 이르기까지 여러 방면에서 어려운 도전에 직면해 있다. 〈뉴욕 타임즈〉

take the helm 책임을 떠맡다　　**daunting** 벅찬, 어려운

"usher"는 원래 '좌석 안내원' 혹은 '(좌석으로) 안내하다'라는 뜻인데, 사람, 사건 또는 발전이 새로운 시대로 사회를 이끌거나 안내하고 있다는 것을 비유적으로 표현할 때도 쓰입니다. "usher in an era of ~"는 도입되는 변화가 중요하며, 그것이 미래에 오랜 영향을 미칠 것이라는 것을 시사합니다.

1   국가가 드디어 관광산업의 시대를 열 준비가 되었다.
    The country is finally ready to **usher in an era of** tourism.

2   정상 회담은 더 나은 경제적 유대 관계의 시대를 열 것으로 기대된다.
    The summit is expected to **usher in an era of** better economic ties.

3   정부는 새로운 기술을 사용하여 보안과 승객 안전이 개선되는 시대가 열릴 것이라고 말했다.
    The government said the use of the new technology would **usher in an era of** improved security and passenger safety.

4   정부는 공정한 경쟁의 시대를 열려고 한다.
    The government seeks to **usher in an era of** fair competition.

5   당선된 후보는 민주주의와 번영의 시대를 열겠다고 약속했다.
    The elected candidate promised to **usher in an era of** democracy and prosperity.

NEWS

Mikhail Gorbachev, one of the 20th century's most consequential world leaders, who **ushered in an era of** reform in the Soviet Union and played a role in ending the Cold War with the West, has died, Russian state media and other outlets reported on Tuesday. He was 91. Russian state TV said that Gorbachev died after a "long and grave illness." <Deadline>

소련에서 개혁의 시대를 열고 서방과의 냉전을 종식하는 데 역할을 한 20세기 가장 영향력 있는 세계 지도자 중 한 명인 미하일 고르바초프가 사망했다고 러시아 국영 언론과 기타 매체들이 화요일에 보도했다. 그의 나이 91세였다. 러시아 국영 TV는 고르바초프가 "길고 심각한 병"을 앓다가 사망했다고 밝혔다. 〈데드라인〉

이번 스캔들로 인해 **사회 구조**의 결함이 드러났다.
The scandal has exposed the flaws in the social fabric.

MP3 014

"the social fabric(사회 구조)"은 사회를 구성하는 관계, 관습 및 제도의 네트워크를 의미합니다. '천, 옷감'을 뜻하는 "fabric"은 사회가 여러 가닥이 서로 얽혀서 이루어진 천과 같다는 것을 비유적으로 나타내며, 또 여기에는 이러한 요소들이 사회의 강인함과 회복력에 기여한다는 상징성이 있습니다. 이 표현은 사회의 일관성과 응집력의 중요성에 대한 논의에서 자주 쓰입니다.

1   정부 정책은 국가의 사회 구조를 지원하고 강화하여 통합과 협력을 촉진해야 한다.
    The government's policies must support and strengthen **the social fabric** of the country, promoting unity and cooperation.

2   사회 복지 프로그램을 강화하고 소득 불평등을 해소하기 위한 정부의 노력이 우리 사회의 사회 구조를 유지하는 데 매우 중요하다.
    The government's commitment to strengthening social welfare programs and addressing income inequality is crucial for maintaining **the social fabric** of our society.

3   국가 지도자들은 사회 구조를 강화하고 사회 화합을 촉진하는 정책에 우선순위를 두어야 한다.
    The country's leaders must prioritize policies that strengthen **the social fabric** and promote social cohesion.

4   양질의 교육과 의료 서비스에 대한 정부 투자는 건강한 사회 구조를 조성하고 모든 시민에게 동등한 기회를 촉진하는 데 중요한 역할을 한다.
    The government's investment in quality education and healthcare services plays a vital role in nurturing a healthy **social fabric** and promoting equal opportunities for all citizens.

────── nurture 조성하다, 육성하다

As we begin to recover from this crisis, it is important that we take steps to strengthen and repair **the social fabric**, promoting unity and cooperation among diverse communities. This will require a sustained effort to address systemic injustices and to build bridges across lines of race, class, and culture.
<The Washington Post>

이 위기에서 회복하기 시작하면서, 다양한 공동체 간의 통합과 협력을 촉진하여 사회 구조를 강화하고 복구하는 조치를 취하는 것이 중요하다. 이를 위해서 조직 전반적인 불공정에 대해 고심하고 인종, 계층, 문화의 경계를 넘어 다리를 놓으려는 지속적인 노력이 필요할 것이다. 〈워싱턴 포스트〉

systemic 전체에 영향을 주는, 침투성의

그 일방적인 결정은 정부 관행의 틀을 깼다.
The unilateral decision went against the grain of government practices.

MP3 015

"go against the grain of(~의 결을 거스르다)"는 관습적인 것과 반대되는 행동이나 생각을 하는 것을 의미합니다. 이것은 나무의 결(grain)을 거슬러 자르면 일이 더 어렵고 결과물의 질이 떨어지는 목공 관련한 표현에서 유래했습니다. 누군가 go against the grain을 한다면 그것은 틀을 깨거나 관습에 어긋난다, 위배된다는 뜻이며, 반항적이거나 독립적인 사람, 혹은 논쟁을 일으키는 결정이나 행동을 설명하는 데 종종 사용합니다.

1 새 정책 제안은 전통적인 사고의 틀을 깨고 오랫동안 유지되어 온 전제와 신념에 도전한다.
The new policy proposal **goes against the grain of** traditional thinking, challenging long-held assumptions and beliefs.

2 소속 정당의 법안에 반대표를 던지기로 한 상원의원의 결정은 정치적 규범에 어긋난다.
The senator's decision to vote against his party's bill **goes against the grain of** political norms.

3 시정 관리에 색다르게 접근하는 시장의 방식은 종종 기존 관행과 규약의 틀에 어긋난다.
The mayor's unconventional approach to city governance often **goes against the grain of** established practices and protocols.

4 외부인을 정부 주요 직책에 임명하기로 한 주지사의 결정은 일반적인 관료 임명의 원칙에 위배된다.
The governor's decision to appoint an outsider to a key government position **goes against the grain of** typical bureaucratic appointments.

5 의회를 우회하고 행정 명령을 내리기로 한 대통령의 결정은 민주주의 원칙에 위배된다.
The president's decision to bypass Congress and issue executive orders **goes against the grain of** democratic principles.

As the country grapples with the COVID-19 pandemic, some state governors **are going against the grain of** traditional political ideologies and implementing aggressive public health measures. In states like California, New York, and Washington, governors have issued stay-at-home orders, closed non-essential businesses, and ramped up testing and contact tracing efforts. <CNN>

국가가 코로나19 팬데믹과 씨름하는 가운데, 일부 주지사들은 전통적인 정치 이념의 틀을 깨고 공격적인 공중 보건 조치를 시행하고 있다. 캘리포니아, 뉴욕, 워싱턴 같은 주에서는 주지사가 재택령을 내리고, 비필수 사업장을 폐쇄하고, 검사 및 접촉자 추적 노력을 강화했다. 〈CNN〉

ramp up 강화하다, 늘리다

그 정치인은 뇌물 스캔들로 인해 **버림받았다.**

The politician was hung out to dry after the bribery scandal.

MP3 0 1 6

"be hung out to dry(버려지다, 홀로 남다)"는 빨랫줄에 걸린 옷처럼 어려운 상황에 홀로 남겨지는 처지를 의미합니다. 어려운 상황에서 누군가 "be hung out to dry" 되면, 아무런 도움도 받지 못하고 독자 생존해야 합니다. 이 표현은 다른 사람들에게 버림받은 사람이나 실수나 실패의 책임을 지게 된 사람을 묘사하는 데 사용할 수 있습니다.

1 부패와 사기의 증거가 드러나자 그 정치적 유력자는 버림받았다.
   The political heavyweight **was hung out to dry** when evidence of corruption and fraud was uncovered.

2 부패 스캔들의 중심에 있는 정치인이 소속 정당에서 그를 부인하고 그의 행동과 거리를 두는 바람에 홀로 남았다.
   The politician at the center of the corruption scandal **was hung out to dry** by his party, which disavowed him and distanced itself from his actions.
   ── disavow 부인하다

3 부패 스캔들을 폭로한 내부 고발자는 당 지도부에 의해 버려질까 두려워했다.
   The whistleblower who exposed the corruption scandal feared **being hung out to dry** by the party's leadership.

4 그 상원의원이 의회에 제출한 논란이 많은 그 정책 제안은 양당에서 광범위한 비판을 받고 있기 때문에 폐기될 가능성이 높다.
   The controversial policy proposal that the senator introduced to Congress is likely to **be hung out to dry**, as it has received widespread criticism from both sides of the aisle.

In the wake of the corruption scandal, many are asking who will **be hung out to dry** and who will be held accountable for the wrongdoing. The investigation has already led to the arrest of several high-profile individuals, including top executives and politicians. But some argue that the problem runs much deeper and that the entire system is corrupt. <The Guardian>

부패 스캔들 이후, 많은 사람들이 누가 버림받고 누가 잘못에 책임을 질 것인지 묻고 있다. 수사를 통해 이미 최고 경영진과 정치인 등 유명 인사 몇 명이 체포되었다. 그러나 일부에서는 문제가 훨씬 더 깊고 전체 체계가 부패했다고 주장한다. 〈가디언〉

in the wake of ~ ~의 뒤를 쫓아, ~에 뒤이어   **high-profile** 세간의 이목을 끄는

조사팀은 부패 스캔들의 **진상을 규명할** 각오가 되어 있다
The investigative team is determined to get to the bottom of the corruption scandal.

MP3 017

"get to the bottom of(~의 진상을 규명하다)"는 철저히 조사하여 문제의 진실이나 원인을 밝혀내는 것을 의미합니다. 이 표현은 무언가의 가장 깊은 부분, 예를 들어 물속이나 용기 속 가장 깊은 바닥(bottom)까지 도달하여(get to) 그 안에 무엇이 있는지를 완전히 이해하는 개념에서 유래되었습니다.

1   정부는 뇌물 청탁 스캔들의 진상을 밝히겠다고 다짐하며 전면적인 조사에 착수했다.
    The government vowed to **get to the bottom of** the bribes-for-favors scandal, launching a full investigation.

2   언론 탐사 저널리스트들은 부패 스캔들의 진상을 밝히기 위해 지칠 줄 모르고 일했다.
    The media's investigative journalists worked tirelessly to **get to the bottom of** the corruption scandal.

3   의회 위원회는 여러 고위 관리들의 공금 유용과 관련된 스캔들의 진상을 규명하겠다고 다짐했다.
    The congressional committee has vowed to **get to the bottom of** the scandal involving the misuse of public funds by several high-ranking officials.

4   대중은 당국에 투명성과 책임 소재를 요구하며 부패 스캔들의 진상을 규명하라고 요구했다.
    The public demanded that authorities **get to the bottom of** the corruption scandal, calling for transparency and accountability.

5   야당은 정부가 부패 스캔들을 은폐하고 있다고 비난하고 독립 위원회를 구성하여 문제의 진상을 규명할 것을 촉구했다.
    The opposition party accused the government of covering up the corruption scandal, and called for an independent commission to **get to the bottom of** the matter.

NEWS

So it is no wonder that DW's fact-checking team spent most of its energy in 2022 dealing with false claims surrounding the war in Ukraine. But our team also **got to the bottom of** other odd stories on topics related to health, sports and the environment. Here are 10 of the most blatant and unusual. <DW>

따라서 우크라이나 전쟁을 둘러싼 허위 주장에 대응하느라 DW의 팩트 확인 팀이 2022년에 대부분의 에너지를 쏟은 것은 당연하다. 하지만 우리 팀은 건강, 스포츠 및 환경과 관련된 주제에 대한 다른 이상한 이야기들의 진상도 밝혀냈다. 가장 노골적이고 특이한 10가지 사례를 소개한다. 〈DW〉

법령은 그 장관이 출국**하는 것을 막을** 수도 있다.

The regulations may preclude the minister from leaving the country.

MP3 018

"preclude somebody from(~가 …을 못하게 하다)"은 누군가가 무엇을 못하게 막거나 불가능하게 만드는 것을 의미합니다. "preclude"는 '막다', '제외하다'라는 뜻의 라틴어 "praecludere"에서 유래되었습니다. 이 표현은 누군가가 무엇을 못하게 하는 장애물이나 장벽이 있다는 것을 의미할 때 사용하는데, 이때의 장벽은 물리적인 장벽일 수도 있고, 기회나 자원 부족 같은 보다 추상적인 장벽일 수도 있습니다.

1 몇 가지 요인이 그 정치인이 이 문제를 공개하지 못하게 했다.
   Several factors **precluded** the politician **from** going public on the matter.

2 의원들이 고려 중인 새 규제 법안은 범죄 기록이 있는 정치인의 선거 출마를 막을 것이다.
   The new regulations being considered by the lawmakers will **preclude** politicians with criminal records **from** contesting in elections.

3 부패 스캔들의 심각성은 정부가 국제 파트너십을 확보하지 못하게 하고 국제 무대에서의 신뢰도를 약화시킬 수 있다.
   The gravity of the corruption scandal could **preclude** the government **from** securing international partnerships and undermine its credibility on the global stage.

4 이 혐의는 그가 자신이 소속된 정당에서 더 큰 역할을 하지 못하게 했다.
   The allegations **precluded** him **from** playing a larger role in his political party.

Bannon claimed executive privilege **precluded** him **from** appearing before the committee to talk about the Jan. 6, 2021, attack on the U.S. Capitol, though prosecutors noted that he left the White House in 2017. <Fox News>

배넌은 대통령 특권 때문에 자신이 위원회에 출석해 2021년 1월 6일 미 국회의사당 공격에 관해 증언하지 못하게 됐다고 주장했지만, 검찰은 그가 2017년에 백악관을 떠났다고 지적했다. 〈폭스 뉴스〉

executive privilege 대통령 특권

불법 활동 연루에서 아무도 **면제될** 일 없을 **것이다.**
No one will be absolved of their involvement in illicit activities.

"absolve of/from(~을 면제하다)"은 누군가를 책임에서 벗어나게 하거나 죄책감에서 해방시키는 것을 의미합니다. "absolve"는 '해방하다'라는 뜻의 라틴어 "absolvere"에서 유래되었습니다. 이 표현은 누군가에게 어떤 것에 대해 면죄부를 주어(absolve A of B) 비난받지 않게 하는 것을 의미하며, 법적 혹은 윤리적인 맥락에서 자주 쓰입니다.

1   사법 시스템의 공정성은 영향력 있는 개인이 자신의 지위나 권력만으로 부패 혐의에 면죄부를 받지 않도록 하는 데 중요한 역할을 한다.
    The judicial system's impartiality plays a vital role in ensuring that influential individuals **are** not **absolved of** corruption charges solely based on their status or power.

2   그 정치인의 변호인단이 의뢰인에게 부패 혐의에 대한 면죄부를 주려고 했다.
    The politician's defense team sought to **absolve** their client **from** the corruption charges.

3   제안된 법안은 정치인의 언론의 자유를 보호하기 위해 그들에게 선거 운동 중 했던 발언에 대한 법적 책임을 면제하는 것을 목표로 한다.
    The proposed bill aims to **absolve** politicians **from** any legal liability for statements made during election campaigns, in order to protect their freedom of speech.

4   부패 혐의에 대해 피고인에게 면죄부를 준 법원의 결정은 대중의 회의와 의혹에 직면했다.
    The court's decision to **absolve** the accused **of** the corruption charges was met with skepticism and suspicion from the public.

NEWS

The report into the corruption scandal failed to **absolve** the government **of** its responsibility to address the systemic issues that allowed the corruption to occur. The allegations of bribery and kickbacks go to the heart of the country's political and business culture, and the public demands accountability and transparency. <The Guardian>

부패 스캔들 보고서는 정부에게 부패가 발생할 수 있었던 구조적 문제를 고심해야 할 정부의 책임에 대해 면죄부를 주지 못했다. 뇌물 수수와 리베이트 혐의는 이 나라의 정치 및 비즈니스 문화의 핵심이며, 대중은 책임과 투명성을 요구한다. 〈가디언〉

kickback 불법적인 리베이트   **go to the heart of** ~ ~의 핵심에 이르다

빈출 표현
020

공금을 횡령하기 위한 공무원들의 **교묘한 수법**이 드러났다.
The sleight of hand by officials to embezzle public funds was exposed.

MP3 020

"sleight of hand(교묘한 속임수)"의 "sleight"는 '매끄럽고 윤기 있게 만드는 솜씨'라는 뜻의 노르웨이 고어 "sletta"에서 유래되었습니다. 이 표현은 누군가가 솜씨 좋게 무언가를 손으로 조작하면서 다른 사람들을 속이는 것을 의미하여 주로 마술 트릭을 설명할 때 쓰이지만, 속임수나 기술적인 솜씨를 보여주는 상황에도 쓸 수 있습니다. sleight of hand 는 명사로도, 형용사로도 쓰이며, 형용사형으로 sleight-of-hand가 쓰이기도 합니다.

1   그녀는 정치적 재주꾼이라고 할 수 있다.
You could call her a political sleight-of-hand artist.

2   의원들은 국가에 영향을 미치는 실제 문제로부터 대중의 주의를 분산시키기 위해 교묘한 기술을 사용했다는 비난을 받았다.
The lawmakers were accused of using a sleight of hand technique to distract the public from the real issues affecting the country.

3   가장 부유한 시민들에게 세금을 감면해 주겠다는 정치인들의 제안은 교묘한 조치라는 비판을 받았다.
The politicians' proposal to cut taxes for the wealthiest citizens was criticized as a sleight of hand move.

4   야당은 여당 의원들이 적절한 토론이나 공개적인 조사 없이 논란이 많은 법안을 밀어붙이기 위해 교묘한 전술을 사용했다고 비난했다.
The opposition party accused the ruling lawmakers of using sleight of hand tactics to push through the controversial bill without proper debate or public scrutiny.

5   그녀는 막대한 돈을 할당할 때 정치적 속임수를 쓴다는 비난을 받았다.
She was accused of a political sleight of hand when allocating huge amounts of money.

NEWS

Also, on closer inspection, with a bit of **a sleight of hand**, not all of the pledges should be too difficult to achieve. While the prime minister promised to halve inflation this year to ease the cost of living, it is due to come down anyway, rendering that pledge less ambitious than existing forecasts. <The Guardian>

또 자세히 살펴보면 약간의 교묘한 속임수가 있으면 모든 공약이 달성하기 그렇게 어려운 것은 아니다. 총리는 올해 인플레이션을 절반으로 줄여 생활비 부담을 완화하겠다고 약속했지만, 어쨌든 인플레이션은 하락할 예정이어서 기존에 예측한 것보다는 그 맹세가 덜 야심찬 것이 되었다. 〈가디언〉

halve 반으로 줄이다   **be due to V** ~할 예정이다

CHAPTER 3

안보와 군사, 전쟁

군대는 대통령의 안전을 보장하기 위해 **엄격한 규정**을 마련하고 있다.
The military has strict protocols in place to ensure the safety of the president.

MP3 021

"strict protocols(엄격한 규정)"는 특정한 목적이나 결과를 달성하기 위해 엄격하게 따라야 하는 규칙 또는 지침의 모음을 의미합니다. "protocol"은 원래 외교관들이 공식적인 회의와 협상을 진행할 때 쓰는 외교 의전을 나타내는 말이었습니다. 이 의미가 확대되어 특정 목적을 달성하기 위해 설계된 모든 공식적인 규칙이나 지침을 나타냅니다.

1   정부의 감시 활동은 개인의 시민 자유를 침해하지 않도록 엄격한 절차와 감독이 적용된다.
    The government's surveillance activities are subject to **strict protocols** and oversight to ensure that they do not violate individual civil liberties.

2   군의 무인 항공기(UAV) 사용은 부수적인 피해와 민간인 사상자를 방지하기 위해 엄격한 프로토콜과 지침이 적용된다.
    The military's use of unmanned aerial vehicles is subject to **strict protocols** and guidelines to prevent collateral damage and civilian casualties.
    —— collateral damage 부수적인(이차적인) 피해

3   정보 기관의 민감한 정보 취급에는 엄격한 규정과 보안 조치가 적용된다.
    The handling of sensitive information by intelligence agencies is subject to **strict protocols** and security measures.

4   외교 공관은 방문객을 심사하고 민감한 정보를 보호하며 국가 안보 이익의 옹호를 위해 엄격한 프로토콜을 따른다.
    Diplomatic missions follow **strict protocols** for vetting visitors and securing sensitive information, upholding national security interests.
    —— diplomatic missions 외교 공관   vet 조사하다, 점검하다   uphold 유지시키다, 옹호하다

NEWS

The use of facial recognition technology by law enforcement agencies has raised concerns about individual privacy rights. However, supporters of the technology argue that it can help solve crimes and protect public safety. The key to striking a balance between these competing interests is to establish **strict protocols** and guidelines for the use of the technology. <The Washington Post>

사법당국이 안면 인식 기술을 사용하면서 개인의 사생활권에 대한 우려가 제기되고 있다. 그러나 이 기술을 지지하는 사람들은 이 기술이 범죄를 해결하고 대중의 안전을 보호하는 데 도움이 될 수 있다고 주장한다. 이러한 상충하는 이해 관계 사이에서 균형을 잡는 열쇠는 기술 사용에 대한 엄격한 규정과 지침을 수립하는 것이다. 〈워싱턴 포스트〉

law enforcement agencies 사법당국   **strike a balance** 균형을 유지하다

양국의 **공생 관계**가 안보 동맹을 강화했다.
The symbiotic relationship between the two
countries strengthened their security alliance.

MP3 **022**

"symbiotic relationship(공생 관계)"은 두 개체 또는 생물 간 상호 유익한 관계를 뜻합니다. "symbiosis"는 그리스어 "syn(함께)"과 "biosis(생활)"에서 유래되었으며, 서로 다른 두 종 간의 밀접하고 장기적인 상호 작용을 묘사합니다. 상호 작용에 참여하는 양측 모두에게 이득이 되는 것이 "symbiotic relationship"의 핵심입니다.

1   정부와 정보 기관의 공생 관계가 국가 안보를 강화했다.
    The symbiotic relationship between the government and intelligence agencies bolstered national security.

    —— bolster 강화하다

2   두 나라는 다소 위험한 공생 관계를 시작했다.
    The two countries began **a** rather dicey, **symbiotic relationship**.

    —— dicey 위험한, 확실치 않은

3   러시아의 우크라이나 침공을 앞두고 양국의 공생 관계가 드러났다.
    The symbiotic relationship was on display in the run up to Russia's invasion of Ukraine.

    —— in the run up to ~을 준비하면서, ~의 준비 기간 중에

4   확대된 동반자 관계가 국제 및 국가 안보를 위한 공생 관계를 만들 것이다.
    The expanded partnership will create **a symbiotic relationship** for global and national security.

Over the years, Patriarch Kirill, the head of the Moscow-based church, has developed **a symbiotic relationship** with the Russian president. Putin showers the church with money and favors and holds it up as the ideological core of the "Russian world," his vision of an imperial culture uniting Russian-speakers across national borders. In return, Kirill gives Putin a valuable sheen of legitimacy — never more visibly than during the current war.
<The Washington Post>

모스크바에 기반을 둔 교회의 수장인 키릴 총대주교는 수년에 걸쳐 러시아 대통령과 공생 관계를 발전시켜 왔다. 푸틴은 교회에 돈과 호의를 베풀며 교회를 '러시아 세계'의 이념적 핵심으로 삼고 있다. 이는 국경을 넘어 러시아어를 사용하는 사람들을 하나로 묶는 제국주의 문화에 대한 푸틴 대통령의 비전이다. 그 대가로 키릴은 현재 전쟁 중에 이보다 더 눈에 띌 수 없을 정도로 확실하게 푸틴의 정당성에 귀중한 광택을 부여하고 있다. 〈워싱턴 포스트〉

sheen 광택, 윤기   **hold ~ up** ~을 떠받치다

사안의 **핵심**은 보안을 강화할지 여부이다.
The crux of the matter is whether or not to beef up security.

MP3 023

"crux of the matter"는 가장 중요하고 결정적인 측면을 가리킵니다. "crux"는 '십자가'를 뜻하는 라틴어 "crux"에서 유래됐으며, 중요하거나 결정적인 지점을 뜻합니다.

1 국가 안보에서 사안의 핵심은 개인 사생활권과 효과적인 대테러 조치의 필요성 간의 균형을 맞추는 능력이다.
   The crux of the matter in national security is the ability to balance individual privacy rights with the need for effective counterterrorism measures.

2 진행 중인 군비 경쟁에서 사안의 핵심은 전쟁 억제나 군축이 더 효과적인 전략인가의 여부이다.
   The crux of the matter in the ongoing arms race is whether deterrence or disarmament is the more effective strategy.
   ——— deterrence 전쟁 억제   disarmament 군축

3 사이버 보안에서 사안의 핵심은 국가의 후원을 받는 해커와 사이버 범죄자들의 점점 더 정교해지는 위협을 방어할 수 있는 능력이다.
   The crux of the matter in cybersecurity is the ability to defend against increasingly sophisticated threats from state-sponsored hackers and cybercriminals.

4 정보 수집에서 사안의 핵심은 국가 안보 수호와 시민의 자유 존중 사이에서 적절한 균형을 맞추는 것이다.
   The crux of the matter in intelligence gathering is striking the right balance between protecting national security and respecting civil liberties.

At the heart of the national security debate is **the crux of the matter**: how to balance competing interests and priorities while ensuring the safety and security of the country. Whether it is cybersecurity, intelligence gathering, or border security, the challenges facing policymakers are complex and multifaceted. There are no easy solutions or quick fixes, and each decision has far-reaching consequences. <The Washington Post>

사안의 핵심은 국가 안보 논쟁의 본질에 있다. 즉, 어떻게 국가의 안전과 보안을 보장하면서 경쟁적 이해관계와 우선순위의 균형을 맞출 것인가이다. 사이버 보안, 정보 수집, 국경 보안 등 정책 입안자들이 직면한 과제는 복잡하고 다면적이다. 쉬운 해결책이나 빠른 해결책은 없으며, 각 결정은 지대한 영향을 미치는 결과를 초래한다. 〈워싱턴 포스트〉

multifaceted 다면적인   **fix** 해결책   **far-reaching** 지대한 영향을 가져오는

국가 안보 유지를 정치적 이익**보다** 늘 **우선시한다.**
The preservation of national security always takes precedence over political interests.

MP3 024

"take precedence over(~보다 우선 순위를 차지하다)"는 더 중요하거나 우선순위가 더 높은 것을 의미합니다. "precedence"는 "to go before" 또는 "to have priority"를 뜻하는 라틴어 "praecedentia"에서 유래되었습니다. 비교의 대상은 주로 over 뒤에 쓰입니다.

1 국가 안보 문제에서 시민의 안전을 개인의 사생활권보다 항상 우선시해야 한다.
In matters of national security, the safety of citizens must always **take precedence over** individual privacy rights.

2 테러 공격 방지가 긴급히 필요하다는 건 국가 안보 우려를 다른 정치적, 사회적 문제보다 우선시해야 함을 의미한다.
The urgent need to prevent terrorist attacks means that national security concerns must **take precedence over** other political and social issues.

3 민감한 정보를 보호해야 하는 정부의 의무라는 건 국가 안보 우려가 언론의 자유보다 우선한다는 것을 의미한다.
The government's obligation to safeguard sensitive information means that national security concerns **take precedence over** freedom of the press.

4 9/11 테러 여파에서 볼 수 있듯이 위급 시에는 국가 안보 우려가 개인의 자유와 시민권보다 우선한다.
In times of crisis, national security concerns **take precedence over** personal liberties and civil rights, as seen in the aftermath of the September 11 attacks.

In times of crisis, such as a global pandemic or a major terrorist attack, national security concerns **take precedence over** other priorities, such as economic growth or social justice. This is not to say that these issues are unimportant, but rather that they must be considered in the context of the greater good. The government has a responsibility to protect its citizens and to ensure their safety and security, even if it means making difficult decisions or sacrificing certain freedoms. <CNN>

전 세계적인 팬데믹이나 대규모 테러 공격 같은 위급 시에는 국가 안보 우려가 경제 성장이나 사회 정의와 같은 다른 우선순위보다 우선한다. 이러한 문제가 중요하지 않다는 뜻이 아니라 더 큰 공익의 맥락에서 고려되어야 한다는 뜻이다. 정부는 시민을 보호하고 시민의 안전과 보안을 보장할 책임이 있다. 그렇게 하는 것이 어려운 결정을 내리거나 특정 자유를 희생하는 일이어도 말이다. 〈CNN〉

빈출 표현 025

대통령은 적의 침략에 대응해 **개전 포격을 개시하기로** 결정했다.

The president decided to launch opening salvos in response to the enemy's aggression.

MP3 025

"launch opening salvos(최초 공격을 개시하다)"는 충돌이나 경쟁에서 처음으로 취하는 공격적인 행동을 뜻합니다. 종종 군사, 정치적 맥락에서 우위를 점하거나 지배력을 강조하기 위해 취하는 최초의 공격이나 선언을 "an opening salvo"라고 하기도 합니다.

1 군대는 조기에 우위를 점할 수 있게 적의 목표물에 최초 공격을 개시하라는 지시를 받았다.
The country's military forces were instructed to **launch opening salvos** against enemy targets in order to gain an early advantage.

2 정보국 요원들이 파견되어 적의 통신 네트워크에 대한 최초 공격을 개시했다.
The spy agency's operatives were dispatched to **launch opening salvos** against the adversary's communication networks.
———— operative 첩보원, 정보원

3 사이버 공격은 국가의 핵심 기반 시설을 교란하기 위한 대규모 군사작전에서 개전 포격에 불과했다.
The cyber-attack was just **the opening salvo** in a larger campaign to disrupt the country's critical infrastructure.

4 경제 제재를 가하기로 한 정부 결정은 국가 안보 우려를 해결하려는 노력의 첫 신호탄으로 여겨졌다.
The government's decision to impose economic sanctions was seen as **an opening salvo** in its efforts to address national security concerns.

The escalating tensions between the two countries have led some experts to speculate that the recent cyber-attacks were just **opening salvos** in a larger conflict. The attacks targeted key infrastructure and government systems, causing widespread disruption and chaos. While neither country has claimed responsibility for the attacks, many believe that they were carried out by state-sponsored hackers. The situation is rapidly deteriorating, with both sides ramping up their military presence and rhetoric. <BBC News>

양국 간의 긴장이 고조되면서 일부 전문가들은 최근에 있었던 사이버 공격은 더 큰 분쟁의 개전 포격일 뿐이었다고 추측하고 있다. 이번 공격은 주요 기반 시설과 정부 시스템을 표적으로 삼아 광범위한 분열과 혼란을 야기했다. 어느 국가도 공격에 대한 책임이 있다고 주장하지 않았지만, 많은 이들이 국가의 후원을 받는 해커가 공격을 수행했다고 믿고 있다. 양측 모두 군사적 존재와 주둔군을 늘리고 미사여구를 강화하면서 상황이 급속히 악화되고 있다. 〈BBC 뉴스〉

disruption 혼란, 분열   **ramp up** 늘리다, 강화하다   **military presence** 주둔군

적의 **전면적인 침공**으로 전국이 경계 태세에 돌입했다.
The enemy's full-scale invasion has put the country on high alert.

MP3 026

"a full-scale invasion(전면적인 침공)"은 일반적으로 상당한 자원과 병력이 동원되며, 적에 대한 강력한 공격을 포함한 광범위한 군사 작전을 묘사하는 데 쓰입니다. 양보나 제약 없이 전력을 총동원한 모든 공격을 의미합니다.

1 국가의 군 지도자들은 어떠한 추가 도발도 적의 영토에 대한 전면적인 침공으로 이어질 것이라고 경고했다.
The country's military leaders warned that any further provocation would lead to **a full-scale invasion** of the enemy's territory.

2 정부는 적의 침략에 대응하여 군대를 배치하고 공습을 시작하며 전면적인 침공을 승인했다.
The government authorized **a full-scale invasion** in response to the enemy's aggression, deploying troops and launching air strikes.
────── authorize 재가하다

3 스파이 기관의 정보 보고서에 따르면 적이 전면적인 침공을 준비하고 있어 군은 방어적인 대책을 취하기로 했다.
The spy agency's intelligence reports indicated that the adversary was preparing for **a full-scale invasion**, prompting the military to take defensive measures.

4 국경에서 벌어진 소규모 접전은 곧 전면적인 침공으로 확대되어 양측 모두 많은 사상자가 발생했다.
The border skirmish quickly escalated into **a full-scale invasion**, with both sides suffering heavy casualties.
────── skirmish 소규모 접전

NEWS

The situation along the border is tense, with both sides preparing for the possibility of **a full-scale invasion**. The recent clashes have escalated quickly, and there are fears that they could spiral out of control. The international community has called for calm and restraint, urging both sides to engage in dialogue to resolve the underlying issues. The stakes are high, and the consequences of a full-scale conflict could be catastrophic. <The Guardian>

양측이 전면 침공 가능성에 대비하는 등 국경 지역의 상황은 긴장 상태이다. 최근의 충돌은 빠르게 격화됐고, 통제 불능 상태가 될 수 있다는 우려가 있다. 국제 사회는 양측이 근본적인 문제를 해결하기 위해 대화에 나설 것을 촉구하면서 침착하고 자제할 것을 요청했다. 양측의 이해 관계가 첨예하게 대립하고 있으며, 전면적인 충돌의 결과는 재앙이 될 수 있다. 〈가디언〉

spiral out of control 통제 불능의 상태가 되다 **underlying** 근본적인
the stakes are high 이해 관계가 첨예하다

휴전이 **풍전등화이다.**
The ceasefire hangs by a thread.

MP3 **027**

가느다란 실에 뭔가 걸려 있다고 생각해 보세요. 조금만 무거워도 곧 끊어지겠죠? 그래서 "hang by a thread"는 '풍전등화다, 위기일발이다'라는 뜻으로 매우 위태로운 상황에 처해 있다는 표현입니다. 긍정적인 결과가 나올 거라는 희망이 거의 없거나 인물이나 사물이 겨우 목숨을 부지하는 상황을 묘사하는 데 자주 쓰입니다. 대체어로는 "be precarious"가 있습니다.

1 군사 체계가 위기일발인 상태로 계속 갈 수는 없다.
   The military system cannot continue to **hang by a thread.**

2 최근의 관계 악화로 인해 동맹이 위태로워지고 있다.
   The alliance **is hanging by a thread** following the recent souring of ties.
   ——— souring 관계 등이 틀어짐

3 휴전에 이를 거라는 희망이 위기에 처해 있다.
   Hopes of reaching a ceasefire **are hanging by a thread.**

4 무차별 공격에 직면한 민간인의 목숨이 위험에 처해 있다.
   Civilian lives **are hanging by a thread** in the face of relentless attacks.
   ——— relentless 수그러지지 않는, 가차 없는

5 국가의 미래가 풍전등화이다.
   The future of the country **is hanging by a thread.**

This must start with new commitments to shrink the numbers of all kinds of nuclear weapons so that they no longer **hang by a thread** over humanity. And it means reinvigorating — and fully resourcing — our multilateral agreements and frameworks around disarmament and non-proliferation, including the important work of the International Atomic Energy Agency. <The United Nations>

이것은 핵무기가 더 이상 인류를 위협하지 않도록 모든 종류의 핵무기 수를 줄이겠다는 새로운 약속에서 시작해야 한다. 이는 국제원자력기구(IAEA)의 중요한 업무를 포함하여 군축과 비확산에 관한 다자간 협약과 프레임워크를 다시 활성화하고 자원을 충분히 지원하는 것을 의미한다. 〈유나이티드 네이션즈〉

commitments 약속 **reinvigorate** 새로운 힘을 불어넣다, 활성화하다
resource 자원을 제공하다

새로운 테러 조직이 발견되면서 또 다른 공격**의 망령을 불러일으켰다.**

The discovery of a new terrorist cell has raised the specter of another attack.

MP3 028

"raise the specter of"는 우리말로 '~의 망령을 불러일으키다'로 번역할 수 있습니다. 망령(specter)이 '위험, 위협'의 의미가 있듯이, 비유적으로 '위협적인 것을 불러일으키다', '위협적인 상황이 발생할 가능성을 높이다'의 의미로 보면 됩니다.

1 새로운 증거의 발견이 분쟁 중에 군인이 저지른 전쟁 범죄의 망령을 불러내고 있다.
The discovery of new evidence **raises the specter of** war crimes committed by military personnel during the conflict.

2 군의 신무기 시스템 배치가 핵무장 경쟁과 국제 긴장 상태라는 망령을 불러낸다.
The military's deployment of a new weapon system **raises the specter of** a nuclear arms race and increased global tensions.

3 국가의 주요 기반 시설에 대한 사이버 공격은 경쟁국 간 사이버 전쟁의 확대라는 망령을 불러일으킨다.
The cyber-attack on the country's critical infrastructure **raises the specter of** an escalating cyber war between rival nations.

4 분쟁 지역에서 군대를 철수하기로 한 정부의 결정은 이 지역의 권력 공백과 불안정성 증가라는 악몽을 불러일으킨다.
The government's decision to withdraw troops from the conflict zone **raises the specter of** a power vacuum and increased instability in the region.

NEWS

The recent developments in the conflict zone **have raised the specter of** renewed violence and bloodshed. The withdrawal of international peacekeeping forces has left a power vacuum, with rival factions vying for control. The situation is further complicated by the involvement of foreign powers, who have their own interests and agendas. The risk of a major escalation is high, with the potential for widespread human suffering and displacement. <The New York Times>

분쟁 지역에서 최근 전개된 새로운 사건의 국면은 재개된 폭력과 유혈 사태의 망령을 불러일으켰다. 국제 평화 유지군이 철수하면서 권력 공백이 발생했고, 라이벌 세력들이 주도권을 잡기 위해 경쟁하고 있다. 여기에 각자의 이해관계와 의제를 가진 외국 세력이 개입하면서 상황은 더욱 복잡해졌다. 광범위한 고난과 난민이 발생할 가능성이 있는 가운데 사태가 크게 확대될 위험이 높다. 〈뉴욕 타임즈〉

development 새로운 사건 국면   **faction** 당파   **displacement** (쫓겨나) 이동

경고 **위협** 사격은 적에게 분명한 메시지를 보냈다.
The warning shot across the bow sent a clear message to the enemy.

MP3 029

"a shot across the bow(위협 사격)"는 일반적으로 해전에서 쓰이던 경고 사격에서 유래한 표현인데, 이는 뱃머리(bow) 너머로 경고 사격을 발사하여 공격을 멈추거나 항복할 것을 요구하는 신호였습니다. 현대에서는 어떤 행동을 하지 않도록 협박하거나 막으려는 '경고 또는 위협'을 나타냅니다.

1   군대의 무력 시위는 적에게 물러서거나 결과를 받아들이라고 경고하는 위협 사격으로 보였다.
The military's show of force was seen as **a shot across the bow**, warning the adversary to back down or face the consequences.
—— show of force 무력 시위   face the consequences 결과를 받아들이다

2   국가 지도자들은 적의 행동을 비난하고 필요하다면 위협 사격도 주저하지 않겠다고 경고하는 성명을 발표했다.
The country's leaders issued a statement condemning the adversary's actions and warning that they would not hesitate to fire **a shot across the bow** if necessary.

3   정보 기관의 비밀 작전은 경고 사격으로 의도되었고, 적에게 그들의 행동이 간과되지 않을 거라는 분명한 메시지를 보내기 위한 것이었다.
The spy agency's covert operation was intended as **a shot across the bow**, sending a clear message to the adversary that their actions would not go unnoticed.

4   군비를 늘리기로 한 정부의 결정은 경쟁국을 향해 위협 사격을 하는 것으로 간주되었고, 국가의 이익을 방어할 준비가 되어 있다는 신호를 보냈다.
The government's decision to increase military spending was seen as **a shot across the bow** to rival nations, signaling the country's readiness to defend its interests.

NEWS

The recent military maneuver was interpreted by some as **a shot across the bow**, a warning to the adversary not to overstep its bounds. The situation is delicate, with tensions running high and the risk of escalation ever-present. The international community is watching closely, hoping for a peaceful resolution to the conflict. <CNN>

최근의 군사 기동을 일부에서는 적에게 도를 넘지 말라고 경고하는 위협 사격으로 해석했다. 긴장이 고조되고 확전의 위험이 상존하는 미묘한 상황이다. 국제 사회는 분쟁의 평화적 해결을 바라며 면밀히 주시하고 있다. 〈CNN〉

maneuver 기동, 움직임   **overstep** 넘다   **ever-present** 항상 존재하는

참전한 병사들은 그 경험**으로 인해 깊은 상처를 입었다.**
The soldiers who fought in the war were
profoundly scarred by **the experience.**

"be profoundly scarred by(~로 인해 깊은 상처를 입다)"는 부정적인 경험에 의해 트라우마 같은 정신적인 상처를 크게 입은 사람을 설명할 때 사용하는 표현입니다. 완전히 치유되기 힘든 감정적인 상처의 뉘앙스가 내포돼 있는 개념입니다.

1   그 병사는 자신이 한 경험으로 인해 깊은 상처를 입었다.
    The soldier **was profoundly scarred by** his experience.

2   지역 전쟁에 두 번이나 파병된 후, 그의 마음과 영혼은 깊은 상처를 입었다.
    After two deployments in regional warfare, his mind and soul **were profoundly scarred**.

3   자살 공격으로 인해 그 나라는 깊은 상처를 입었다.
    The country **was profoundly scarred by** the suicide attacks.

4   피비린내 나는 군사 점령으로 민간인의 삶은 깊은 상처를 입었다.
    Civilian lives **were profoundly scarred by** the bloody military takeovers.
    —— takeover 탈취, 장악

5   나와 내 동생 같은 무고한 아이들이 전쟁의 잔혹함으로 인해 깊은 상처를 입을 것이다.
    Innocent children like me and my brother will **be profoundly scarred by** the atrocities of war.

Scratch beneath the surface, however, and find a society **profoundly scarred by** the Russian invasion. Every Ukrainian I spoke to had a friend or relative who had been killed or wounded or displaced. (At least 14 million Ukrainians have moved from their homes, more than half of them refugees abroad.) Millions of able-bodied men are fighting or in some way assisting the war effort. <The Washington Post>

하지만 표면 아래를 긁어 보면 러시아 침공으로 깊은 상처를 입은 사회를 발견할 수 있다. 내가 얘기해 본 모든 우크라이나인들은 친구나 친척 중 사망하거나 부상당하거나 난민이 된 사람이 있었다. (최소 1,400만 명의 우크라이나인들이 자신이 살던 집을 떠났고, 그 중 절반 이상이 해외 난민이다.) 수백만 명의 건장한 남성들은 전쟁터에서 싸우거나 어떤 식으로든 총력을 기울이는 전쟁을 돕고 있다. 〈워싱턴 포스트〉

able-bodied 신체 건강한   **war effort** 전쟁에 기울이는 총력

CHAPTER 4

국제 정세와 테러

양국은 이 문제에 대해 **생각이 일치한다.**
The two countries are on the same wavelength on the issue.

MP3 031

"wavelength"는 '파장, 주파수'의 의미로, "be on the same wavelength"는 단어 뜻으로만 풀면 '같은 파장대에 있다'라는 의미입니다. 무전기의 파장대 또는 주파수가 같아야 잡음 없이 매끄럽게 소통할 수 있듯이, 두 사람 이상의 집단이 서로 이해하고 공감하고 있음을 나타내지요. 이 표현은 일반적으로 의사소통이 원활하게 이루어질 때 사용합니다.

1 국제적 갈등을 해결하기 위해서는 외교적 노력이 서로 같은 파장에 있어서 생각이 일치하는 것이 중요하다.

It's essential for diplomatic efforts to **be on the same wavelength** with each other to resolve global conflicts.

2 기후 변화 해결에 있어서, 모든 국가가 의기 투합하여 단호한 행동을 취하겠다고 약속해야 한다.

When it comes to addressing climate change, all nations need to **be on the same wavelength** and commit to taking decisive action.

3 현재 진행 중인 분쟁의 평화적 해결을 보장하려면, 양국이 의견을 같이하고 휴전에 동의해야 한다.

To ensure a peaceful resolution to the ongoing conflict, the two nations need to **be on the same wavelength** and agree to a ceasefire.

4 전 세계적인 빈곤을 효과적으로 해결하려면, 우리는 같은 생각을 가지고 원조와 개발 프로그램의 우선순위를 정해야 한다.

If we want to effectively tackle global poverty, we need to **be on the same wavelength** and prioritize aid and development programs.

As the hearings reveal, the outgoing president and his supporters seemed to **be on the same wavelength** as he hesitated to stop the violence while his followers were hell-bent on doing his bidding. Given his influence, it seems clear that Trump knows what makes his followers tick. The allure of Trump's populism isn't an isolated phenomenon, but something connected to the way people think about their leaders. <The Conversation>

청문회에서 드러나듯이, 트럼프는 폭력 행사를 막는 데 머뭇거리고 반면에 그의 추종자들은 그의 명령을 따르기로 작정했으니 퇴임하는 대통령과 지지자들 모두 같은 생각을 하는 듯 보였다. 그의 영향력을 고려할 때 트럼프는 무엇이 추종자들의 마음을 움직이는 요인인지 잘 아는 것 같다. 트럼프 포퓰리즘의 매력은 고립된 현상이 아니라 사람들이 지도자에 대해 생각하는 방식과 관련이 있다. 〈더 컨버세이션〉

hell-bent on ~하기로 작정한   **allure** 매력

불량 국가는 국제 사회**의 표적이 되었다.**
The rogue nation finds itself in the crosshairs of the international community.

MP3 032

총의 조준점이 노리는 대상이 되는 것에서 유래된 "in the crosshairs of(~의 표적인 된)"는 누군가 문제의 중심이 되거나 비판을 받거나, 또는 위험에 처한 상황을 의미합니다. 여기서 더 나아가 '비난의 대상이 된, 위험에 처한'으로도 해석 가능합니다.

1. 이 작은 섬나라는 전략적 위치 장악을 위해 경쟁하는 두 강대국의 표적이 되어 위험한 상황에 놓였다.
   The small island nation found itself **in the crosshairs of** two major powers vying for control of its strategic location.

2. 테러 공격 이후, 정부의 대테러 작전 부서는 이제 대중의 시선에 놓여 집중적인 감시를 받게 되었다.
   Following the terrorist attack, the government's counterterrorism unit was now **in the crosshairs of** the public eye and under intense scrutiny.

3. 논란이 많은 정책으로 인해 국가의 인권 기록이 국제 기구의 표적이 되어 비난받을 상황에 놓이게 되었다.
   The controversial policy had put the country's human rights record **in the crosshairs of** international organizations.

4. 외교 협상은 테러리스트 활동의 표적이 된 국가들의 우려를 해소하고 극단주의 위협에 맞서 국제적 동맹을 구축하는 것을 목표로 했다.
   Diplomatic negotiations aimed to address the concerns of countries **in the crosshairs of** terrorist activities and forge international alliances against extremist threats.

—— forge 구축하다

NEWS

Again, this is pragmatism more than anything else. As Chinese experts often say, even if Russia is looking unattractive these days, why would Beijing abandon its main anti-Western partner as China continues to be **in the crosshairs of** rising American pressure? <Radio Free Europe>

다시 말하지만, 이것은 다른 무엇보다도 실용주의이다. 중국 전문가들이 종종 말하듯이, 러시아가 요즘 매력적이지 않다고 해도 중국이 왜 자국의 주요 반 서구 파트너를 포기하겠는가? 대미 압력이 증가하는 이런 목표 조준선에 있는 상황에서 말이다. 〈라디오 프리 유럽〉

정기적인 정보 브리핑으로 정부 관리들은 새로운 테러 위협에 대한 **최신 정보를 파악한다**. With regular intelligence briefings, government officials are in the loop regarding emerging terrorist threats.

MP3 033

"be in the loop(최신 정보를 파악하다)"은 특정 집단에 속하여 어떤 정보나 계획에 대해 알고 있는 상황을 가리킵니다. 집단에 속해 있다 보면 내부 사정을 잘 알게 되므로, '정보를 숙지하다' 또는 '알다'로까지 해석할 수 있지요. 이 표현은 다른 사람들이 모르는 중요한 정보를 알고 있음을 종종 나타냅니다.

1 국제 협상 중에는 주요 이해 관계자가 최신 정보를 파악하는 것이 중요하다.
It's important for key stakeholders to **be in the loop** during international negotiations.
———— key stakeholder 주요 이해 당사자

2 정보 기관은 국제 테러리즘과의 전쟁에서 효과적인 공조를 보장하기 위해 관련 정보를 알고 공유해야 한다.
Intelligence agencies must **be in the loop** and share relevant information to ensure effective coordination in the fight against global terrorism.

3 국제 원조 및 개발과 관련해서 지역 사회들이 정보를 파악해야 한다.
When it comes to international aid and development, local communities need to **be in the loop**.

NEWS

Congress is considering a bill that would require critical infrastructure operators and federal agencies to report any cyber breaches and attacks to the top federal cyber agency, but the FBI wants to **be in the** reporting **loop** as well. After a series of high-profile ransomware hacks and other cyberattacks that left the Cybersecurity and Infrastructure Security Agency scrambling to figure out how network breaches unfolded, the Biden administration has urged lawmakers to mandate reporting of cyber incidents to the federal government. <Roll Call>

미 의회는 중요 기반 시설 운영자와 연방 기관이 사이버 침해 및 공격을 최고 연방 사이버 기관에 보고하도록 하는 법안을 검토 중인데, FBI도 보고 수신자에 포함되기를 원하고 있다. 일련의 유명한 랜섬웨어 해킹 및 기타 사이버 공격으로 인해 사이버보안 및 인프라 보안 기관이 네트워크 침해가 어떻게 전개되었는지 파악하기 위해 분주하게 된 후, 바이든 행정부는 의원들에게 연방 정부에 사이버 사고 보고를 의무화할 것을 촉구했다. 〈롤 콜〉

cyber breach 사이버 침해   **high-profile** 세간의 이목을 끄는
scramble 재빨리 움직이다   **mandate** 권한을 주다, 명령하다

국가 주권은 국제법의 기본 원칙이다.
National sovereignty is a fundamental
principle of international law.

MP3 034

"national sovereignty(국가 주권)"는 자주적으로 국가를 다스리고, 다른 국가의 간섭 없이 자유롭게 행동할 수 있는 권리로, 국가의 독립성과 자주성을 나타내며 국제 정치에서 중요한 개념 중 하나입니다. 영토 주권(territorial sovereignty)이란 표현도 뉴스에 종종 등장합니다.

1 국가 주권과 국제 협력 사이의 긴장은 국제 쟁점에 관한 논의의 최전선에 서 있다.
The tension between **national sovereignty** and international cooperation has been at the forefront of discussions regarding global issues.

2 우크라이나와 러시아 간의 갈등은 국가 주권의 한계와 분쟁 해결을 위한 국제법의 역할에 대한 의문을 제기했다.
The conflict between Ukraine and Russia has raised questions about the limits of **national sovereignty** and the role of international law in resolving disputes.

3 코로나19 팬데믹은 국가 주권과 세계 보건 안보 사이의 균형에 대한 논쟁을 촉발시켰다.
The COVID-19 pandemic has sparked debates about the balance between **national sovereignty** and global health security.

4 최근 홍콩의 민주화 운동가들에 대한 강력 탄압으로 중국의 국가 주권 및 인권 존중에 대한 우려가 제기되었다.
The recent crackdown on pro-democracy activists in Hong Kong has raised concerns about China's respect for **national sovereignty** and human rights.

—— crackdown 엄중 단속, 강력 탄압

National sovereignty is a cornerstone of international order, but it is not an absolute right. It must be balanced against other values, such as human rights and the rule of law. This is especially true in cases where national policies have an impact beyond a country's borders, such as climate change or global health. <The Guardian>

국가 주권은 국제 질서의 초석이지만 절대적인 권리는 아니다. 인권과 법치 등 다른 가치와 균형을 이루어야 한다. 특히 기후 변화나 세계 보건 같이 국가 정책이 국경을 넘어 영향을 미치는 경우에는 더욱 그렇다. 〈가디언〉

국제 문제와 대테러 노력에 관한 한, **뚜껑을 열어 봐야 안다**.
When it comes to international affairs and counterterrorism efforts, the proof is in the pudding.

MP3 035

"The proof is in the pudding"은 "The proof of the pudding is in the eating."의 약식 표현으로, 단어 뜻대로 하면 '푸딩을 먹어 봐야 맛을 안다'는 의미입니다. 즉, 백날 말로만 해서는 모르고 실제로 해 봐야 알 수 있다는 의미로, 우리말의 '뚜껑을 열어 봐야 안다'로 해석 가능합니다. 행동과 실천이 말보다 중요하다는 것을 시사합니다.

1   정책과 전략이 유망하게 들릴 수도 있지만, 그것들이 대테러에 끼친 진정한 영향은 가시적인 결과를 통해서만 평가할 수 있다. 즉, 뚜껑을 열어 봐야 안다.
    While policies and strategies may sound promising, their true impact on counterterrorism can only be assessed through tangible outcomes – the proof is in the pudding.

2   국제 사회는 부패 척결에 대한 그 나라의 노력에 회의적이었지만, 최근 세간의 이목을 끄는 인사들의 체포는 뚜껑을 열어 봐야 안다는 것을 보여주었다.
    The international community was skeptical of the country's commitment to combating corruption, but the recent high-profile arrests showed that the proof was in the pudding.

3   그 국제 구호 단체의 노력이 단기적인 해결책에 너무 집중한다는 비판을 받았지만, 장기적인 개발 프로젝트의 성공으로 어쨌든 뚜껑을 열어 봐야 안다는 것을 증명했다.
    The international aid organization's efforts had been criticized for being too focused on short-term solutions, but the success of their long-term development projects proved that the proof was in the pudding.

4   초기 의구심에도 불구하고, 그 조약은 온실 가스 배출량을 크게 감소시켜 뚜껑을 열어 봐야 알 수 있다는 것을 증명했다.
    Despite initial doubts, the treaty had resulted in a significant reduction in greenhouse gas emissions, proving that the proof was in the pudding.

NEWS

Jenkins argued that while some critics had claimed that France's aggressive tactics were undermining civil liberties, **the proof is in the pudding**: the number of terrorist attacks on French soil has dropped significantly since the country adopted a tougher stance on terrorism. <The Guardian>
젠킨스는 일부 비평가들은 프랑스의 공격적인 전술이 시민의 자유를 훼손하고 있다고 주장하지만, 뚜껑은 열어 봐야 한다고 주장했다. 프랑스가 테러에 대해 더 강경한 입장을 취한 이후, 프랑스 영토에서 발생한 테러 공격의 수가 크게 감소했다. 〈가디언〉

경찰은 테러 공격을 방지하기 위해 **잠재적 공격자**를 모니터링하고 있다.
The police are monitoring potential would-be aggressors to prevent terrorist attacks.

MP3 036

"would-be aggressor"는 아직 공격적인 의도에 따라 행동하지는 않았지만, 잠재적인 위협으로 간주되는 사람을 설명할 때 씁니다. would-be와 동일한 개념의 표현으로 wannabe와 aspiring이 있습니다.

1 보안군은 잠재적 공격자들의 통신을 가로채서 그들의 음모를 저지할 수 있었다.
Security forces were able to intercept communications from **the would-be aggressors** and foil their plot.

—— foil 저지하다, 좌절시키다

2 국가의 대테러 조치가 잠재적 공격자들을 억제하고 다수의 계획된 공격을 막았다.
The country's counterterrorism measures had deterred **would-be aggressors** and prevented a number of planned attacks.

3 그 단체의 선전은 잠재적 공격자들을 모집하는 데 성공했다.
The organization's propaganda had been successful in recruiting **would-be aggressors**.

4 정부가 임박한 위협을 막기 위해 공격 가능성이 있는 집단에 선제 공격을 개시했다.
The government had launched a preemptive strike against a group of **would-be aggressors** in order to prevent an imminent threat.

—— preemptive strike 선제 공격, 선제 타격

5 당국은 극단주의 이데올로기에 지지를 표명한 잠재적 공격자 집단의 활동을 감시하고 있었다.
The authorities were monitoring the activities of a group of **would-be aggressors** who had expressed support for extremist ideology.

One thinks twice before attacking another who is well or better equipped than they are. So you pile up the latest equipment to outcompete any country or group that may harbor ideas of conflict. Because the arms business is shrouded in secrecy and confidentiality, pre-empting your **would-be aggressor** becomes very necessary to avoid being outwitted. <Daily Monitor>

자신보다 건장하거나 더 나은 장비를 갖춘 상대를 공격하기 전에는 두 번 생각한다. 그래서 분쟁의 생각을 품고 있는 특정 국가나 집단과의 경쟁에서 우월하기 위해 최신 장비를 쌓아 두는 것이다. 무기 사업은 비밀과 기밀에 싸여 있기에 한 수 앞선 공격을 피하기 위해 잠재적 공격자가 될 수 있는 국가에게 선수치는 것이 매우 중요하고 필요하다. 〈데일리 모니터〉

outcompete ~보다 경쟁에서 우월하다　**harbor** 생각 등을 품다　**shroud** 감추다, 가리다
pre-empt 선수를 치다　**outwit** ~보다 한 수 앞서다

빈출 표현 037

화학 무기 사용은 민간인에게 **치명적인 결과**를 초래할 수 있다.
The use of chemical weapons would have catastrophic consequences for civilians.

MP3 037

"catastrophic consequences"는 광범위한 피해나 끔찍한 재난이 초래될 수 있는 것을 의미합니다. catastrophic은 disastrous보다 훨씬 더 강력한 어감이며, 종종 상황의 심각성을 강조하면서 결정이나 조치의 잠재적 영향을 설명하는 데 활용합니다.

1 사람들로 붐비는 시장에서 폭탄을 터뜨리려는 단체의 계획은 인명 손실과 지역 사회에 치명적인 결과를 초래할 수 있었다.

The group's plan to detonate a bomb in the crowded marketplace could have led to loss of life and **catastrophic consequences** for the community.

—— detonate 폭발하다, 폭발시키다

2 사이버 공격으로 인해 주요 교통 네트워크의 보안 시스템이 손상되어 공공 안전에 치명적인 결과를 초래했다.

The cyber-attack had compromised the security systems of a major transportation network, with **catastrophic consequences** for public safety.

—— compromise ~을 위태롭게 하다

3 테러 조직에 의한 화학 무기 사용은 광범위한 피해와 치명적인 결과를 초래할 수 있다.

The use of chemical weapons by terrorist organizations could result in widespread damage and **catastrophic consequences**.

NEWS

Jordan has warned of **"catastrophic consequences"** if Israeli forces were to storm the al-Aqsa mosque again. Should the Israeli police, "assault worshipers again, in an attempt to empty [the mosque] of worshipers, in preparation for major incursions into the mosque," it would, "push the situation towards more tension and violence, for which everyone will pay the price," the Jordanian Foreign Ministry spokesperson, Ambassador Sinan al-Majali, said in a statement late on Saturday local time. <CNN>

요르단은 이스라엘군이 알-아크사 사원을 다시 습격할 경우 "재앙적인 결과"를 초래할 것이라고 경고했다. 요르단 외무부 대변인인 시난 알 마잘리 대사는 현지 시간으로 토요일 늦게 발표한 성명을 통해 이스라엘 경찰이 "모스크에 대한 대규모 침공에 대비하여 [모스크를] 비우려고 예배자들을 다시 공격한다면 상황을 더 긴장과 폭력으로 몰아갈 것이며, 그 대가는 모두가 치르게 될 것"이라고 말했다. ⟨CNN⟩

storm 기습하다   **incursion** 침입   **pay the price** 대가를 지불하다

국제 협력은 테러 피해를 입은 국가가 **손실을 만회하는** 데 중요한 역할을 한다.
International cooperation plays a crucial role in helping nations affected by terrorism recoup losses.

MP3 038

"recoup"은 원래 '회복'을 의미하는 프랑스어 "recuperer"에서 유래되었고, '손실 또는 이전의 상태를 회복하다'의 개념입니다. 테러 외에 개인이나 기업이 재정적 손실을 입었고, 현재 손실액을 복구하기 위해 노력하는 상황을 설명하는 데도 사용할 수 있습니다.

1 테러 조직은 좌절을 겪었지만 손실을 만회하고 또 다른 공격을 감행하기로 결심했다.
The terrorist organization had suffered a setback, but they were determined to **recoup losses** and carry out another attack.
—— setback 좌절, 차질

2 테러 단체의 자금 조달원이 중단되자, 손실을 복구하고 운영 능력을 유지하기 위해 고군분투하고 있었다.
The group's sources of funding had been disrupted, and they were struggling to **recoup losses** and maintain their operational capacity.

3 정부의 성공적인 대테러 조치로 수 차례의 공격을 막았지만, 이 단체는 여전히 손실을 복구하고 기세를 회복하려 하고 있었다.
The government's successful counterterrorism measures had prevented a number of attacks, but the group was still attempting to **recoup losses** and regain their momentum.

4 이 조직의 선전이 새로운 조직원을 모집하는 데 효과가 떨어지자 손실을 만회하기 위해 애쓰고 있었다.
The organization's propaganda had been less effective in recruiting new members, and they were trying to **recoup losses**.

NEWS

The Center is accepting donations. The local Democratic Party intends to write a check to the center to help it **recoup losses**, Maggio said. Officials noted the vandalism at the Center came less than a month before the Gainesville Pride Festival, which returns to the city on Oct. 22 after being canceled because of the pandemic in 2020 and 2021. <Florida Politics>

센터는 기부를 받고 있다. 지역 민주당은 손실을 복구하도록 센터에 수표를 보낼 계획이라고 마조가 말했다. 관리들은 2020년과 2021년에 팬데믹 때문에 취소된 후 10월 22일에 도시에서 다시 시작되는 게인즈빌 프라이드 축제가 한 달도 채 안 남은 상태에서 센터 내 기물 파손이 발생했다고 지적했다. 〈플로리다 폴리틱스〉

vandalism 공공 기물 파손죄　　**return** 다시 살아나다, 다시 시작되다이 논란은 테러 조직원들 사이에서도 **반발을 일으켰다.**
The controversy ruffled some feathers among members of the terrorist organization.

MP3 039

"ruffle some feathers(반발을 사다, 심기를 불편하게 하다)"는 새들이 싸움을 준비하거나 지배력을 주장하기 위해 깃털을 휘날리는 것에서 비롯된 표현입니다. 권위자들 또는 기득권을 유지하려는 이해 관계자들에게 반발을 일으키는 것을 의미합니다. 기성 제도에 도전하거나 사람들의 기대를 뒤엎고 불쾌감을 주는 행동이나 발언을 묘사할 때 종종 쓰입니다.

1   보안 조치를 강화하기로 한 정부의 결정은 시민 자유 옹호자 사이에서 약간의 반발을 불러일으켰다.
    The government's decision to increase security measures **had ruffled some feathers** among civil liberties advocates.

2   이 단체의 도발적인 성명은 그것을 자신들의 신앙에 대한 모욕으로 여긴 일부 종교 지도자들의 반발을 샀다.
    The group's provocative statement **had ruffled some feathers** among religious leaders who saw it as an affront to their faith.
    ——— provocative 도발적인, 자극적인   affront 모욕(하다)

3   테러리스트 조직에 대한 선제 공격 개시 결정은 주변 이웃 국가들의 반발을 샀다.
    The decision to launch a preemptive strike against the terrorist cell **had ruffled some feathers** among neighboring countries.

4   서방 국가에서 공격을 감행하려는 이 조직의 노력은 차별과 폭력의 반발을 우려하는 무슬림 커뮤니티의 반발을 일으켰다.
    The organization's efforts to carry out attacks in Western countries **ruffled some feathers** among Muslim communities who feared a backlash of discrimination and violence.
    ——— backlash 반발

A Todd Sampson-hosted documentary series on the links between social media and hate groups, currently in production, have been denounced by anti-fascist campaigners, while far-right figures have posed for pictures with the presenter and predicted it will "**ruffle some feathers.**" <The Age>

현재 제작 중인 소셜 미디어와 혐오 단체의 연관성에 대한 토드 샘슨 진행의 다큐멘터리 시리즈가 반파시스트 운동가들로부터 비난을 받고 있는 가운데, 극우 인사들은 발표자와 함께 사진 포즈를 취하며 이 다큐멘터리가 "반발을 불러 일으킬 것"이라고 예측했다. 〈디 에이지〉

denounce 맹렬히 비난하다

최근 회사 서버에 대한 사이버 공격은 **조기 경고 신호**였다.
The recent cyberattack on the company's servers was **a canary in the coal mine**.

MP3 040

예전에 광부들이 광산에 카나리아 새를 데리고 들어갔는데, 카나리아가 일산화탄소 같은 독성 가스에 더 민감해서 카나리아가 죽으면 위험 수준의 가스가 있으므로 광산에서 대피해야 한다는 경고 신호 역할을 했다고 합니다. 여기서 유래해 큰 사건 발생 전에 보이는 '조기 경고 신호'라는 의미로 쓰이게 되었습니다.

1   소규모 공격은 조기 경고 신호로, 이 단체가 훨씬 더 크고 파괴적인 공격을 계획하고 있음을 나타냈다.
    The small-scale attack was **a canary in the coal mine**, indicating that the group was planning a much larger and more devastating attack.

2   이 지역 내 극단주의 단체의 부상은 조기 경고 신호로, 더 광범위한 급진화 추세를 나타냈다.
    The rise of extremist groups in the region was **a canary in the coal mine**, signaling a broader trend of radicalization.

3   전력망에 대한 사이버 공격은 조기 공격 신호로, 중요 기반 시설이 테러 공격에 취약하다는 것을 보여주었다.
    The cyber-attack on the power grid was **a canary in the coal mine**, demonstrating the vulnerability of critical infrastructure to terrorist attacks.

—— power grid 전력망   vulnerability 취약점

4   자살 폭탄 테러범을 이용했다는 것이 조기 경고 신호였다.
    The use of suicide bombers was **a canary in the coal mine**.

Antisemitism has been described as **the canary in the coal mine** of freedom, and with hateful bigots and dangerous conspiracy theorists now finding willing audiences online, UN Secretary-General António Guterres on Saturday said, "we must pledge to speak out wherever we witness hate and to stand up for human rights and dignity for all." <UN News>

반유대주의는 자유에 대한 조기 경고 신호로 묘사되어 왔고, 혐오스러울 정도로 편견이 심한 인물들과 위험한 음모 이론가들이 온라인에서 자신들을 따를 마음이 있는 청중을 찾고 있는 가운데, 안토니오 구테흐스 유엔 사무총장은 토요일에 "우리는 어디서 증오를 목격하든 목소리를 내어 공개적으로 말하고 모든 사람의 인권과 존엄성을 옹호할 것을 약속해야 한다"고 말했다. 〈UN 뉴스〉

bigot 편견이 아주 심한 사람   **speak out** 공개적으로 말하다
stand up for ~을 지지하다, 옹호하다

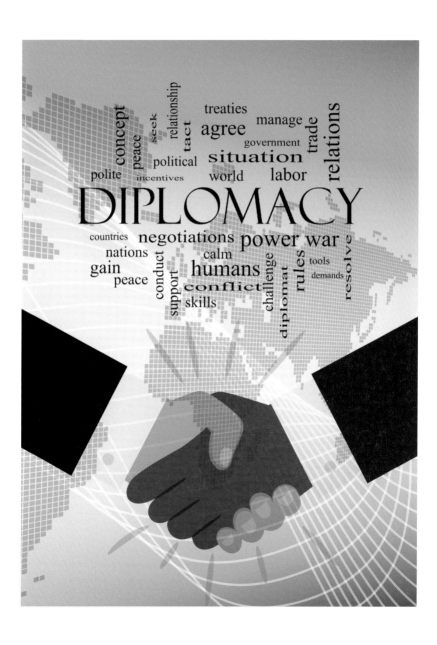

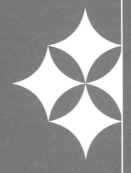

PART 2

경제, 경영, 산업

CHAPTER 1

경기와 수요, 공급

최근 몇 년 동안 도시의 주택 수요가 **급증하고 있다.**
The demand for housing in the city
has gone through the roof in recent years.

MP3 041

"go through the roof"는 건물의 지붕을 뚫고 올라가는 것을 비유적으로 묘사하는데, 무언가 급격하게 상승하는 것을 나타냅니다. 가격, 감정 또는 기타 계량화할 수 있는 수치의 급격한 상승을 묘사할 때 자주 쓰입니다.

1   갑작스러운 수요 급증으로 인해 가격이 천정부지로 치솟아 많은 소비자들이 생필품을 구입할 수 없게 되었다.
    The sudden surge in demand had caused prices to **go through the roof**, leaving many consumers unable to afford basic goods.

2   새로운 정부 정책으로 인해 투자자들의 신뢰가 상승하여 주가가 급등했다.
    The new government policy had led to a rise in investor confidence, causing stock prices to **go through the roof**.

3   신제품의 인기로 인해 매출이 급증하여 회사는 수요를 충족하기 위해 생산량을 늘렸다.
    The popularity of the new product had caused sales to **go through the roof**, leading the company to ramp up production to meet demand.
    ───── ramp up ~을 늘리다. 증가시키다

4   예상치 못한 석유 매장량 발견으로 인해 주변 지역의 부동산 가격이 천정부지로 치솟았다.
    The unexpected discovery of oil reserves had caused property prices to **go through the roof** in the surrounding areas.

NEWS

A little-known and newly-formed fund, Align Partners Capital Management, bought 1.1 percent of SM Entertainment and demanded that a relationship between a private company owned by SM Entertainment founder Lee Soo-man be checked for conflict of interest and connected-party transactions. In a flash, SM Entertainment was in play and the stock **went through the roof**.
<Korea JoongAng Daily>

잘 알려지지 않은 신생 펀드 얼라인 파트너스 캐피털 매니지먼트가 SM엔터테인먼트의 지분 1.1%를 사들이고 SM엔터테인먼트 창업자 이수만 회장이 소유한 개인 회사와의 관계를 이해관계 거래와 이해 관계 충돌 여부를 위해 점검받으라고 요구했다. 순식간에 SM엔터테인먼트는 살아났고, 주가는 천정부지로 치솟았다. 〈코리아 중앙 데일리〉

conflict of interest 이해 충돌

빈출 표현 042

수년 간의 가격 급등 끝에 마침내 주택 시장이 **평준화되었다**.
After years of skyrocketing prices, the housing market finally leveled off.

MP3 042

"level off(평준화되다)"는 어느 정도 안정돼 있는 상태를 의미합니다. 이 표현은 주식 시장, 부동산 시장 또는 소비재 등의 다양한 분야에서 쓰일 수 있는데, 이는 일정 기간 동안의 변동 이후 가격이 균등 상태(equilibrium)에 도달했다는 것을 나타냅니다.

1 몇 달 간의 급격한 성장 후 매출이 평준화됐고, 이는 시장이 포화 상태에 이르렀음을 나타냈다.
   After months of rapid growth, sales **had leveled off**, indicating that the market had reached its saturation point.

2 원자재 비용의 급격한 상승으로 인해 가격이 급등했지만, 이후 공급 증가로 가격이 평준화되었다.
   The sharp increase in the cost of raw materials had caused prices to rise rapidly, but they **had** since **leveled off** due to increased supply.

3 주택 시장이 급격한 성장기를 경험했지만 가격이 평준화된 이후 보다 지속 가능한 수준으로 돌아갔다는 신호를 알렸다.
   The housing market had experienced a period of rapid growth, but prices **had** since **leveled off**, signaling a return to more sustainable levels.

4 중앙은행이 인플레이션을 늦추기 위해 금리를 인상하여 단기간에 물가가 평준화되었다.
   The central bank had increased interest rates to slow inflation, causing prices to **level off** in the short term.

NEWS

When you look at the reality of the market, it will be industry-dependent, but on a macro basis, we see the U.S. economy continuing to grow at a slowing rate that will **level off** this year, and 2024 will be kind of a flat year for GDP. For the industrial base, it will be a milder-than-normal recession ending in late 2024, so some family businesses will feel it, and some won't. <SiouxFalls.Business>

시장의 현실을 살펴보면 산업에 따라 다르겠지만, 거시적으로 볼 때 미국 경제는 올해 성장률이 계속 둔화되어 평준화될 것이고 2024년은 GDP가 저조한 해가 될 것으로 보인다. 산업 기반의 경우, 2024년 말에 끝나는 평년보다 완만한 경기 후퇴가 있을 것인데, 일부 가족 기업은 이를 느낄 것이고 일부는 느끼지 못할 것이다. 〈수폴스.비즈니스〉

on a macro basis 거시적 기준에서   **flat** 매출 등이 저조한

그 나라의 **인구** 변화는 소비자 행동에 변화를 가져왔다.
The demographic shift in the country has led to changes in consumer behavior.

MP3 043

"demographic(인구의, 인구 통계학적)"은 인구의 연령, 성별, 인종, 교육 수준, 소득 등과 같은 특성을 고려하여 인구 구성 분포를 나타낼 때 쓰는 표현입니다. 형용사로도, 명사로도 쓰이며, 명사로 활용될 때는 주로 단수의 형태로 쓰입니다. 정책 결정자, 마케터, 연구자들이 대상 군(group)의 요구와 선호를 더 잘 충족시키기 위한 전략을 구성하는 데 종종 활용됩니다.

1   국가의 고령 인구가 의료 시스템에 부담을 가중하면서 자금과 자원을 늘려야 한다는 요구가 커졌다.

The country's aging **demographic** was putting a strain on the healthcare system, leading to calls for increased funding and resources.

2   특정 인구 통계학적 부분을 목표로 마케팅 전략을 성공적으로 조정한 기업은 시장에서 경쟁 우위를 확보하는 경우가 많다.

Businesses that successfully adapt their marketing strategies to target specific **demographic** segments often gain a competitive edge in the marketplace.

3   회사의 마케팅 전략은 주요 성장 시장으로 여겨지는 젊은 인구 층을 목표로 하는 데 중점을 두었다.

The company's marketing strategy was focused on targeting younger **demographics**, as they were seen as a key growth market.

4   정부는 인구 불균형을 해소하고 경제를 활성화하기 위해 이민을 장려하는 정책을 시행했다.

The government had implemented policies to encourage immigration to address **demographic** imbalances and boost the economy.

NEWS

Shifting U.S. populations have played a big role in commercial real estate over the last few years. Millions up and left old haunts and moved to follow businesses and, with them, jobs to the south and west. All the shifting has had profound effects on the national and local economies and **demographic** makeup in the country. It has also had striking effects on multiple property types. <PropertyCasualty360>

미국 인구의 변화는 지난 몇 년 동안 상업용 부동산에서 큰 역할을 했다. 수백만 명의 사람들이 정든 곳을 떠나 사업체와 그에 따른 일자리를 따라 남부와 서부로 이주했다. 이 모든 변화는 국가 및 지역 경제와 나라의 인구 구성에 큰 영향을 미쳤다. 또 여러 부동산 유형에도 눈에 띄는 영향을 끼쳤다. 〈프라퍼티캐주얼티360〉

up and left 벌떡 일어나 떠났다   **haunt** 많은 시간을 보내는 곳

빈출 표현 044

이 분야의 채용 기회는 **매우 적기** 때문에 경쟁이 치열하다.
Job opportunities in this field are few and far between, so competition is fierce.

MP3 044

"few and far between(별로 없는)"은 "not many" 또는 "scarce"의 뜻으로, 드물거나 자주 발생하지 않는 것을 의미합니다. 묘사되는 대상이나 사건이 흩어져 있거나 넓게 떨어져 있어 마주치기 어렵다는 것을 암시하며, 희소성의 어감을 내포합니다.

1   현재의 경제 환경에서는 일자리가 점점 줄어들고 있어 많은 사람이 일자리를 구하기가 어렵다.
    In the current economic climate, job opportunities are **few and far between**, making it difficult for many people to find work.

2   이 경쟁이 치열한 업계에서 탁월한 고객 서비스를 지속적으로 제공하는 기업은 극소수에 불과하지만, 그 기업들은 눈에 띄고 충성 고객을 확보한다.
    In this highly competitive industry, companies that consistently deliver exceptional customer service are **few and far between**, but they stand out and gain loyal customers.

3   업계에서 성공적인 투자 회수 사례가 여전히 드물었기 때문에 회사는 벤처 캐피탈 자금을 확보하는 데 어려움이 있었다.
    The company's ability to secure venture capital funding had been hampered by the fact that successful exits were still **few and far between** in the industry.

——— hamper 방해하다   exits 투자금 회수

4   최근의 경제 회복에도 불구하고 이 지역에서는 여전히 새로운 비즈니스 기회가 거의 없었다.
    Despite the recent economic recovery, new business opportunities were still **few and far between** in the region.

NEWS

Yet these alternatives have been **few and far between**, with just one in seven departing Western brands substituted by a local one according to the Russian Association of Retailers. Half the shops in Russian shopping centers remain closed and, contrary to the hopes of many, Chinese companies are in no hurry at all to embrace the Russian market, fearing sanctions themselves.
\<The Spectator\>

그렇지만 이런 대안은 극히 드물었고, 러시아 소매업 협회에 따르면 러시아를 떠나는 서구 브랜드 7곳 중 단 1곳만이 현지 브랜드로 대체된 것으로 나타났다. 러시아 쇼핑 센터의 절반은 문을 닫은 상태이며, 많은 이들의 희망과 달리, 중국 기업들은 제재를 두려워하여 러시아 시장을 수용하고 진출하는 데 전혀 서두르지 않고 있다. 〈더 스펙테이터〉

두 회사는 **수단과 방법을 가리지 않는** 마케팅 전쟁을 벌였다.
The two companies engaged in a
no holds barred marketing war.

MP3 045

"no holds barred(수단과 방법을 가리지 않는)"는 목표를 달성하고 성공을 이루기 위해 할 수 있는 일에 제한이 없는 상황을 묘사하는 표현입니다. 마케팅 외에 어떤 대가를 치르더라도 승리하는 것이 목표인 스포츠, 정치 및 기타 경쟁 상황에서 종종 활용됩니다.

1   치열한 경쟁이 벌어지는 업계에서 기업들은 경쟁사보다 우위를 점하기 위해 수단과 방법을 가리지 않는 전술을 불사했다.

    In the fiercely competitive industry, companies were willing to engage in **no holds barred** tactics to gain an edge over their rivals.
    —— gain an edge 우세를 점하다

2   합병을 위한 협상은 치열했으며, 양측 모두 최상의 거래를 성사시키기 위해 수단과 방법을 가리지 않는 접근 방식으로 협상에 임했다.

    The negotiation for the merger was intense, with both parties going into the talks with a **no holds barred** approach to secure the best deal.

3   회사의 공격적인 확장 전략에 경쟁사 인수 및 시장 점유율 확대에 성역 없는 접근 방식이 포함되었다.

    The company's aggressive expansion strategy had involved a **no holds barred** approach to acquiring competitors and expanding its market share.

4   중앙은행이 인플레이션 통제에 제한 없는 접근 방식을 채택하고 있다는 신호를 보냈다.

    The central bank had signaled that it was adopting a **no holds barred** approach to controlling inflation.

As China continues to face economic headwinds, re-enlisting the platform sector to serve economic growth is crucial. While it is clear a return to the **no-holds-barred**, Wild West era of the past decades is out of the question, the price of the intervention has been high, and a sustainable approach from Beijing must find a middle ground between innovation and profit on the one hand, and political objectives on the other. <The Wire China>

중국이 경제 역풍에 계속 직면하고 있으므로, 경제 성장을 위해 플랫폼 부문을 다시 활성화하는 것은 매우 중요하다. 지난 수십 년간의 제약 없는 서부 개척 시대로의 회귀는 불가능한 것이 분명하지만, 중재 비용이 높아졌고, 중국의 지속 가능한 접근 방식은 한편으로는 혁신과 이익, 다른 한편으로는 정치적 목표 사이에서 중간 지점을 찾아야 한다. 〈더 와이어 차이나〉

headwind 맞바람, 역풍   **middle ground** 중간 지점, 타협안

빈출 표현
046

재생 에너지 수요는 **기하급수적으로 성장**하고 있다.
**The demand for renewable energy
sources is experiencing exponential growth.**

MP3 046

"exponential"은 지수 함수의 수학적 개념으로 밑수가 거듭 제곱되는 것을 의미합니다. 이를 성장의 경우에 적용하면, 시간이 지남에 따라 성장량이 점점 커지며 그래프에서는 급격한 상승 곡선이 형성됩니다. 비즈니스나 인구 등이 가속 성장하는 상황을 설명하는 데 자주 쓰입니다.

1 신기술의 빠른 도입으로 수요가 기하급수적으로 증가해 많은 기업이 주문을 따라잡기 위해 고군분투했다.
   The rapid uptake of the new technology had led to **exponential growth** in demand, with many struggling to keep up with orders.
   —— uptake 활용, 흡수

2 전기 자동차의 인기가 높아지면서 그 배터리에 쓰이는 희토류 금속에 대한 수요가 기하급수적으로 증가했다.
   The growing popularity of electric vehicles had led to **exponential growth** in the demand for rare earth metals used in their batteries.

3 그 회사의 혁신적인 마케팅 캠페인으로 매출이 기하급수적으로 증가하여 공급망에 압박이 가해졌다.
   The company's innovative marketing campaign had resulted in **exponential growth** in sales, putting pressure on the supply chain.

4 숙련 근로자의 부족으로 기하급수적으로 증가하는 제품 수요를 따라잡는 데 한계가 있었다.
   The shortage of skilled workers had limited the company's ability to keep up with **exponential growth** in demand for its products.

NEWS

Achieving a fully carbon neutral economy in Europe is a tremendous challenge. DES helps to facilitate the further deployment of intermittent renewable sources of energy, such as wind power. **Exponential growth** is expected in renewable deployment in the coming years, but the intermittent and unpredictable nature of the source requires intelligent storage and management solutions such as DES to support and maximise their impact. <Total Telecom>

유럽에서 완전한 탄소 중립 경제를 달성하는 것은 엄청난 도전이다. DES는 풍력 발전 같은 간헐적 재생 에너지원의 추가 배치를 용이하게 하는 데 도움이 된다. 향후 몇 년 동안 재생 에너지원 배치가 기하급수적으로 증가할 것으로 예상되지만, 간헐적이고 예측할 수 없는 재생 에너지원의 특성 때문에 이를 지원하고 그 영향을 극대화하기 위해서는 DES와 같은 지능형 스토리지 및 관리 솔루션이 필요하다. 〈토탈 텔레콤〉

기업들은 경쟁력 유지를 위해 전 세계 공급망의 **복잡성을
헤쳐 나가야** 한다.
**Companies must navigate the complexities of
global supply chains to remain competitive.**

MP3 047

"navigate the complexities(복잡성을 헤쳐 나가다)"는 어렵거나 복잡한 요소가 많은 상황을 성공적으로 헤쳐 나가는 것을 의미합니다. 비즈니스, 정치 또는 개인 관계와 같은 다양한 상황에서 사용할 수 있습니다.

1   오늘날 같이 급변하는 글로벌 경제에서 기업은 공급과 수요의 복잡성을 헤쳐 나가야 한다.
In today's fast-paced global economy, businesses must **navigate the
complexities** of supply and demand.

2   코로나19 팬데믹으로 전통적인 공급망 체계가 뒤흔들렸고, 기업이 수요 충족의 복잡성을
헤쳐 나가기가 더 힘들게 됐다.
The COVID-19 pandemic has upended traditional supply chains and
made it more challenging for businesses to **navigate the complexities**
of meeting demand.

3   자동화 및 인공 지능과 같은 기술 발전이 기업이 수요와 공급의 복잡성을 헤쳐 나가는 방식을
바꾸고 있다.
Technological advancements, such as automation and artificial
intelligence, are changing the way businesses **navigate the
complexities** of supply and demand.

4   전자상거래의 부상과 소비자 선호도의 변화로 인해 업계의 복잡성을 헤쳐 나가기가 더
어려워졌다.
The rise of e-commerce and changing consumer preferences have
made it harder to **navigate the complexities** in the industry.

NEWS

To **navigate the complexities** of supply and demand in the digital age,
businesses must embrace a customer-centric approach. This requires gathering
and analyzing data on customer preferences, behaviors, and needs to better
understand how to meet demand. It also involves building flexible and adaptive
supply chains that can respond quickly to changes in demand and market
conditions. The key is to stay agile, stay informed, and stay focused on delivering
value to customers. <Forbes>

디지털 시대의 수요와 공급의 복잡성을 헤쳐 나가려면 기업은 고객 중심 접근 방식을 채택해야 한다.
따라서 고객의 선호도, 행동, 요구에 대한 데이터를 수집하고 분석하는 것이 필요한데, 이는 수요를
충족하는 법을 더 잘 이해하기 위해서이다. 여기에는 수요와 시장 상황의 변화에 빠르게 대응할 수 있는
유연하고 적응력 있는 공급망 구축도 포함된다. 핵심은 민첩성을 유지하고 정보를 얻어 고객에게 가치를
제공하는 데 집중하는 것이다. 〈포브스〉

정부는 부동산 시장에서 **가격 폭등을 억제**하기 위한 조치를 시행했다. **The government implemented measures to curb runaway prices in the real estate market.**

MP3 048

"curb runaway prices(가격 폭등을 억제하다)"의 유래는 급속한 산업화와 세계화의 진전으로 인해 원자재 가격의 변동과 인플레이션 압박이 증가했던 20세기 초로 거슬러 올라갑니다. 그러다가 요즘에 와서는 '폭주하는 통제 불능 상태인 가격을 잡다'는 의미로 쓰입니다. 거시 경제 정책, 시장 동향 및 금융 뉴스에 대한 토론에서 자주 쓰입니다.

1 정부는 주택 시장의 가격 폭등을 억제하기 위한 조치를 취하고 있었다.
The government was taking steps to **curb runaway prices** in the housing market.

2 중앙은행은 주식 시장의 가격 폭등을 억제하고 거품 형성을 막기 위한 노력의 일환으로 금리를 인상했다.
The central bank had raised interest rates in an effort to **curb runaway prices** in the stock market and prevent the formation of a bubble.

3 회사는 품질에 타협하지 않고 가격 폭등을 억제할 수 있는 방법을 찾고 있었다.
The company was looking for ways to **curb runaway prices** without compromising on quality.

4 이 조직은 회원사들과 협력하여 소매 부문의 가격 폭등을 억제하고 소비자에게 공정한 가격을 보장하기 위한 전략을 개발 중이었다.
The organization was working with its members to develop a strategy to **curb runaway prices** in the retail sector and ensure fair pricing for consumers.

Unlike 2020, however, the U.S. Federal Reserve and other central banks are raising interest rates to **curb runaway prices**, making it harder for the People' Bank of China to ease monetary policy due to worries about capital outflows and local inflation. Chinese consumers are tightening their belts amid rising job losses and falling incomes, and the government remains reluctant to give cash handouts similar to those used in the United States and Europe, policy insiders say. <The Japan Times>

그러나 2020년과 달리 미 연방준비제도이사회와 다른 중앙은행들이 물가 폭등을 억제하기 위해 금리를 인상하고 있어, 자본 유출과 국내 인플레이션에 대한 우려로 인해 중국 인민은행이 통화 정책을 완화하기가 더 어려워지고 있다. 중국 소비자들은 실직 증가와 소득 감소로 허리띠를 졸라매고 있으며, 정부는 미국과 유럽에서 시행된 것과 같은 현금 지원금 지급을 꺼리고 있다고 정책 관계자들은 말한다. <재팬 타임즈>

outflow 새어 나감, 유출　　**handout** 지원금　　**insider** 관계자, 내부자

자유 시장 경제에서 수요와 공급은 **불가분의 관계**다.
Supply and demand are inextricably linked in a free-market economy.

MP3 049

"inextricably linked(불가분의 관계인)"는 두 가지가 매우 밀접하게 연결되어 분리되거나 어느 한쪽 없이 다른 쪽을 이해할 수 없는 것을 의미합니다. 경제와 정치는 서로 깊이 연결되어 있다고 볼 수 있는데, 한쪽의 변화가 다른 쪽에 큰 영향을 미칠 수 있다는 어감을 내포합니다.

1   경제학에서 수요와 공급은 불가분의 관계에 있으며, 한쪽의 변화가 다른 쪽에 영향을 미친다.
In the world of economics, supply and demand are **inextricably linked**, with changes in one affecting the other.

2   제품의 가격은 불가분의 관계에 있는 수요와 공급 간의 미묘한 균형에 의해 결정된다.
The price of a product is determined by the delicate balance between supply and demand, which are **inextricably linked**.

3   신기술 개발과 소비자의 채택은 불가분의 관계에 있으며, 수요가 혁신을 주도하고 그 반대의 경우도 마찬가지이다.
The development of new technologies and their adoption by consumers are **inextricably linked**, with demand driving innovation and vice versa.

4   글로벌 공급망은 불가분의 관계에 있으며, 공급망에서 한 부분의 중단은 상품의 생산과 유통에 광범위한 영향을 미친다.
The global supply chain is **inextricably linked**, with disruptions in one part of the chain having far-reaching consequences on production and distribution of goods.

—— disruption 중단, 지장

All roads lead to the Federal Reserve, where chairman Jerome Powell has rejected the quantity theory of money (QTM), a theory which states that inflation and economic growth are **inextricably linked** to the money supply (measured by M2). It's a theory that was famously championed by Milton Friedman, who was unquestionably the master of monetarism (read: the QTM).
<NR Capital Matters>

모든 길은 제롬 파월 의장이 통화 공급량(M2로 측정)에서 인플레이션과 경제 성장이 불가분의 관계에 있다는 통화량 이론(QTM)을 거부한 연방준비제도이사회로 이어진다. 이 이론은 의심할 여지없이 통화주의의 대가였던 밀턴 프리드먼이 지지한 것으로 유명한 이론이다(참조: QTM).
〈NR 캐피탈 매터스〉

monetarism 통화주의   **champion** 지지하다, 옹호하다
semiannual 반년마다의, 연 2회의, 반기의

공장의 생산은 원자재 부족으로 **완전히 멈췄다.**
The factory's production came to a grinding halt due to the shortage of raw materials.

MP3 050

기계나 차량의 기어나 바퀴가 막혀서 갑작스럽게 멈추는 모습에서 비롯됐다고 알려진 "come to a grinding halt(완전히 멈추다)"는 해결하기 어려운 문제나 장애물로 인해 갑자기 진행이 멈추는 것을 뜻합니다. 참고로 주어의 행위가 멈출 때는 동사 come을, 목적어가 나타내는 행위가 멈출 때는 bring을 씁니다.

1 전 세계적인 팬데믹으로 인해 공장이 문을 닫고 운송 경로가 중단되면서 공급망이 완전히 멈췄다.
The global pandemic caused supply chains to **come to a grinding halt**, with factories shutting down and shipping routes disrupted.

2 갑작스러운 수요 급증은 회사의 생산 능력을 압도하여 운영이 완전히 멈췄다.
The sudden surge in demand had overwhelmed the company's production capacity, **bringing** operations **to a grinding halt**.

3 주요 부품 부족으로 인해 조립 라인이 완전히 멈춰 근로자는 유휴 상태가 되고 고객은 불만을 갖게 되었다.
The shortage of key components had caused the assembly line to **come to a grinding halt**, leaving workers idle and customers frustrated.

4 특정 제품의 수요 급감으로 인해 회사는 생산을 중단하고 제조 공정을 완전히 멈춰야 했다.
The sharp drop in demand for a particular product had forced the company to cease production and **bring** the manufacturing process **to a grinding halt**.

NEWS

In the first half of the current financial year, which ends in June, average inflation has been 25%. The central bank is also tightening monetary policy sharply, with key rates also at decades-high levels and growth having **come to a grinding halt**. The ensuing economic crisis will also pile political pressure on the government, with former prime minister Imran Khan demanding a snap general election. <CNN>

6월에 끝나는 현 회계연도 상반기에 평균 인플레이션은 25%였다. 중앙은행도 통화 정책을 급격히 긴축하고 있으며, 기준 금리도 수십 년 만에 가장 높은 수준이고 성장도 급격히 멈췄다. 계속되는 경제 위기는 임란 칸 전 총리가 조기 총선을 요구하는 등 정부에 정치적 압력을 가할 것이다. 〈CNN〉

key rate 기준 금리   **a snap general election** 조기 총선

CHAPTER 2

투자와 금융, 무역

그 회사는 잠재적 투자자들을 유치하기 위해 **매력 공세**를 펼쳤다.
The company launched a charm offensive to win over potential investors.

MP3 051

"charm offensive(매력 공세)"는 매력, 아첨 및 설득을 통해 누군가의 마음을 얻거나 대중의 이미지를 향상시키려는 고의적이고 전략적인 노력을 의미합니다. 개인이나 조직이 다른 사람의 지원이나 신뢰를 얻으려 하는 상황으로, 금융 뿐 아니라 정치적 또는 외교적 맥락에서도 자주 쓰입니다.

1 　잠재 투자자를 향한 CEO의 매력 공세로 기록적인 자금 유입이 이루어졌다.
The CEO's charm offensive towards potential investors resulted in a record-breaking influx of funds.

2 　외국 기업에 대한 정부의 매력 공세가 국내 투자 증가로 이어졌다.
The government's charm offensive towards foreign companies has led to increased investment in the country.

3 　기업 공개가 성공적으로 마무리될 수 있었던 것은 이 회사가 기관 투자자와 대중에게 효과적으로 구애하면서 매력 공세를 잘 펼쳤기 때문이다.
The successful outcome of the initial public offering can be attributed to the company's well-executed **charm offensive**, effectively wooing institutional investors and the public.
———— initial public offering 기업 공개　　well-executed 잘 시행된　　woo 호소하다, 구애하다

4 　고액 자산가를 대상으로 한 은행의 매력 공세는 신규 고객을 유치하고 수익을 늘리는 데 성공했다.
The bank's charm offensive towards high net worth individuals was successful in attracting new clients and increasing revenue.
———— high net worth individuals 고액 순자산 보유자

NEWS

Hong Kong reopens with post-COVID **charm offensive**. Hong Kong has finally lifted the tough Covid-19 controls that sent the economy into recession and undermined its status as Asia's financial hub. Dressler has "sent [the] whole team on holiday" — an illustration of how people may not be leaving, but they are not returning yet, either. <Financial Times>

홍콩이 포스트 코로나 매력 공세로 재개장한다. 홍콩이 마침내 경제를 침체에 빠뜨리고 아시아 금융 허브로의 지위를 약화시킨 코로나19에 대한 강력한 통제를 해제했다. 드레슬러는 "팀원 전체를 휴가를 보냈다"며 사람들이 떠나지 않고 있지만 아직 돌아오지 않고도 있음을 보여주었다. 〈파이낸셜 타임즈〉

undermine 기반을 약화시키다

정부는 금융 개혁 결정과 관련해 **진퇴양난에 처해** 있다.
The government is between a rock and a hard place when it comes to deciding on financial reform.

MP3 052

"between a rock and a hard place (진퇴양난에 빠진)"는 단어 자체가 주는 이미지처럼, 어떤 행동을 취하든 부정적인 결과가 따를 수밖에 없는 어렵고 난처한 상황에 직면한 것을 뜻합니다. 두 가지 선택이 모두 어렵고, 명확한 출구가 없는 딜레마에 빠진 상황을 설명하는 데 일반적으로 쓰이는 문구지요.

1 회사는 매출 감소와 비용 상승으로 인해 진퇴양난에 빠져 있다.
The company is caught **between a rock and a hard place** with falling sales and rising costs.

2 중앙은행은 인플레이션 상승과 경기 침체로 인해 진퇴양난에 있는, 어려운 입장에 처해 있다.
The central bank is in a difficult position, being **between a rock and a hard place** with rising inflation and a sluggish economy.

3 중앙은행은 경제 성장 촉진의 필요성과 인플레이션 위험 사이에서 균형을 잡아야 하는 진퇴양난에 빠졌다.
The central bank was stuck **between a rock and a hard place**, having to balance the need for stimulating economic growth with the risk of inflation.

4 투자 회사는 실적이 저조한 포트폴리오와 참을성 없는 고객으로 인해 진퇴양난에 빠져 있다.
The investment firm is stuck **between a rock and a hard place** with underperforming portfolios and impatient clients.

—— underperform 실적을 못 내다

The Federal Reserve is in a bind. It's been trying to pull back on its support for the economy without derailing the recovery or roiling financial markets. But a fast-spreading coronavirus variant and lagging vaccination rates are putting pressure on the economy, and the Fed is increasingly **between a rock and a hard place**. If it pulls back too quickly, it could cause a downturn in markets and the economy. But if it continues with its current level of support, inflation could rise even further, potentially causing longer-term economic harm.
<The New York Times>

연방준비제도이사회가 곤경에 처해 있다. 연준은 경기 회복을 저해하거나 금융 시장을 뒤흔들지 않으면서 경제에 대한 지원을 철회하려고 해 왔다. 하지만 빠르게 확산되는 코로나 바이러스 변종과 백신 접종률 저하가 경제에 압박을 가하고 있으며, 연준은 점점 더 진퇴양난에 처해 있다. 연준이 너무 빨리 지원을 줄이고 물러나면 시장과 경제가 침체될 수 있다. 그러나 현재 수준의 지원을 계속하면 인플레이션이 더 상승하여 잠재적으로 장기적인 경제 피해를 초래할 수 있다. 〈뉴욕 타임즈〉

in a bind 곤경에 처한   **pull back (on)** 후퇴시키다, 취소하다   **downturn** 하락세

주식과 채권 투자는 **본질적으로 위험하므로** 투자자는 실사를 통해 신중하게 결정해야 한다.
Investing in stocks and bonds is inherently risky, and investors should do their due diligence.

MP3 053

"inherently risky(본질적으로 위험한)"는 어떤 것이 자체적으로 큰 위험을 내포하고 있다는 걸 의미합니다. 근본적으로 바꾸거나 피할 수 없는 잠재적인 위험을 포함하고 있기에, 금융 외에도 사고 위험이 있는 암벽 등반이나 익스트림 스포츠 등에도 종종 사용합니다.

1   높은 잠재적 수익률에도 불구하고 신흥 시장에 대한 투자는 본질적으로 위험하다.
  Despite the potential for high returns, investing in emerging markets is **inherently risky**.

2   암호화폐는 본질적으로 위험한데, 규제가 없다는 특성상 사기와 해킹에 취약하다.
  Cryptocurrency is **inherently risky**, with its unregulated nature making it vulnerable to fraud and hacking.
  —— cryptocurrency 암호화폐

3   스타트업 기업에 대한 투자는 높은 실패율과 제한된 재무 데이터로 인해 성공 가능성을 정확하게 평가하기 어렵기 때문에 본질적으로 위험하다.
  Investing in start-up companies is **inherently risky**, with high failure rates and limited financial data making it difficult to accurately assess their potential for success.

4   주식 시장은 시장 상황의 변동과 예측할 수 없는 가격 변동으로 본질적으로 위험하다.
  The stock market is **inherently risky**, with fluctuations in market conditions and unpredictable price swings.

NEWS

The Securities and Exchange Commission has issued a warning about the risks of investing in mutual funds that hold cryptocurrencies, citing the volatile and unregulated nature of the asset class. While cryptocurrencies like bitcoin have been known to deliver extraordinary returns, investing in them is **inherently risky** due to their unpredictability and lack of oversight. <Bloomberg>

미국 증권거래위원회(SEC)는 변동성이 크고 규제가 없는 자산군의 특성을 언급하며 암호화폐를 보유한 뮤추얼 펀드에 투자할 경우 위험하다는 경고를 냈다. 비트코인 같은 암호화폐는 엄청난 수익을 제공하는 것으로 알려져 있지만, 예측 불가능성과 관리 부족으로 인해 여기에 투자하는 것은 본질적으로 위험하다. 〈블룸버그〉

volatile 휘발성의, 변덕스러운   **returns** 수익   **oversight** 관리, 감독, 실수

신제품 출시로 회사에 **풍부한 현금 유입**이 있었다.
The new product launch brought a flush of cash flow to the company.

MP3 054

"a flush of cash flow(풍부한 현금 유입)"는 회사 또는 개인이 사용할 수 있는 금액의 갑작스럽고 상당한 증가를 의미합니다. 현금이 풍부하고, 이렇게 유입된 자금이 새로운 프로젝트에 투자되거나 빚을 갚는 등 다양한 목적으로 사용될 수 있음을 암시합니다.

1 회사의 전략적 투자로 인해 현금 흐름이 풍부해져 성장을 가속화하고 시장에서 새로운 기회를 추구할 수 있게 되었다.

   The company's strategic investments have resulted in **a flush of cash flow**, allowing it to accelerate growth and pursue new opportunities in the market.

2 재무 구조조정 및 비용 절감 조치 이후, 그 사업체는 최근 분기에 시장 기대치를 뛰어넘는 풍부한 현금 흐름이 유입되었다고 보고했다.

   Following a period of financial restructuring and cost-cutting measures, the business reported **a flush of cash flow** in the latest quarter, exceeding market expectations.

3 최근 비핵심 자산을 매각하여 현금 흐름이 풍부해졌으며, 회사는 이를 부채 상환과 핵심 사업 운용에 투자 목적으로 쓸 계획이다.

   The recent sale of a non-core asset generated **a flush of cash flow**, which the company plans to use to pay down debt and invest in its core operations.

NEWS

Shares of AMC Entertainment Holdings surged on Tuesday after the movie theater chain announced it had raised $230.5 million through a stock sale, providing **a flush of cash flow** to help the company weather the pandemic. "With this additional liquidity, we are strengthening our balance sheet, which will provide us with added flexibility as we navigate through an evolving industry environment," said CEO Adam Aron. Despite the news, AMC's stock remains down more than 50% for the year, reflecting investor concerns about the company's long-term prospects. <CNBC>

영화관 체인이 주식 매각을 통해 2억 3,050만 달러를 조달하여 팬데믹을 극복하는 데 도움이 되는 풍부한 현금 흐름을 제공했다고 발표한 후 화요일 AMC 엔터테인먼트 홀딩스의 주가가 급등했다. "이 추가 유동성을 통해 우리는 대차대조표를 강화하고 있으며, 이는 변화하는 산업 환경을 헤쳐나가는 데 추가적인 유연성을 제공할 것입니다."라고 최고 경영자 아담 애론은 말했다. 이 소식에도 불구하고 AMC의 주가는 회사의 장기 전망에 대한 투자자들의 우려를 반영하여 올해 들어 50% 이상 하락한 상태이다. 〈CNBC〉

weather 무사히 헤쳐 나가다　　**liquidity** 유동성, 환금성

무역 금수조치는 목표 국가뿐 아니라 무역 상대국들에게도 **부수적인 영향**을 미쳤다. **The trade embargo had collateral effects, harming not only the target country but also its trading partners.**

MP3 055

"collateral effects(부수적인 영향)"는 어떤 특정한 행동이나 결정의 결과로 의도치 않게 발생하는 간접적인 영향을 가리킵니다. 금융 외에 전쟁과 같은 상황에서 사용되며, 군사 작전으로 인해 민간인들이 피해를 입어 영향을 받는 경우를 가리키기도 하는데, 이를 collateral damage라고도 합니다. 목표가 명확해도 어떤 행동을 취함으로써 예기치 못한 결과가 발생할 수 있다는 것을 시사합니다.

1 팬데믹이 경제에 미치는 부수적인 영향으로는 광범위한 실직과 소비자 지출의 급격한 감소가 있다.
   The pandemic's **collateral effects** on the economy include widespread job losses and a sharp decline in consumer spending.

2 회사의 재정 문제가 공급업체와 파트너사에게 부수적인 영향을 미쳐 업계에 파급 효과를 일으킨다.
   The company's financial troubles have **collateral effects** on its suppliers and partners, causing a ripple effect in the industry.
   ——— ripple effect 파급 효과

3 정부의 새로운 규제 시행 결정은 기업에 부수적인 영향을 미쳐 규정 준수 비용을 증가시키고 시장 역학 관계를 변화시킨다.
   The government's decision to implement new regulations has **collateral effects** on businesses, increasing compliance costs and altering market dynamics.
   ——— compliance cost 규정 준수 비용

4 투자자의 결정은 포트폴리오에 부수적인 영향을 미쳐 다른 투자 성과에도 영향을 미친다.
   The investor's decisions have **collateral effects** on their portfolio, impacting the performance of their other investments.

NEWS

We lack a theory on the cost and effectiveness of using economic measures as geostrategic instruments. Is the normalization of the use of tariffs, subsidies, and sanctions desirable? What are their long-term and **collateral effects**, and what is the mechanism to dismantle them? <El Pais in English>

지정학적 전략 수단으로 경제적 조치를 사용하는 데 따른 비용과 효과에 대한 이론이 우리에겐 부족하다. 관세, 보조금 및 제재의 사용 정규화가 바람직한 것인가? 그것들의 장기적이고 부수적인 영향은 무엇이며, 그것들을 해체하는 메커니즘은 무엇인가? 〈엘 파이스 영어판〉

geostrategic 전략 지정학적인   **normalization** 정규화, 정상화   **dismantle** 해체시키다

무역 금수조치가 발표되자 주식 시장은 불안감에 휩싸였다.
The announcement of trade embargo sent jitters in the stock market.

MP3 056

"trade embargo(무역 금수조치)"는 국가 간 무역에 대한 정부 부과 제한으로, 일반적으로 특정 상품 또는 서비스의 수입 또는 수출 금지 혹은 특정 국가와의 비즈니스 수행 금지의 형태를 뜻합니다. 이런 무역 금지 조치의 목적은 정치적 또는 외교적 목표를 달성하기 위해 대상 국가에 경제적 압력을 가하는 것이죠.

1 이웃 국가들이 부과한 무역 금수조치로 인해 그 나라는 중요 자원과 시장에 접근 못하도록 심각하게 제한받았다.
The trade embargo imposed on the country by its neighbors has severely restricted its access to vital resources and markets.

2 특정 상품에 대한 무역 금수조치를 해제하기로 한 정부의 결정으로 수출입이 급증하여 경제가 활성화되었다.
The government's decision to lift **the trade embargo** on certain goods has resulted in a surge of imports and exports, boosting the economy.

3 (북한) 정권에 대한 국제 사회의 무역 금수조치는 북한 정권이 정책을 바꾸고 인권을 존중하도록 압력을 가했다.
The international community's **trade embargo** against the regime has put pressure on it to change its policies and respect human rights.

4 그 회사는 무역 금수조치 위반으로 법적 처벌을 받고 글로벌 시장에서 평판이 손상되었다.
The company's violation of **the trade embargo** resulted in legal penalties and damage to its reputation in the global market.

5 무역 금수조치로 인해 회사는 공급망을 다변화하고 새로운 파트너를 찾아야 했고, 이는 비용 상승과 수익 감소로 이어졌다.
The trade embargo has forced the company to diversify its supply chain and find new partners, leading to higher costs and lower profits.

NEWS

Cuba has been under **a** U.S. **trade embargo** for more than 60 years, which has negatively impacted major social and economic services. Cuban officials say the embargo has seriously damaged Cubans' everyday life, particularly in sectors like healthcare for access to medication. <CGTN>

쿠바는 60년 이상 미국의 무역 금수조치를 받아왔으며, 이는 주요 사회 및 경제 서비스에 부정적인 영향을 미쳤다. 쿠바 관리들은 금수조치로 인해 쿠바인의 일상 생활, 특히 의약품 접근 같은 의료 분야에서 심각한 피해를 입었다고 말한다. 〈CGTN〉

medication 의약품, 약물 치료

수입품에 관세를 부과하면 타국의 **보복 조치를 유발할** 수 있다.
Imposing tariffs on imported goods could trigger retaliatory responses from other countries.

빈출 표현 **057**

MP3 **057**

"trigger retaliatory responses(보복 조치를 유발하다)"는 어떤 행동이나 사건이 누군가로부터 부정적인 반응을 불러일으켜 조치를 취하게 만든다는 뜻으로, 거의 항상 무생물 주어를 사용합니다. 무역 갈등과 무역 전쟁 문맥에서 많이 사용합니다.

1   수입품에 관세를 부과하기로 한 국가의 결정은 무역 파트너국의 보복 조치를 유발할 가능성이 높다.
    The country's decision to impose tariffs on imported goods is likely to **trigger retaliatory responses** from its trading partners.

2   새로운 무역 제한 조치는 영향을 받는 국가의 보복 조치를 유발하여 잠재적인 무역 전쟁으로 이어질 것으로 예상된다.
    The new trade restrictions are expected to **trigger retaliatory responses** from affected countries, leading to a potential trade war.

3   회사의 불공정 거래 관행이 해외 경쟁업체의 보복 조치를 유발하고 자사의 국제적 위상을 손상시킬 수 있다.
    The company's unfair trade practices could **trigger retaliatory responses** from foreign competitors and damage its international standing.

4   한 국가가 비관세 장벽을 부과하면 자국 무역 상대국의 보복 조치를 유발해 글로벌 경제 통합을 약화시킬 수 있다.
    The imposition of non-tariff barriers by a country could **trigger retaliatory responses** from its trade partners, undermining global economic integration.

While the situation with Russia is unique, it is possible that coordinated international sanctions against Russia could at least create some collective muscle memory that would increase the likelihood of future multilateral efforts to use other forms of economic leverage in other contexts. Of course, that also highlights a potential collateral effect of outbound investment review, which is that it could **trigger retaliatory responses**, similar to measures implemented by both China and Russia in response to US unilateral sanctions. <Morgan Lewis>

러시아와의 상황이 독특하기는 하지만, 러시아에 대한 국제 사회의 조율된 제재는 적어도 다른 맥락에서 다른 형태의 경제적 지렛대를 사용하려는 향후 다자간 노력의 가능성을 높일 수 있는 집단적 기억을 만들 수는 있다. 물론 이는 미국의 일방적 제재에 대응하여 중국과 러시아가 취한 조치와 유사한 보복 조치를 유발할 수 있다는 해외 투자 심사의 잠재적인 부수적 효과도 강조한다. 〈모건 루이스〉

muscle memory 근육 기억   **leverage** 영향력, 지렛대 사용   **outbound** 외국행의

빈출 표현
058

지정학적 역학 관계는 국제 무역 정책을 형성하는 데 중요한 역할을 한다.
Geopolitical dynamics plays a significant role in shaping international trade policies.

MP3 058

"geopolitical dynamics(지정학적 역학 관계)"는 국가 간의 정치적, 경제적 관계가 전 세계적으로 서로에게 영향을 미치는 방식을 나타냅니다. 여기에는 국익, 군사동맹, 경제적 종속성과 같은 다양한 요소가 포함되며, '지정학적'이라는 용어는 이러한 역학이 역사 및 기타 지리적 요인의 영향을 받는다는 생각을 반영합니다.

1 세계 주요 강대국 간의 지정학적 역학 관계의 변화는 글로벌 무역 패턴과 동맹을 재편하고 있다.
The changing **geopolitical dynamics** between major world powers are reshaping global trade patterns and alliances.

2 국가의 전략적 위치와 천연 자원은 그 지역의 지정학적 역학 관계에서 핵심적인 요소이다.
The country's strategic location and natural resources are key factors in **the geopolitical dynamics** of the region.

3 최근 지정학적 역학 관계의 변화로 국가 간 보호무역주의와 무역 긴장이 고조되고 있다.
The recent shift in **geopolitical dynamics** has led to increased protectionism and trade tensions among countries.

4 기업의 해외 확장 전략은 진출하고자 하는 시장의 지정학적 역학 관계에 따라 결정된다.
The company's international expansion strategy is determined by **the geopolitical dynamics** of the markets it seeks to enter.

5 그 지역의 경제 및 지정학적 역학 관계의 상호작용은 복잡하며 무역 및 투자 정책에 미묘한 접근이 필요하다.
The interplay of economic and **geopolitical dynamics** in the region is complex and requires a nuanced approach to trade and investment policies.

NEWS

In 2022 two significant pieces of legislation by the U.S. government, the Creating Helpful Incentives to Produce Semiconductors and Science Act and the Inflation Reduction Act, ushered in a new era where geopolitics shapes corporate strategies. In this transformed global operating environment, **geopolitical dynamics** play an increasingly important role in business decisions. <Fortune>

2022년 미국 정부가 반도체 및 과학 생산 인센티브 창출 법안(CHIPSSA)과 인플레이션 감소 법안이라는 두 가지 중요한 법안(IRA)을 제정하여 지정학이 기업 전략을 좌우하는 새로운 시대가 열렸다. 이처럼 변화된 글로벌 운영 환경에서, 지정학적 역학은 비즈니스 의사 결정에 점점 더 중요한 역할을 하고 있다. 〈포춘〉

legislation 법률 제정　**usher in** ~을 안내하다

글로벌 팬데믹이 경제에 끼치는 **잠재적 영향력**은 예측하기 어렵다.
The potential breadth of the economic impact of a global pandemic is difficult to predict.

MP3 059

"breadth"는 '폭, 너비' 외에 '폭넓음'의 의미도 있습니다. 그래서 "potential breadth(잠재적 영향력)"는 무언가가 가질 수 있는 잠재적 영향의 범위를 말하지만, 그 범위가 아직 완전히 측정되거나 실현되지는 않았음을 내포합니다. 때로는 '영향 가능성'으로 번역되기도 합니다.

1   새로운 무역 협정은 여러 부문을 포괄하고 광범위한 이해 관계자에게 혜택을 줄 수 있는 잠재적 영향력이 있다.
     The new trade agreement has **the potential breadth** to encompass multiple sectors and benefit a wide range of stakeholders.

2   회사의 다각화된 제품 포트폴리오는 새로운 시장에 진출하고 매출을 늘릴 수 있는 잠재적 영향력이 있다.
     The company's diversified product portfolio has **the potential breadth** to penetrate new markets and increase sales.

3   정부의 경제 개혁은 외국인 투자자를 유치하고 국제 무역을 촉진할 수 있는 잠재적 영향력이 있다.
     The government's economic reforms have **the potential breadth** to attract foreign investors and boost international trade.

4   기술 혁신은 산업을 변화시키고 새로운 무역 기회를 창출할 수 있는 잠재적 영향력이 있다.
     The technological innovation has **the potential breadth** to transform industries and create new trade opportunities.

Prohibiting junk fees may sound uncontroversial in the abstract, but what does it mean in practice? We concentrate here on the FTC's ANPR given **its potential breadth** and impact on a host of industries including travel, delivery services and others in the gig economy, restaurants, and e-commerce sites. <Ad Law Access>

정크 수수료 금지는 추상적으로는 논란의 여지가 없는 것처럼 들릴 수 있지만 실제로는 어떤 의미일까? 여기서는 긱 이코노미에서의 여행, 배달 서비스와 다른 분야, 레스토랑, 전자 상거래 사이트 등 다양한 산업에 미칠 수 있는 잠재적 영향력을 고려하여 FTC의 ANPR에 대해 집중적으로 살펴본다. 〈애드 로 액세스〉

junk fee 담보대출 승인 마감 단계에서 대출자에게 부과되는 추가 부담금
gig economy 일자리에 계약직이나 프리랜서 등을 주로 채용하는 현상

시장 수요를 충족시키지 못한 새 제품은 **무용지물이 되었다.**
The failure of the new product to meet market demand rendered it useless.

MP3 060

"render"는 타동사로 '~를 제공하다, 연출하다' 또는 '변환하다'의 뜻입니다. 따라서 "render useless(무용지물로 만들다)"는 무언가가 더 이상 목적을 달성할 수 없을 정도로 손상되었거나 쓸모없게 되었음을 나타냅니다.

1   새로운 무역 제한 조치로 무역 파트너국 간의 협력과 상호 이익을 증진하기 위한 노력이 무용지물이 되었다.
   The new trade restrictions **have rendered useless** the efforts made to foster cooperation and mutual benefit among the trading partners.

2   회사가 사용하는 구식 기술로 인해 세계 시장에서 경쟁하고자 하는 시도가 무용지물이 되었다.
   The obsolete technologies used by the company **have rendered useless** its attempts to compete in the global market.

3   시장 상황의 급격한 변화로 회사의 장기적인 무역 전략이 무용지물이 되면서 회사는 상황에 빠르게 적응해야 했다.
   The sudden changes in market conditions **have rendered useless** the company's long-term trade strategy, forcing it to adapt quickly.

4   일부 국가에는 지적 재산에 대한 법적 보호가 없어서 기업들이 영업 비밀을 보호하려고 기울인 노력이 무용지물이 되었다.
   The absence of legal protections for intellectual property in some countries **has rendered useless** the efforts made by firms to safeguard their trade secrets.

NEWS

Sanctions on Iran and Russia over the past few years have reduced Turkey's ambitions to become a regional energy hub, dealing a severe blow to its plans to transit fuel from the east to western markets. Turkey's dreams of becoming a regional energy transit hub **have been** largely **rendered useless** after Washington and Brussels began to impose sanctions on Tehran and Moscow over their respective nuclear and military ambitions, according to traders and analysts. <Reuters>

지난 몇 년 간 이란과 러시아에 대한 제재로, 해당 지역 에너지 허브가 되려는 터키(현 튀르키에)의 야망이 줄어들었고, 터키는 동쪽에서 서쪽 시장으로 연료를 운송하려는 계획에 심각한 타격을 입었다. 무역업자와 분석가에 의하면 미국과 벨기에가 이란과 러시아의 핵 및 군사적 야망에 대해 제재를 가하기 시작한 이후, 지역 에너지 수송 허브가 되려는 터키의 꿈은 거의 무용지물이 되었다고 한다. 〈로이터〉

deal a severe blow to ~ ~에 심각한 타격을 주다   **respective** 각각의

CHAPTER 3

주식과 산업

주가의 급격한 하락으로 **변동성 정지가 유발됐다.**

A sudden drop in the stock price
triggered volatility halts.

MP3 061

"trigger volatility halts(변동성 정지를 유발하다)"는 시장에서 갑작스럽고 중요한 변동이 일어나서 거래가 일시적으로 중단되는 것을 의미합니다. 이는 극단적인 변화가 예측할 수 없고 심각해서 거래를 중단해야만 더 큰 피해를 막을 수 있다는 것을 시사하지요. 이 표현은 보통 주식 시장이나 기타 금융 시장에서 쓰입니다.

1   주요 기업의 주가가 갑자기 하락하면 변동성 정지를 유발하고 투자자들 사이에서 패닉 매도가 발생할 수 있다.
    The sudden drop in the stock price of a major company could **trigger volatility halts** and cause panic selling among investors.

2   예상치 못한 실망스러운 실적 보고서 발표로 변동성 정지가 유발되어 주식 시장이 급락할 수 있다.
    The unexpected release of a disappointing earnings report can **trigger volatility halts** and lead to a sharp decline in the stock market.

3   주요 인수 또는 합병 발표는 변동성 정지를 유발하고 관련 기업의 미래 전망에 대한 불확실성을 야기할 수 있다.
    The announcement of a major merger or acquisition can **trigger volatility halts** and create uncertainty about the future prospects of the involved companies.

4   자연재해 또는 주요 정치 이벤트 소식은 변동성 정지를 유발하고 주식 시장의 급격한 변동을 초래할 수 있다.
    The news of a natural disaster or a major political event can **trigger volatility halts** and result in sharp fluctuations in the stock market.

NEWS

Trading in more than 200 stocks on the New York Stock Exchange was briefly halted shortly after the market opened Tuesday due to an apparent technical issue, and many abnormal early trades will be canceled. The major names impacted included Morgan Stanley, Verizon, AT&T, Nike and McDonald's, according to the NYSE's website. Many stocks were shown to have abnormally large moves when the market opened, which may **have triggered volatility halts**. <CNBC>

화요일 개장 직후 명백한 기술적 문제로 인해 뉴욕증권거래소에서 200개 이상의 주식 거래가 잠시 중단되었으며, 비정상적인 조기 거래가 다수 취소될 예정이다. 뉴욕증권거래소 웹사이트에 따르면 영향을 받은 주요 종목으로는 모건 스탠리, 버라이즌, AT&T, 나이키, 맥도날드 등이 있다. 많은 주식이 개장 시 비정상적으로 큰 움직임을 보였으며, 이로 인해 변동성 정지가 유발되었을 수도 있다. 〈CNBC〉

치열한 경쟁에 직면해 있는데도 이 회사의 주식은 **상당한 지속력을 발휘한다**.

Despite facing fierce competition, the company's stocks have serious staying power.

MP3 062

"have serious staying power(상당한 지속력을 발휘하다)"는 '오래 견디거나 지속할 수 있는 능력이 있다'는 뜻입니다. 무언가 일시적인 추세가 아니라 지속적인 영향을 미치며 미래에도 계속 관련되거나 영향을 미칠 가능성이 있음을 시사합니다.

1 회사의 견고한 비즈니스 모델과 시장 장악력은 상당한 지속력을 발휘하며, 회사를 장기적으로 믿고 투자할 수 있는 곳으로 만든다.
The company's robust business model and market dominance **have serious staying power** and make it a reliable long-term investment.

2 지속 가능한 투자 및 환경적 책임에 대한 트렌드는 주식 시장에서 상당한 지속력을 가질 것으로 예상된다.
The trend towards sustainable investing and environmental responsibility is expected to **have serious staying power** in the stock market.

3 회사의 강력한 브랜드와 충성도 높은 고객 기반은 상당한 지속력이 있고, 미래 성장의 기반을 제공한다.
The company's strong brand and loyal customer base **have serious staying power** and provide a foundation for future growth.

4 소비자 습관이 계속 변화함에 따라 전자상거래 및 온라인 소매에 대한 수요 증가는 주식 시장에서 상당한 지속력을 가질 것으로 예상된다.
The increasing demand for e-commerce and online retail is predicted to **have serious staying power** in the stock market as consumer habits continue to shift.

NEWS

Cloud-computing companies **have serious staying power** and three stocks are the best bets for investors, according to RBC Capital Markets. Analyst Alex Zukin initiated coverage of the cloud sector on Thursday, writing in a note to clients that he expects the industry to remain one of the fastest-growing in technology. <MarketWatch>

RBC Capital Markets에 따르면 클라우드 컴퓨팅 기업은 상당한 지속력을 발휘하며, 이 중 세 가지 주식이 투자자에게 가장 적합한 종목이다. 애널리스트 알렉스 주킨은 목요일에 클라우드 부문에 대한 보도를 시작하면서 고객에게 보낸 메모에 이 산업이 기술 분야에서 가장 빠르게 성장하는 산업 중 하나로 남을 것으로 예상한다고 썼다. 〈마켓워치〉

coverage 보도

빈출 표현
063

이사회는 주주를 위한 **우선 배당금**을 인상하기로 결정했다.
The board of directors decided to increase the preferred dividend for shareholders.

MP3 063

"preferred dividend(우선 배당금)"는 우선주식을 보유한 주주에게 지급되는 배당금을 뜻합니다. 이러한 주주들은 일반적으로 회사가 재정적인 어려움을 겪더라도 매년 일정 금액의 배당금을 받는 우선권이 주어집니다.

1 우선 배당금은 보통주 보유자에게 배당금이 지급되기 전, 회사의 우선주 주주에게 지급되는 고정 지불금이다.
   A preferred dividend is a fixed payment made to shareholders of a company's preferred stock before any dividends are paid to holders of its common stock.

2 우선주를 매입하는 투자자는 우선 배당금 지급을 보장받는데, 이는 보통주 주주에게 지급되는 배당금보다 높은 경우가 많다.
   Investors who purchase preferred stock receive **a** guaranteed **preferred dividend** payment, which is often higher than the dividend paid to common stockholders.

3 우선 배당률은 회사 이사회에서 정하며 일반적으로 주식 액면가의 백분율로 표시된다.
   The preferred dividend rate is determined by the company's board of directors and is usually stated as a percentage of the stock's par value.
   —— par value 액면가

4 회사는 자본을 조달하고 투자자에게 우선 배당금을 통해 정기적인 수입원을 제공하는 방법으로 우선주를 발행한다.
   Companies issue preferred stock as a way to raise capital and provide investors with a source of regular income through **the preferred dividend.**

Goldman Sachs has compiled a list of 15 stocks with high dividend growth that investors can buy as interest rates rise. The investment bank said in a note that some investors may turn to companies that offer reliable dividend payments in a higher-rate environment. Goldman said it compiled the list based on several criteria, including stocks that offer **a preferred dividend**, the company's dividend growth over the past year and its projected future growth. <CNBC>

골드만삭스는 금리가 상승함에 따라 투자자들이 매수할 수 있는 배당 성장률이 높은 15개 주식 목록을 작성했다. 이 투자 은행은 메모에서 일부 투자자는 고금리 환경에서 안정적인 배당금을 제공하는 회사로 전환할 수 있다고 말했다. 골드만은 우선 배당금을 제공하는 주식, 지난 한 해 동안 회사의 배당금 성장률, 향후 예상 성장률을 포함한 여러 기준을 바탕으로 목록을 작성했다고 밝혔다. 〈CNBC〉

빈출 표현 064

회사 인수 소식은 주식 시장에서 **장중 움직임을 유발했다.**

News of the company's acquisition caused intraday moves in the stock market.

MP3 064

주식 용어인 이 표현은 단일 거래일 내에 증권 가치의 변화 또는 변동을 유발하는 것을 의미합니다. '장중(intraday)'은 정규 거래 시간 동안 발생하는 활동을, '움직임(move)'은 가격 변동을 의미합니다. 이 문구는 종종 주식 시장이나 기타 금융 시장의 급격한 변화로 이어지는 요인이나 사건을 설명하는 데 활용됩니다.

1 뉴스 사건과 경제 보고서는 거래자가 새로운 정보에 반응함에 따라 주식 시장에서 장중 움직임을 일으킬 수 있다.

News events and economic reports can **cause intraday moves** in the stock market, as traders react to new information.

2 시장 변동성과 투자자 심리도 장중 움직임을 유발할 수 있는데, 매수자와 매도자가 시장 상황 변화에 대응해 포지션을 조정하기 때문이다.

Market volatility and investor sentiment can also **cause intraday moves**, as buyers and sellers adjust their positions in response to changing market conditions.

3 투자자가 회사의 재무 성과에 반응하기에 분기별 수익 보고서의 발표는 주가에서 장중 움직임을 유발할 수 있다.

The release of quarterly earnings reports can **cause intraday moves** in a company's stock price, as investors react to the company's financial performance.

NEWS

U.S. stocks rose on Friday as a pullback in Treasury yields helped buoy tech shares and investors remained optimistic about an economic recovery from the pandemic. However, the S&P 500 and Nasdaq pared gains after the University of Michigan's consumer sentiment index unexpectedly fell to its lowest in a decade. The data **caused intraday moves** as traders digested the news, with investors showing concerns about the pace of the recovery in consumer spending. <Reuters>

금요일 미국 증시는 국채 수익률 하락으로 기술주 주가가 상승하고 투자자들이 팬데믹으로부터의 경제 회복에 대한 낙관적인 전망을 유지하면서 상승했다. 그러나 미시간 대학의 소비자 심리 지수가 예상치 못하게 10년 만에 최저치로 떨어지면서 S&P 500 지수와 나스닥 지수는 상승폭을 줄였다. 투자자들이 소비 지출 회복 속도에 대한 우려를 나타내는 가운데, 거래자들이 그 소식을 이해하자 이 데이터는 장중 움직임을 유발했다. 〈로이터〉

pullback 철수, 하락　**Treasury yields** 미국 재무부 발행 국채 수익률　**buoy** ~을 뜨게 하다
pare 감소시키다　**digest** 이해하다

몇 주간 **보합권에서 등락을 거듭한 후**, 주가는 드디어 큰 상승세를 보였다.

After vacillating around the flatline for weeks, the stock price finally showed a significant increase.

MP3 065

"vacillate around the flatline(보합권에서 등락을 거듭하다)"은 작은 범위 내에서 변동하거나 일정 기간 동안 상대적으로 안정세가 유지된 주식 또는 금융 상품의 움직임을 설명하는 데 쓰입니다. '동요(vacillation)'란 서로 다른 의견이나 행동을 번갈아가며 하는 것을 의미하며, 이 문맥에서는 주가가 좁은 범위 내에서 오르락내리락하는 것을 말합니다. '플랫라인(flatline)'은 크게 변하지 않는 수준 또는 범위를 나타냅니다.

1 장중 내내 보합권에서 등락을 거듭한 후, 주식 시장은 경제 지표 호조 소식에 소폭 상승세로 마감했다.
   After vacillating around the flatline for most of the session, the stock market closed slightly higher on news of positive economic data.

2 인플레이션과 금리에 대한 우려가 지속되는 가운데 주요 지수가 보합권에서 등락을 거듭하며 주식 시장 실적은 부진한 모습을 보였다.
   The stock market's performance was lackluster, with the major indexes **vacillating around the flatline** amid ongoing concerns about inflation and interest rates.
   —— lackluster 열기가 없는, 활기가 없는

3 몇 시간 동안 보합권에서 등락을 거듭한 후, 주식 시장은 장 막판 시간에 급락세로 돌아서며 초기 상승분을 모두 지웠다.
   After vacillating around the flatline for several hours, the stock market took a sharp turn downward in the final hour of trading, erasing earlier gains.

After vacillating around the flatline for much of the day, US stocks ended mixed on Wednesday as investors continued to grapple with concerns about inflation. The Dow Jones Industrial Average rose 0.1%, or about 40 points, after spending much of the session in negative territory. The S&P 500 also closed up 0.1%, while the tech-heavy Nasdaq Composite fell 0.2%. Stocks have been choppy this week as investors weigh the implications of higher inflation for economic growth and corporate profits. <CNN Business>

하루 종일 보합권에서 등락을 거듭한 후, 미국 증시는 수요일 투자자들이 인플레이션에 대한 우려로 계속 고심하면서 혼조세로 마감했다. 다우존스 산업 평균 지수는 장중 내내 마이너스권에서 움직이다가 0.1%(약 40포인트) 상승했다. S&P 500 지수도 0.1% 상승한 채 마감했고, 기술주 중심의 나스닥 종합지수는 0.2% 하락했다. 투자자들이 인플레이션 상승이 경제 성장과 기업 이익에 미칠 영향을 저울질하면서 이번 주 증시는 고르지 못한 흐름을 보였다. 〈CNN 비즈니스〉

tech-heavy 기술력 중심의   **choppy** 고르지 못한, 파도가 일렁이는 회사의 이익은 **예상치에 부합했다.**
The company's profits were in line with estimates.

MP3 066

"be in line with estimate(예상치에 부합하다)"는 어떤 것이 예상한 것과 일치함을 의미합니다. 전문가가 예상한 것과 일치하는 재무 결과를 설명하는 데 자주 쓰이며, 시장 추세를 설명하기 위해 금융 및 비즈니스 맥락에서 활용됩니다.

1   회사는 예상치에 부합하는 2분기 실적을 발표하여 회사의 핵심 사업이 꾸준히 성장하고 있음을 알렸다.
    The company reported second-quarter earnings that **were in line with estimates**, signaling steady growth in the company's core businesses.

2   어려운 영업 환경에도 불구하고 주요 시장의 강력한 수요에 힘입어 그 회사는 예상치에 부합하는 매출과 순익을 달성해 냈다.
    Despite a challenging operating environment, the company managed to deliver revenue and earnings that **were in line with estimates**, buoyed by strong demand in key markets.

3   최근 업계 설문조사에 따르면, 이 부문의 성장은 올해 남은 기간 동안 예상치에 부합할 것으로 전망된다.
    According to a recent industry survey, growth in the sector is expected to **be in line with estimates** for the remainder of the year.

4   이 회사의 주가는 예상치에 부합하는 3분기 실적 발표 후 상승하여 팬데믹 관련 시험대에 직면한 회사의 회복력을 보여주었다.
    The company's shares rose after the company announced third-quarter earnings that **were in line with estimates**, indicating resilience in the face of pandemic-related challenges.

NEWS

Food giant Nestle raised its full-year organic sales growth forecast on Thursday, after strong demand for pet food and health products boosted sales in the first half of the year. The maker of KitKat chocolate bars and Nescafe coffee said it now expects organic sales to grow by around 5% this year, up from a previous estimate of 3.6%, **in line with estimates**. Nestle reported first-half net profit of 5.9 billion Swiss francs ($6.46 billion), up 12.8% on the same period last year. <Reuters>

식품 대기업 네슬레는 반려동물 사료와 건강 제품에 대한 강한 수요로 상반기 매출이 증가함에 따라 목요일에 연간 유기농 매출 성장률 전망치를 상향 조정했다. 킷캣 초콜릿 바와 네스카페 커피 제조업체인 이 회사는 올해 유기농 매출이 예상치에 부합한 이전 추정치 3.6%에서 상승해 약 5%까지 성장할 것으로 예상한다고 밝혔다. 네슬레는 상반기 순이익이 전년 동기 대비 12.8% 증가한 59억 스위스프랑(64억 6,000만 달러)을 기록했다고 밝혔다. 〈로이터〉

업계에 있어 **실망스러운 분기**였다.
It was an underwhelming quarter for the industry.

MP3 067

"an underwhelming quarter(실망스러운 분기)"는 특정 분기에 대한 회사의 재무 결과가 실망스럽고 기대에 미치지 못함을 의미합니다.

1   높은 기대에도 불구하고, 이 거대 기술 기업의 최근 수익 보고서에 따르면 매출이
    애널리스트의 예상치에 미치지 못하며 실망스러운 분기를 보낸 것으로 나타났다.
    Despite high expectations, the tech giant's recent earnings report
    revealed **an underwhelming quarter**, with revenue falling short of
    analyst projections.
    —— fall short of ~ ~에 미치지 못하다

2   이 패션 소매업체의 주가는 공급망 문제와 소비자 수요 약화를 원인으로 꼽으며 실망스러운
    분기를 보고한 후 급락했다.
    The fashion retailer's stock plunged after it reported **an underwhelming quarter**, citing supply chain issues and weak consumer demand.

3   제약회사의 신약 출시가 기대했던 수익을 창출하지 못하면서 많은 투자자들이 실망스러운
    분기에 좌절했다.
    Many investors were disappointed by **the** pharmaceutical company's
    underwhelming quarter, as the launch of its new drug failed to
    generate the expected revenue.

4   여행업계는 팬데믹으로 인해 큰 타격을 입었으며, 최근 수익 보고서에 따르면 많은 기업들이
    그 결과 실망스러운 분기를 보냈다고 한다.
    The travel industry has been hit hard by the pandemic, and the
    latest earnings reports show that many companies have had **an
    underwhelming quarter** as a result.

Coca-Cola posted **an underwhelming quarter** on Tuesday, with
revenues falling by 28% due to the pandemic's impact on sales. The company
also reported a net loss of $2.6 billion, with the majority of that loss attributed
to the sale of its bottling operations in North America. Despite the poor results,
Coca-Cola's CEO expressed optimism about the company's future, citing recent
product innovations and a focus on sustainability. <CNN>

코카콜라는 팬데믹이 매출에 미친 영향으로 수익이 28% 감소하며 화요일에 실망스러운 분기를
기록했다. 또한 26억 달러의 순손실을 기록했으며, 이 손실의 대부분은 북미 병입 사업부 매각에 기인한
것이다. 부진한 실적에도 불구하고 코카콜라 최고 경영자는 최근의 제품 혁신과 지속 가능성에 대한
집중을 언급하며 회사 미래에 대해 낙관적인 견해를 표명했다. 〈CNN〉

그 회사의 성공은 **거래량에 크게 의존한다.**
The success of the company is heavily volume reliant.

MP3 068

"heavily volume reliant"는 '거래량에 크게 의존하는'의 뜻입니다. 종종 주식이나 다른 금융 상품들이 거래량이 많이 발생해야만 가치나 유동성을 유지할 수 있다는 것을 나타내며, 거래량이 크게 줄어들면 자산의 가치도 같이 줄어들 가능성이 있음을 시사합니다.

1 기술주는 거래량에 크게 의존하는 경향이 있으며, 높은 거래 활동으로 가격 변동과 시장 변동성이 커진다.

Tech stocks tend to be **heavily volume reliant**, with high trading activity driving significant price swings and market volatility.

2 에너지 및 원자재와 같은 특정 시장 부문은 비즈니스 운용 특성상 거래량에 크게 의존한다.

Certain sectors of the market, such as energy and materials, are **heavily volume reliant** due to the nature of their business operations.

3 투자자들이 거래 패턴과 시장 동향을 면밀히 추적하면서 최근 몇 달 동안 해당 회사의 주식은 거래량에 크게 의존하게 되었다.

In recent months, the stock of the company has become **heavily volume reliant**, with investors closely tracking trading patterns and market trends.

4 많은 소매 투자자들은 단기간에 큰 수익을 올릴 수 있기에 거래량에 크게 의존하는 종목에 관심을 보인다.

Many retail investors are drawn to **heavily volume reliant** stocks, as they offer the potential for significant gains in a short amount of time.

NEWS

Electric vehicle maker Lucid Group made its debut on the Nasdaq on Monday after completing a merger with blank-check company Churchill Capital Corp IV, which brought in a flush of cash flow. The stock, which had been **heavily volume reliant** in the days leading up to the listing, soared nearly 11% in early trading, valuing the company at around $38 billion. Lucid has ambitious plans to take on market leader Tesla, with its flagship sedan set to launch later this year. <CNBC>

전기 자동차 제조업체 루시드 그룹은 풍부한 현금 유동성을 가져올 백지 수표 회사인 Churchill Capital Corp IV와의 합병을 완료한 후 월요일 나스닥에 데뷔했다. 상장 직전까지만 해도 거래량에 크게 의존하던 이 회사의 주식은 장 초반에 11% 가까이 치솟아 약 380억 달러로 평가되었다. 루시드는 올해 말 출시 예정인 플래그십 세단을 통해 시장 선두주자인 테슬라에 맞서겠다는 야심찬 계획을 세우고 있다. 〈CNBC〉

blank-check company 사업 계획이나 사업 목적이 없거나 타 법인과의 합병 또는 타 법인의 인수를 목적으로 설립된 회사   **take on ~** ~와 대전하다   **flagship** 주력 상품

그 공장은 하루에 수천 개의 제품을 **대량으로 생산한다.**

The factory cranks out thousands of products per day.

MP3 069

"crank out(대량 생산하다)"은 품질이나 세부 사항에 주의를 기울이지 않고 대량으로 빠르게 무언가를 생산하는 것을 의미합니다. 생산 기계에 동력을 공급하기 위해 왕복 운동을 회전 운동으로 바꾸는 기계장치인 크랭크를 사용하는 것에서 유래했습니다.

1 그 회사는 전략적 비용 절감 조치와 생산 효율성 증대를 통해 인상적인 수익을 창출했다.

The company managed to **crank out** impressive profits through strategic cost-cutting measures and increased efficiency in production.

2 이 거대 기술 기업은 혁신적인 신제품의 대량 생산 능력을 바탕으로 시대를 앞서 나가고 거래량에 크게 의존했다.

The tech giant's ability to **crank out** innovative new products has kept it ahead of the curve and heavily volume reliant.

—— ahead of the curve 시대를 앞서서

3 재생 에너지에 대한 수요가 계속 증가함에 따라, 태양광 패널과 풍력 터빈을 빠르고 효율적으로 대량 생산 가능한 기업이 업계에서 성공할 수 있는 유리한 위치에 있다.

As the demand for renewable energy continues to rise, companies that can **crank out** solar panels and wind turbines quickly and efficiently are well-positioned for success in the industry.

4 경쟁이 치열한 자동차 산업에서 품질이나 안전성을 희생하지 않고 대량으로 자동차를 대량 생산할 수 있는 기업이 장기적으로 성공할 가능성이 높다.

In the highly competitive automotive industry, companies that can **crank out** cars at a high volume without sacrificing quality or safety are more likely to succeed in the long run.

Apple has been gearing up its augmented reality and virtual reality efforts, with recent patents and acquisitions pointing to the company's ambitions for its upcoming headset. A new report from Nikkei now says that Apple's manufacturing partners **are cranking out** components for the device, which is rumored to be launching in 2022. <CNBC>

애플은 증강 현실과 가상 현실에 대한 노력을 강화하고 있으며, 최근의 특허와 인수가 곧 출시될 헤드셋에 대한 회사의 야망을 보여주고 있다. 닛케이의 새로운 보고서에 따르면 애플의 제조 파트너들이 2022년에 출시될 것이라는 소문이 도는 이 장치의 부품을 대량 생산하고 있다고 한다. 〈CNBC〉

gear up 강화하다, 준비를 갖추게 하다

캐나다 출신의 인기 틱토커 로라 웨일리(Laura Whaley)는 젊은 직장인들 사이에서 인기가 높습니다. 그녀가 올리는 컨텐츠는 "How do you professionally say …"(이 말을 어떻게 프로답게 하죠?)의 주제를 다루는데요, 우리가 영어로 직설적으로 말하거나 물에 술 탄 듯 술에 물 탄 듯 말하면 아마 직장 생활에서 미운털이 박히거나 후회할 일이 종종 생길 겁니다. 이런 불편한 상황을 원천적으로 방지할 대안을 제시하기에 그녀의 콘텐츠들은 사이다 발언이란 평을 받습니다.

대표적인 예로 "How do you professionally say: Did you even try to find the answer to this before asking me?"(이 말을 어떻게 프로답게 하죠? :저한테 물어보기 전에 답을 찾으려고 시도라도 해봤나요?) 같은 퉁명스러운 말의 대안으로 로라는 다음과 같은 정제된 말을 제시합니다.
I encourage you to use the resources that you have access to prior to reaching out to me for support.(제게 도움을 요청하기 전에 이용 가능한 자료들을 먼저 활용해 보세요.) 다소 냉정하게 보일 수도 있지만, 해 보지도 않고 덮어놓고 도움을 구하려는 동료에게 그야말로 '프로'답게 할 말 다하면서 속된 말로 호의가 호구가 되는 걸 방지할 수 있는 적절한 처세술이란 생각이 듭니다.

영어로 근무하는 환경에 있는 한국인들은 컨퍼런스 콜을 할 때 울렁증을 없애는 게 급선무이겠지만, 그 고비를 넘긴 후에는 할 말을 스마트하게 하는 방법을 배우고 꾸준히 숙달할 필요가 있습니다. 필자는 우연히 챗GPT에게 위와 동일한 질문을 입력해 봤습니다.

openAI
ChatGPT

Loading...

How do you professionally say: "Did you even try to find the answer to this before asking me?"

다음과 같은 창의적이고 논리적인 답변을 읽고 감탄했습니다.

"I'm happy to help you find the answer to your question. However, before we proceed, may I ask if you have already attempted to find the answer on your own? This way, we can ensure that we make the most of our time together and avoid any unnecessary repetition."

"질문에 대한 답을 찾을 수 있도록 기꺼이 도와드리겠습니다. 하지만 계속 진행하기 전에 이미 스스로 답을 찾으려고 시도한 적이 있는지 여쭤봐도 될까요? 그래야 함께 시간을 최대한 활용하고 불필요한 반복을 피할 수 있습니다."

챗GPT 에게 다른 명령어를 입력해 봤습니다.

> "How do you professionally say: Why should I help you all the time you ask for it? You have not even once given me genuine support and you always make me walk on eggshells."
>
> "이 말을 어떻게 프로답게 하죠?: 내가 왜 당신이 요청할 때마다 도와줘야 하나요? 당신은 한 번도 저에게 진정한 지지를 준 적이 없고 항상 눈치 보게 만듭니다."

다음과 같은 외교적인 답변은 프로다움과 재치의 좋은 예라는 생각을 합니다.

> "I appreciate your trust in me to provide assistance when needed. However, I would like to address some concerns I have regarding our working relationship. In order to build a productive and collaborative partnership, it would be helpful for both of us to offer genuine support and maintain open and honest communication. Going forward, I kindly request that we work together to establish clear expectations and guidelines for our professional interactions."
>
> "필요할 때 도움을 줄 수 있도록 저를 신뢰해 주셔서 감사합니다. 하지만 우리의 업무 관계와 관련하여 몇 가지 우려 사항을 말씀드리고 싶습니다. 생산적이고 협력적인 파트너십을 구축하기 위해서는 진정한 지지를 하고 솔직하고 정직한 의사소통을 유지하는 게 우리 둘 다에게 도움이 될 것입니다. 앞으로 업무적 상호 작용에 대한 명확한 기대치와 가이드라인을 정립하기 위해 함께 노력해 주실 것을 부탁드립니다."

다소 길어서 활용하기 어렵다면 이렇게 재요청을 해 보세요.

"Could you make it more concise?"

그랬더니 요약 정리를 해 주었습니다.

"I appreciate your trust in me, but I would like to address some concerns about our working relationship. For us to work productively, it's important to offer genuine support and maintain open communication. Let's establish clear expectations and guidelines going forward."

"저에 대한 신뢰는 감사하지만, 우리 업무 관계에 대한 몇 가지 우려 사항을 말씀드리고 싶습니다. 우리가 생산적으로 일하려면 진정한 지지를 하고 솔직한 의사소통을 유지하는 것이 중요합니다. 앞으로 명확한 기대치와 가이드라인을 정립합시다."

이와 같은 활용법을 생활화하면 아주 세련된 개인 맞춤형 "스피킹 템플릿" 나아가 "개인에게 최적화된 범용 필수 문장"들을 만들 수 있습니다. 생성형 AI를 잘 활용하려면 구체적인 프롬프트(prompt)를 생각해 내야 하는데 이 또한 공부의 과정이라고 여기고, 여러분 모두 고급 수준의 문장을 구사하시기 바랍니다.

CHAPTER 4

기업과 근로

회사는 **선택의 기로에 서 있으며** 확장을 추구할지 통합을 추구할지 결정해야 한다.
The company is at a crossroads and must decide whether to pursue expansion or consolidation.

MP3 070

말 그대로 두 개 이상의 도로가 교차하는 교차로(crossroads)의 문자적 의미에서 유래한 표현입니다. 취할 수 있는 여러 방향이 있으며, 향후 방침을 결정하기 위해 중요한 결정을 내려야 하는 것을 뜻합니다.

1 회사는 새로운 시장을 개척할지 아니면 현 제품 라인을 고수할지 결정해야 하는 선택의 기로에 서 있다.
   The company is **at a crossroads**, deciding whether to pursue a new market or stick with its current product line.

2 투자자는 보유 주식을 매각할지, 잠재적 가치 상승을 위해 보유할지 결정해야 하는 선택의 기로에 서 있다.
   The investor is **at a crossroads**, deciding whether to sell their holdings or hold on to them for a potential increase in value.
   ──── holdings (주식·채권 등의) 재산   hold on to ~을 보유하다

3 대기업은 불평등과 비효율성이라는 오랜 문제를 해결하기 위한 구조 개혁의 필요성에 직면해 선택의 기로에 서 있다.
   The conglomerate is **at a crossroads**, facing the need for structural reforms to address longstanding issues of inequality and inefficiency.

4 기업가는 사업 아이디어를 계속 밀고 나갈지 아니면 다른 벤처로 전환할지 결정해야 하는 선택의 기로에 서 있다.
   The entrepreneur is **at a crossroads**, deciding whether to continue pursuing their business idea or move onto a different venture.

The booming US residential solar market is **at a crossroads**. It's being supported like never before by expanded federal funding and fears of increasingly fragile grids and volatile fuel prices. But solar also faces unprecedented headwinds, from soaring interest rates and state subsidy cuts to a weaker economy and historic rainstorms. <Bloomberg>

호황을 누리는 미국 주택용 태양광 시장이 선택의 기로에 서 있다. 태양광 시장은 연방 정부의 지원 확대와 점점 더 취약해지는 전력망과 불안정한 연료 가격에 대한 우려로 인해 전례 없는 지원을 받고 있다. 그러나 태양광은 치솟는 이자율과 주정부 보조금 삭감부터 경기 악화, 기록적인 폭풍우에 이르기까지 전례 없는 역풍에도 직면해 있다. 〈블룸버그〉

like never before 전에 없이, 전과 다르게   **headwind** 맞바람, 역풍   **subsidy** 보조금

빈출 표현
071

새 CEO는 **혼란을 제거하고** 신속하게 변화를 구현했다.
The new CEO cut through the clutter and implemented changes quickly.

MP3 071

"cut through the clutter(혼란을 제거하다)"는 더 나은 결정을 내리거나 효과적인 조치를 취하기 위해 정보나 상황을 단순화하고 명확히 해야 할 필요성을 설명하는 데 자주 쓰입니다. 불필요한 세부 사항을 제거하면 본질이나 핵심을 추출할 수 있겠죠? 그런 의미에서 '핵심을 추려내다'로 해석될 수도 있습니다.

1 CEO의 명확하고 간결한 의사소통 방식은 기업 소식의 혼란을 제거해서 직원과 이해 관계자에게 핵심 메시지가 효과적으로 전달되도록 보장했다.
The CEO's clear and concise communication style **cut through the clutter** of corporate news, ensuring key messages reached employees and stakeholders effectively.

2 최고의 마케팅 캠페인은 복잡한 시장에서 혼란을 없애고 사람들의 관심을 끌 수 있는 것이다.
The best marketing campaigns are those that can **cut through the clutter** and grab people's attention in a crowded marketplace.

3 소셜 미디어 인플루언서와 창의적인 콘텐츠를 활용함으로써 이 회사는 혼란을 제거하고 최신 제품 출시에 대한 입소문을 만들 수 있었다.
By leveraging social media influencers and creative content, the company was able to **cut through the clutter** and generate buzz around its latest product launch.

———— leverage 이익을 위해 활용하다

4 가장 성공적인 기업가는 혼란을 제거하고 업계의 미래를 형성할 주요 트렌드를 파악할 수 있는 사람들이다.
The most successful entrepreneurs are those who can **cut through the clutter** and identify the key trends that will shape the future of their industry.

NEWS

But with so many messages vying for attention, it can be hard for any one brand to stand out. That's why a new billboard campaign aims to **cut through the clutter** and make an impact on Angelenos. The campaign, called 'Bold Statements,' features a series of provocative messages designed to spark conversation and draw attention to social issues. <Los Angeles Times>

하지만 수많은 메시지가 관심을 끌고자 경쟁하기 때문에 어느 한 브랜드가 눈에 띄기 어려울 수 있다. 그래서 새로운 광고판 캠페인은 혼란을 제거하고 로스앤젤레스 사람들에게 영향을 주는 것을 목표로 한다. '대담한 진술'이라 불리는 이 캠페인은 대화를 촉발하고 사회적 쟁점에 관심을 끌기 위해 고안된 일련의 도발적인 메시지를 특징으로 한다. 〈로스앤젤레스 타임즈〉

회사는 **변곡점**에 있었고, 어려운 결정을 내려야 했다.
The company was at an inflection point, and needed to make some tough decisions.

MP3 072

"inflection point(변곡점)"는 '중요한 변화' 또는 '전환의 순간'을 의미하며, 종종 방향이나 모멘텀의 변화로 표시됩니다. 일반적으로 경제에서 회사 실적 또는 시장 동향의 전환점을 나타내는 데 쓰이며, 대표적인 대체어로 "tipping point"가 있습니다.

1   테슬라의 3/4분기 수익 보고서는 회사 재무 실적의 변곡점을 찍을 수도 있다.
    Tesla's third-quarter earnings report may mark **an inflection point** in the company's financial performance.

2   수년간의 성장 정체 후, 각국이 코로나19 팬데믹에서 회복하기 시작하면서 세계 경제가 변곡점에 다가가고 있을 수도 있다.
    Following several years of stagnant growth, the global economy may be approaching **an inflection point** as countries begin to recover from the COVID-19 pandemic.

3   애플의 최근 전기 자동차 기술 투자 결정은 자동차 산업에 변곡점을 나타낼 수 있다.
    Apple's recent decision to invest in electric vehicle technology could represent **an inflection point** for the automotive industry.

4   신제품 출시와 전자 상거래로의 초점 전환으로, 많은 분석가들은 올해가 그 대형 소매업체에게 변곡점일 수도 있다고 예측한다.
    With the launch of new products and a shift in focus towards e-commerce, many analysts predict that this year could mark **an inflection point** for the major retailer.

NEWS

General Electric, the maker of jet engines, power plants and medical scanners, has reached a turning point. After years of dismantling underperforming businesses and shedding unprofitable divisions, the beleaguered industrial giant is preparing to rebuild. New Chief Executive John Flannery has said that the company is at **an "inflection point"** and plans to pivot towards more lucrative sectors, such as aviation, power and renewable energy.
<The New York Times>

제트 엔진, 발전소, 의료용 스캐너를 제조하는 제너럴 일렉트릭은 전환점에 도달했다. 수년간 실적이 저조한 사업체를 해체하고 수익성이 낮은 사업부를 정리한 끝에, 사면초가에 몰린 이 거대 기업이 재건을 준비 중이다. 새로 부임한 최고 경영자 존 플래너리는 회사가 '변곡점'에 있으며, 항공, 전력 및 재생 에너지 같은 수익성이 높은 분야로 축을 옮겨 돌아가게 할 계획이라고 말했다. 〈뉴욕 타임즈〉

beleaguered 사면초가에 몰린   **pivot** 축을 중심으로 회전하다

빈출 표현 073

난관에도 불구하고, 팀은 프로젝트에 **차분하게 대응했고** 제시간에 완료했다.

Despite setbacks, the team took the project in stride and completed it on time.

MP3 073

"take something in stride(~에 차분하게 대응하다)"는 어렵거나 도전적인 상황을 당황하거나 압도당하지 않고 침착하고 신중하게 대처하는 것을 의미합니다. 여기에는 마치 '이것이 내 운명이려니' 하는 마음 자세가 깔려 있어, '운명처럼 받아들이다'로 해석하기도 합니다.

1. 회사의 CEO는 최근의 시장 변동성을 차분히 받아들이고 회사의 핵심은 여전히 견고하다며 투자자들을 안심시켰다.
   The company's CEO **took** the recent market volatility **in stride** and reassured investors that the company's fundamentals remained strong.

2. 예상치 못한 규제 장애물에 직면했지만, 회사는 난관에 차분하게 대응했고 대체 성장 전략으로 빠르게 전환할 수 있었다.
   Despite facing unexpected regulatory hurdles, the company was able to **take** the setback **in stride** and quickly pivot to alternative growth strategies.

3. 치열한 경쟁에 직면해, 이 거대 기술 기업은 자신감을 잃지 않고 새로운 시장 점유율 확보라는 도전에 차분히 대응했으며, 핵심 강점을 활용하여 성장을 주도했다.
   In the face of intense competition, the tech giant remained confident and **took** the challenge of capturing new market share **in stride**, leveraging its core strengths to drive growth.

4. 이 소기업은 어려운 운영 환경을 성공적으로 헤쳐 나갔고 공급망 중단에 차분하게 대응했다.
   The small business successfully navigated a challenging operating environment and **took** supply chain disruptions **in stride**.

NEWS

When Amazon's S3 servers went down on Tuesday, it was more of an inconvenience than an inflection point in the tech world. Internet users flocked to Twitter to bemoan the service outage, but businesses that depend on the cloud platform were more measured. 'It's not like Amazon is going to go away, so you just **take** it **in stride** and move on,' said one startup CEO. <USA Today>

화요일에 아마존의 S3 서버가 다운되었을 때, 이는 기술업계의 변곡점이라기보다는 불편함에 가까웠다. 인터넷 사용자들은 트위터에 몰려들어 서비스 중단을 한탄했지만, 클라우드 플랫폼에 의존하는 기업들은 좀 더 냉정하게 대응했다. 한 스타트업 CEO는 "아마존이 사라지는 것도 아니니, 차분히 받아들이고 앞으로 나아갈 것"이라고 말했다. 〈USA 투데이〉

bemoan 한탄하다   **outage** 정전, 중단   **measured** 신중한, 침착한

빈출 표현 074

이 회사는 성공적인 마케팅 캠페인 덕분에 **사업을 유지할 수** 있었다.

The company managed to stay afloat thanks to a successful marketing campaign.

MP3 074

"stay afloat(빚지지 않다, 사업을 유지하다)"는 재정이 안정적이어서 지불 능력을 유지하는 (solvent) 것을 의미합니다. 재정상 어려움에 처했을 때 빚지거나 도산하지 않고 현상을 유지하기 위한 노력을 내포합니다.

1 어려운 경제 상황에도 불구하고, 회사는 비용을 절감하고 수익을 증대하여 사업을 유지할 수 있었다.
   Despite the challenging economic conditions, the company managed to **stay afloat** by reducing expenses and increasing revenue.

2 CEO는 운영상 전략적 변화를 실시하여 회사가 사업을 유지할 수 있다는 자신감을 표명했다.
   The CEO expressed confidence that the company can **stay afloat** by implementing strategic changes in their operations.

3 정부의 재정 지원은 팬데믹으로 인한 경기 침체기에 중소기업이 사업을 유지하는 데 도움이 되었다.
   The government's financial aid helped small businesses **stay afloat** during the pandemic-induced economic downturn.

4 팬데믹으로 인한 금융 위기 속에서 회사는 사업을 유지하기 위해 많은 직원을 해고해야 했다.
   The company had to lay off a number of employees to **stay afloat** amidst the pandemic-induced financial crisis.

5 이 회사는 비즈니스 모델을 전환하기로 결정한 덕분에 팬데믹 기간 동안에도 사업을 유지하고 심지어 번창할 수 있었다.
   The company's decision to pivot their business model allowed them to **stay afloat** and even thrive during the pandemic.

Small business owners across the country have been fighting to **stay afloat** during the pandemic, but for many, the latest restrictions and closures have been the final straw. The Ontario government's announcement that the province will enter a second lockdown starting Boxing Day means more businesses will have to shut down, leaving many wondering how they will make it through the next month. <The Globe and Mail>

전국의 소상공인들은 팬데믹 기간 동안 사업을 유지하기 위해 고군분투해 왔는데, 많은 이들에게 최근의 제한 조치와 폐쇄 조치는 더 이상 견딜 수 없는 한계였다. 온타리오 주정부가 박싱데이부터 두 번째 봉쇄에 들어간다고 발표함에 따라 더 많은 사업체가 문을 닫아야 할 것이며, 많은 사람들이 다음 달을 어떻게 버틸 수 있을지 궁금해하고 있다. 〈글로브 앤 메일〉

small business owner 소규모 자영업자   **make it through** 통과하다, 헤쳐나가다

투자자 회의 중 임원의 **즉석** 발언이 의도치 않은 결과를
초래했다.
**The executive's off-the-cuff remark during an
investor meeting had unintended consequences.**

MP3 **075**

"off-the-cuff(즉석의)"는 대본 없이 즉흥적으로 말하거나 대처하는 것을 뜻합니다. 옷
소매에 연설에 필요한 내용을 간략하게 썼던 것에서 유래했다고 합니다.

1   최근 컨퍼런스에서 CEO의 즉석 발언이 직원과 주주들 사이에서 논란을 불러일으켰다.
    The CEO's **off-the-cuff** remarks at a recent conference sparked
    controversy among employees and shareholders alike.

2   노조 위원장이 기자에게 한 즉석 발언이 문맥에서 벗어나 오해를 불러일으켰다.
    The union leader's **off-the-cuff** comment to a reporter was taken out
    of context and caused a misunderstanding.
    ——— take out of context 문맥에서 벗어나다

3   회의의 질의 응답 시간에 발표자가 즉석 답변하여 많은 참석자들을 놀라게 했다.
    During the Q&A portion of the meeting, the speaker gave an **off-
    the-cuff** response that surprised many attendees.

4   이례적인 즉석 인터뷰에서 이 회사의 창립자는 업계가 직면한 과제와 잠재적 기회에 대해
    솔직한 생각을 공유했다.
    In a rare **off-the-cuff** interview, the company's founder shared candid
    thoughts about the industry's challenges and potential opportunities.

5   회사 대변인은 기자 회견 중 즉석 발언을 한 것을 후회했는데, 이 발언이 기자들 사이에
    혼란을 야기했다.
    The company's spokesperson regretted making an **off-the-cuff**
    comment during a press conference, which caused confusion
    among reporters.

In an **off-the-cuff** remark during a press conference, the CEO of a major tech
company suggested that employees who were hesitant to return to the office
could be replaced with new hires. The remark drew immediate backlash from
workers' rights groups, who accused the CEO of callousness and insensitivity to
the challenges faced by many workers during the pandemic. <CNBC>

대형 기술 기업의 CEO는 기자 회견 중에 한 즉석 발언을 통해 사무실 복귀를 주저하는 직원들을
신규 채용으로 대체할 수 있다고 시사했다. 이 발언은 노동자 권리 단체의 즉각적인 반발을
불러일으켰으며, 이들은 이 CEO가 팬데믹 기간 동안 많은 노동자가 직면한 어려움에 대해 냉담하고
무감각하다고 비난했다. 〈CNBC〉

callousness 냉담

직원들은 목표 달성을 위해 장시간 및 주말에 근무하며
기대 이상으로 노력했다.
The employees went above and beyond **to meet**
their targets, working long hours and weekends.

MP3 076

"go above and beyond(기대 이상으로 노력하다)"는 목표를 달성하거나 누군가의 기대를 뛰어넘기 위해 요구되는 것보다 더 많은 일을 하는 것을 의미합니다. 이는 성공적인 결과를 보장하기 위해 노력을 추가하고 자원을 투입한 것을 내포하며, 대표적인 대체어로 go the extra mile이 있습니다.

1 이 회사 직원들은 우수한 고객 서비스를 제공하기 위해 기대 이상의 노력을 하는 것으로 알려져 있다.
The company's employees are known to **go above and beyond** to provide excellent customer service.

2 CEO는 회사가 환경 지속 가능성 활동에서 기대 이상으로 노력해야 한다고 강조했다.
The CEO emphasized the need for the company to **go above and beyond** in their environmental sustainability efforts.

3 경쟁업체들 가운데서 눈에 띄기 위해 회사는 제품 품질과 혁신 측면에서 기대 이상을 추구하기로 결정했다.
In order to stand out from competitors, the company decided to **go above and beyond** in terms of product quality and innovation.

4 팬데믹 기간 동안 직원의 정신 건강을 지원하기 위해 기대 이상의 노력을 기울인 그 회사의 경영지원팀이 그 공로를 인정받았다.
The company's management team was recognized for **going above and beyond** in their efforts to support employee mental health during the pandemic.

As a physical education teacher at a small school in rural Saskatchewan, Melissa Ecker says it's not unusual for her to **go above and beyond** her regular duties to help students achieve their goals. That's exactly what she did for a Grade 10 student who was struggling to keep up with the rest of the class during an endurance run. <The Globe and Mail>

서스캐처원주 시골의 작은 학교에서 체육 교사로 근무하는 멜리사 에커는 학생들이 목표를 달성하도록 돕기 위해 정규 업무 이상으로 노력하는 게 자신에게는 드문 일이 아니라고 말한다. 바로 그게 지구력 달리기를 하는 동안 나머지 반 아이들을 따라잡기 위해 고군분투하는 어느 10학년 학생을 위해 그녀가 한 일이다. 〈글로브 앤 메일〉

endurance run 지구력 달리기

빈출 표현
077

새 업무는 직원이 익숙했던 것보다 더 넓은 **책임 범위**가 주어졌다.
The new job came with a wider scope of responsibility than the employee was used to.

MP3 077

"scope of responsibility(책임 범위)"는 특정 역할이나 직책에서 맡은 의무나 책임의 범위를 나타내는 표현입니다. 직무 요건을 충족하기 위해 수행해야 할 일과 개인이 담당하는 모든 업무, 활동을 포함하며, 대체 표현으로 job description이 있습니다.

1   회사 경영진은 최근 비즈니스 모델의 변화에 따라 각 직원의 책임 범위를 재평가하고 있다.
    The company's management is reevaluating **the scope of responsibility** for each employee in light of recent changes to the business model.

2   노조는 추가 보상 없이 근로자에게 떠맡으라고 하는 책임 범위가 확대되는 것에 우려를 표명했다.
    The union has expressed concerns about **the** increased **scope of responsibility** that workers are being asked to take on without additional compensation.

3   고위 임원 신규 채용 공고에는 이전 직책보다 훨씬 더 넓은 책임 범위가 들어 있다.
    A new job posting for a senior executive has **a** much broader **scope of responsibility** than the previous position.

4   직원 안내서에는 조직 내 각 역할에 대한 책임 범위가 간추려져 있다.
    The employee handbook outlines **the scope of responsibility** for each role within the organization.

Employers often use the term **"scope of responsibility"** to describe an employee's duties and the authority they have to make decisions within their role. However, a recent ruling by the National Labor Relations Board (NLRB) has raised questions about how employers define the scope of responsibility for their employees. The NLRB ruled that employers cannot unilaterally change the scope of responsibility for unionized employees without first bargaining with the union. <HR Dive>

고용주는 종종 '책임 범위'라는 용어를 사용하여 직원의 의무와 역할 내에서 결정을 내릴 수 있는 권한을 설명한다. 그러나 최근 미국 노동관계위원회(NLRB)의 판결로 인해 고용주가 직원의 책임 범위를 정의하는 방식에 의문이 제기되었다. NLRB는 고용주가 노조와 먼저 교섭하지 않고 일방적으로 노조 소속 직원의 책임 범위를 변경할 수 없다고 판결했다. 〈HR 드라이브〉

ruling 결정, 판결   **bargain with ~** ~와 협정을 맺다

수년간 인턴으로 일한 끝에 마침내 그녀는 첫 직장을 구하고 **경력**을 시작했다.
After years of working as an intern, she finally got her first job and began her budding career.

MP3 078

"budding career(싹트기 시작하는 경력)"는 아직 발전 초기 단계이지만 앞으로 성장할 가능성이 있는 직업 생활을 묘사하는 표현입니다. "budding"은 '싹이 트는'의 뜻으로 만개한(blossom) 단계로 가는 초기 단계를 비유합니다.

1 많은 젊은 근로자들이 팬데믹의 경제적 여파로 인해 새로운 커리어를 시작하는 데 어려움을 겪고 있다.
   Many young workers are struggling to launch **their budding careers** due to the economic impact of the pandemic.

2 회사의 인턴십 프로그램은 대학생들이 경력 시작에서 유리한 고지를 선점할 수 있게 설계되었다.
   The company's internship program is designed to give college students a headstart in **their budding careers**.

3 수년간의 노력과 헌신 끝에 그녀는 마침내 자신의 경력이 결실을 맺는 것을 보고 있다.
   After years of hard work and dedication, she is finally seeing the fruits of **her budding career**.

4 특정 산업의 노동 시장은 점점 더 경쟁이 치열해지고 있으며, 이로 인해 경력 초년생들이 취업하기가 더욱 어려워지고 있다.
   The labor market for certain industries is becoming increasingly competitive, making it more challenging for those with **budding careers**.

NEWS

A budding career in the entertainment industry can be exciting and fulfilling, but it can also be challenging and unpredictable. This is especially true for people who are just starting out and trying to break into the industry. For aspiring actors, musicians, and other performers, landing their first big gig can be the key to launching their careers. But with so much competition, it can be tough to get noticed. That's why some are turning to talent agencies to help them navigate the industry and find opportunities. <The Seattle Times>

엔터테인먼트 업계에서 경력을 쌓는 것은 흥미진진하고 성취감을 느낄 수 있지만, 도전적이고 예측할 수 없는 일이기도 하다. 특히 이제 막 시작하여 업계에 발을 들여놓으려는 사람들에게는 더욱 그렇다. 패기 있는 배우, 뮤지션, 다른 연주자들에게는 첫 번째 대형 공연을 성사시키는 것이 경력을 시작하는 열쇠가 될 수 있다. 하지만 경쟁이 치열하기 때문에 주목받기 힘들 수 있다. 그래서 일부 사람들은 업계를 탐색하고 기회를 찾기 위해 연예 에이전시를 찾고 있다. 〈시애틀 타임즈〉

break into ~ ~에 진입하다   **gig** 공연

어려움에도 불구하고, 그는 **버티고 생존해** 파산을 면했다.
Despite the challenges, he managed to keep his head above water and avoid going bankrupt.

MP3 079

"keep one's head above water(버티고 생존하다)"는 어려운 상황, 특히 금융적인 혹은 개인적인 문제가 포함된 상황에서 생존하거나 대처하는 것을 의미합니다. 문제에 대처해 극복해 나간다는 취지로 사용하는 것이죠. 사람이 물에 빠졌을 때 물속에서 수면 위로 머리를 올려 계속 숨을 쉬도록 하려는 모습을 떠올려 보면 바로 이해가 될 겁니다.

1   생활비 상승과 임금 정체로 많은 근로자들이 버티고 살기 위해 고군분투하고 있다.
   With the rising cost of living and stagnant wages, many workers are struggling to **keep their heads above water**.

2   회사의 구조 조정 계획은 어려운 경제 상황에서 회사가 생존하도록 도우려는 것이다.
   The company's restructuring plan is intended to help it **keep its head above water** during a challenging economic climate.

3   소규모 사업체 운영의 어려움에도 불구하고, 그 사업주는 버티고 생존해 보기로 마음 먹었다.
   Despite the challenges of running a small business, the owner was determined to **keep her head above water**.

4   많은 직원들이 험난한 고용 시장에서 버티고 생존하기 위해 부업을 하고 있다.
   Many employees have taken on second jobs to help **keep their heads above water** in a tough job market.

5   노조는 조합원들이 재정적으로 버티고 생존할 수 있게 더 나은 임금과 복리 후생을 위해 협상을 벌였다.
   The union negotiated for better wages and benefits to help its members **keep their heads above water** financially.

NEWS

Small businesses have been hit hard by the pandemic, with many struggling to **keep their heads above water**. But there are some signs of hope. A recent survey found that more than half of small business owners are optimistic about the future, thanks in part to government assistance programs and the rollout of vaccines. <CNBC>

중소기업은 팬데믹으로 인해 큰 타격을 입었으며, 많은 곳이 버티고 생존하기 위해 고군분투하고 있다. 하지만 희망의 조짐들도 있다. 최근 설문 조사에 따르면 중소기업 소유주의 절반 이상이 부분적으로는 정부의 지원 프로그램과 백신 출시 덕분에 미래에 대해 낙관적인 전망을 하는 것으로 나타났다. 〈CNBC〉

rollout 출시

작업을 마무리하기 위해 종종 직원들**의 자유재량에 맡긴다.**

Employees are often left to their own devices to complete tasks.

MP3 080

"leave ~ to one's own device"는 다른 사람의 도움이나 지도 없이 자신의 방식대로 무언가를 할 수 있는 자유를 얻는 것을 의미합니다. 이는 자신의 결정과 행동에 책임이 있고, 목표를 달성하기 위해 자신의 자원과 능력에 의존해야 한다는 것을 시사하지요. be left to one's own device의 수동태로도 많이 쓰입니다.

1 회사의 새로운 원격 근무 정책에 따라 직원들은 일정과 근무 위치를 자유재량으로 할 수 있게 허용되었다.

The company's new remote work policy allows employees to **be left to their own devices** in terms of scheduling and work location.

2 일부 관리자는 팀원들을 자유재량에 맡겨 두는 걸 선호하지만, 다른 관리자는 보다 실무적인 접근 방식을 선호한다.

Some managers prefer to **leave** their team members **to their own devices**, while others prefer a more hands-on approach.

—— hand-on 실무적인

3 회사 교육 프로그램은 신입 직원이 자유재량에 맡게 일을 진행하는 것에 적응하도록 설계되었다.

The company's training program is designed to help new employees adjust to **being left to their own devices**.

NEWS

With many employees still working remotely, managers are grappling with how to keep their teams engaged and productive. For some, the solution is to **leave** employees **to their own devices** and trust them to get their work done. But others worry that this approach could lead to burnout or disengagement. According to a recent survey, nearly half of remote workers say they feel isolated or disconnected from their colleagues. To combat this, some companies are implementing virtual team-building activities or setting up regular check-ins between managers and employees. <The Wall Street Journal>

많은 직원이 여전히 원격 근무를 하는 가운데, 관리자들은 팀의 참여도와 생산성 유지 방법을 고민하고 있다. 일부 관리자들에게는 직원들의 자유재량에 맡기고 그들이 업무를 완수할 수 있게 신뢰하는 것이 해결책이다. 하지만 다른 관리자들은 이러한 접근이 직원들에게 극도의 피로를 안겨 주거나 직원들의 이탈로 이어질 수 있다고 우려한다. 최근 설문 조사에 따르면 원격 근무자의 거의 절반이 동료로부터 고립되거나 단절된 느낌을 받는다고 말한다. 이런 문제를 해결하기 위해 일부 기업에서는 가상 팀빌딩 활동을 구현하거나 관리자와 직원 간의 정기적인 체크인을 설정하고 있다. 〈월스트리트 저널〉

grapple with 고군분투하다　**disengagement** 이탈
team-building 팀빌딩(조직개발 기법의 하나)

CHAPTER 5

에너지

신재생 에너지 프로젝트가 현재 **진행 중이며** 내년에 완료될 예정이다.
The new renewable energy project is currently in the pipeline and should be completed within the next year.

MP3 081

"in the pipeline(진행 중인)"은 유류나 가스를 한 장소에서 다른 장소로 운송하는 데 쓰이는 파이프라인에서 유래했습니다. 프로젝트나 아이디어 맥락에서의 "in the pipeline"은 기획 단계에서 다른 단계로 이동하고 있다는 것을 시사하며, 현재 작업 중이거나 미래에 계획 중인 것을 나타낼 때 쓰입니다.

1   석유 회사는 생산량을 늘릴 것으로 예상되는 몇 가지 새로운 시추 프로젝트를 진행 중에 있다.
    The oil company has several new drilling projects **in the pipeline** that are expected to increase production.

2   재생 에너지 프로젝트에 투자하려는 정부의 계획이 아직 진행 중이다.
    The government's plan to invest in renewable energy projects is still **in the pipeline**.

3   정부는 청정 에너지 기술에 대한 투자를 장려하는 새로운 정책을 발표하여 에너지 부문에 대한 더 많은 프로젝트가 진행 중임을 알렸다.
    The government announced new policies to incentivize investments in clean energy technologies, signaling more projects **in the pipeline** for the energy sector.
    —— incentivize 장려하다

4   회사의 확장 계획에는 현재 진행 중인 새로운 태양광 발전소가 포함되어 있다.
    The company's expansion plans include a new solar farm that is currently **in the pipeline**.
    —— solar farm 태양광 발전소

5   에너지 업계는 현재 진행 중인 새로운 배터리 기술 개발을 면밀히 모니터링하고 있다.
    The energy industry is closely monitoring the development of new battery technologies that are **in the pipeline**.

The natural gas industry has several new projects **in the pipeline** that are expected to increase production and drive economic growth. However, these projects are also facing increasing opposition from environmental groups and local communities. In some cases, protests and legal challenges have delayed or even halted construction. <Reuters>

천연가스 산업은 생산량을 늘리고 경제 성장을 견인할 것으로 기대되는 몇 가지 새로운 프로젝트를 진행 중에 있다. 그러나 이런 프로젝트는 또한 환경 단체와 지역 사회의 반대가 늘어나는 상황에 직면하고 있다. 어떤 경우에는 시위와 법적 문제로 인해 건설이 지연되거나 심지어 중단되기도 했다. 〈로이터〉

어려움에도 불구하고, 그 에너지 기업은 **포기하지** 않고 성공의 의지를 불태우고 있다. **Despite the challenges, the energy company refuses to throw in the towel and is determined to succeed.**

MP3 082

"throw in the towel(포기하다)"은 원래 권투 시합에서 유래했습니다. 경기 중 권투 선수의 코너맨이 타월을 링에 던지면, 자신의 선수가 기권한다는 신호를 보내는 것이죠. 즉, 어떤 일이나 시도에서 해 보다가 도저히 안 돼 포기하는 것을 나타낼 때 널리 쓰입니다.

1 일부 소규모 재생 에너지 기업은 업계 내 대기업과의 경쟁으로 사업을 포기해야 할 수도 있다.
Some small renewable energy companies may be forced to **throw in the towel** due to competition from larger players in the industry.

2 수많은 어려움에 직면했어도 이 에너지 스타트업은 포기하지 않고 혁신적인 자사의 신기술을 계속 개발했다.
Despite facing numerous setbacks, the energy startup refused to **throw in the towel** and continued to develop its innovative new technology.

3 주요 에너지 프로젝트를 취소하기로 한 정부의 결정으로 인해 일부 업계 관계자들은 국가가 재생 에너지 목표 달성을 포기할 준비가 된 것인지도 모른다고 생각하게 되었다.
The government's decision to cancel a major energy project has led some industry insiders to believe that the country may be ready to **throw in the towel** on its renewable energy goals.

4 수개월에 걸친 치열한 협상과 규제 장애물 끝에 이 다국적 에너지 기업은 사업을 포기하고 새로운 해양 시추 프로젝트 계획을 폐기하기로 결정했다.
After months of intense negotiations and regulatory hurdles, the multinational energy corporation decided to **throw in the towel** and abandon its plans for a new offshore drilling project.

NEWS

The oil and gas industry has been hit hard by the pandemic, with many companies struggling to stay afloat in a volatile market. Some smaller players are considering **throwing in the towel** and selling off their assets, while larger companies are looking to consolidate through mergers and acquisitions. The industry is also facing increasing pressure from investors and activists to address climate change and shift toward cleaner energy sources. <Houston Chronicle>

석유 및 가스 산업은 팬데믹으로 인해 큰 타격을 입었으며, 많은 기업들이 변동성이 큰 시장에서 사업을 유지하기 위해 고군분투하고 있다. 일부 소규모 업체는 포기하고 자산 매각을 고려하고 있는 반면, 대기업은 인수합병을 통해 통합을 모색하고 있다. 또한 업계는 기후 변화에 대응하고 청정 에너지원으로 전환하라는 투자자와 활동가들의 점점 더 커지는 압력에 직면해 있다. 〈휴스턴 크로니클〉

이 전기 자동차는 첨단 배터리 기술로 **내부**가 인상적이다.
The electric car is impressive under the hood with its advanced battery technology.

MP3 083

"under the hood(표면 아래에, 내부에)"는 기계나 시스템, 특히 자동차의 내부 구조나 작동 원리를 묘사할 때 쓰입니다. 자동차 엔진을 점검하려고 후드나 보닛 아래를 살펴보는 것에서 유래했는데, 이는 그 사람이 기계나 시스템이 실제로 어떻게 작동하는지 이해하려고 내부나 표면 아래를 보고 있다는 것을 시사합니다.

1 많은 소비자가 전기 자동차 내부에 무엇이 있고, 기존 가솔린 자동차와 어떻게 비교되는지 궁금해한다.
   Many consumers are curious about what's **under the hood** of electric vehicles and how they compare to traditional gas-powered cars.

2 회사 엔지니어들은 재생 에너지 시스템 내부의 기술을 개선하기 위해 열심히 노력하고 있다.
   The company's engineers are working hard to improve the technology that's **under the hood** of its renewable energy systems.

3 새로운 태양 전지판은 디자인이 세련되지만, 실제로 (다른 것과) 차별화되는 건 내부 내용이다.
   The new solar panels have a sleek design, but it's **under the hood** that really sets them apart.

4 이 에너지 회사는 최근 인수를 통해 최첨단 기술과 내부 전문 지식을 활용하여 시장에서의 입지를 강화할 수 있다.
   The energy company's latest acquisition allows them to tap into cutting-edge technologies and expertise **under the hood**, strengthening their position in the market.

—— tap into 활용하다   cutting-edge 최첨단의

NEWS

Electric vehicles are becoming increasingly popular, and many consumers are curious about what's **under the hood**. While electric motors may seem simple, they actually involve sophisticated technology that can be more efficient and reliable than traditional internal combustion engines. However, there are still some challenges to overcome, including the limited range of many EVs and the need for more charging infrastructure. < The Verge>

전기 자동차의 인기가 날로 높아지면서 많은 소비자들이 내부에 무엇이 있는지 궁금해한다. 전기 모터는 단순해 보일 수도 있지만 실제로는 기존 내연기관보다 더 효율적이고 신뢰할 만한 정교한 기술을 포함한다. 그러나 많은 전기차의 제한된 주행거리와 더 많은 충전 기반 시설의 필요성 등 아직 극복해야 할 과제가 남아 있다. 〈더 버지〉

internal combustion engines 내연기관   **infrastructure** 사회 기반 시설

이 캠페인은 소비자들이 에너지 사용량을 줄이도록 **장려하는** 것을 목표로 한다.
The campaign aims to incentivize consumers to reduce their energy usage.

MP3 084

명사 "incentive"에서 파생된 동사 "incentivize(장려책으로 독려하다)"는 보상이나 인센티브를 제공하여 무엇인가를 하도록 격려하는 것을 의미합니다. 이 표현을 쓰면 당사자가 스스로 그 일을 하려는 동기가 없었을 수도 있지만, 보상이나 인센티브 약속으로 인해 어떤 행동을 취하게 될 것이라는 내용을 시사합니다.

1   정부는 소비자들이 재생 에너지원으로 전환하도록 장려하는 방법을 고려하고 있다.
The government is considering ways to **incentivize** consumers to switch to renewable energy sources.

2   회사는 직원들에게 에너지 효율 개선에 대한 새로운 아이디어를 내도록 장려하기 위해 보너스를 지급하고 있다.
The company is offering employees bonuses to **incentivize** them to come up with new ideas for improving energy efficiency.

3   정부가 제안한 탄소세는 기업이 온실가스 배출을 줄이도록 장려하기 위해 고안되었다.
The government's proposed carbon tax is designed to **incentivize** companies to reduce their greenhouse gas emissions.

4   태양광 전지판 설치에 대한 새로운 세금 공제는 더 많은 주택 소유주가 재생 에너지에 투자하도록 장려하기 위한 것이다.
The new tax credits for installing solar panels are intended to **incentivize** more homeowners to invest in renewable energy.

5   일부 공익 사업에서는 고객이 사용량이 적은 시간 대에 에너지를 사용하도록 장려하기 위해 혁신적인 요금 구조를 모색하고 있다.
Some utilities are exploring innovative rate structures to **incentivize** customers to use energy during off-peak hours.

NEWS

Carbon capture, utilization, and storage (CCUS) technology has long been touted as a way to reduce emissions from fossil fuels. But the high cost of implementing CCUS has been a major barrier to its adoption. To address this, some policymakers are exploring ways to **incentivize** the development of CCUS technology, such as tax credits or subsidies. <Utility Dive>

탄소 포집, 활용 및 저장(CCUS) 기술은 화석 연료에서 나오는 가스 배출을 줄이는 방법으로 오랫동안 홍보가 되었다. 하지만 CCUS를 구현하는 데 드는 높은 비용이 채택을 가로막는 주요 장애물이었다. 이를 해결하기 위해 일부 정책 입안자들은 세금 공제 또는 보조금 같은 CCUS 기술 개발을 장려하는 방법을 모색하고 있다. 〈유틸리티 다이브〉

tout 홍보하다, 내세우다

수년간의 연구 개발 끝에 신기술은 마침내 **결실을 맺었다.**
After years of research and development, the new technology has finally come to fruition.

MP3 085

"come to fruition(결실을 맺다)"은 과일 나무에서 과일이 자라고 익어 수확 가능한 상태가 되기까지의 과정에서 유래한 표현입니다. 그저 아이디어나 계획에 불과하던 것이 성공적으로 완료되거나 실현된 것을 묘사하는 데 쓰입니다. "come to ~"는 '~에 도달하다'의 뜻으로, 이때는 상태, 상황을 나타내는 단어가 뒤에 옵니다.

1 새 풍력 발전 단지에 대한 회사의 야심찬 계획이 지역 반대와 규제 장애물로 결실을 맺지 못할 수도 있다.
   The company's ambitious plans for a new wind farm may never **come to fruition** due to local opposition and regulatory hurdles.

2 2050년까지 탄소 중립을 달성하려는 정부 목표는 재생 에너지에 막대한 투자를 통해서만 결실을 맺을 것이다.
   The government's goal of achieving carbon neutrality by 2050 will only **come to fruition** with significant investments in renewable energy.

3 수년간의 연구 개발 끝에, 마침내 회사의 새로운 에너지 저장 시스템이 결실을 맺고 있다.
   After years of research and development, the company's new energy storage system **is finally coming to fruition**.

4 첨단 스마트 그리드 시스템의 개발이 결실을 맺어 전기가 분배되고 소비되는 방식에 혁명을 일으키고 있다.
   The development of advanced smart grid systems **has come to fruition**, revolutionizing the way electricity is distributed and consumed.

NEWS

The energy industry is constantly evolving, with new technologies and innovations emerging every year. However, not all of these ideas **come to fruition**. Many promising projects fail to secure funding, run into regulatory hurdles, or simply don't work as expected. But when a new technology does succeed, it can have a transformative impact on the industry. Take, for example, the rise of fracking in the US, which has transformed the country's energy landscape over the past decade. <Forbes>

에너지 산업은 매년 신기술과 혁신이 등장하면서 끊임없이 진화하고 있다. 하지만 이런 아이디어가 모두 결실을 맺는 것은 아니다. 다수의 유망한 프로젝트가 자금 확보에 실패하거나, 규제 장애물에 부딪치거나, 예상대로 작동하지 않기도 한다. 하지만 신기술이 성공하면, 업계에 혁신적인 영향을 미칠 수 있다. 예를 들어, 지난 10년 동안 미국의 에너지 지형을 변화시킨 프래킹 기술의 부상을 생각해 보라. 〈포브스〉

transformative 변화시키는   **fracking** 수압 파쇄를 통해 셰일 가스나 석유를 추출하는 기술

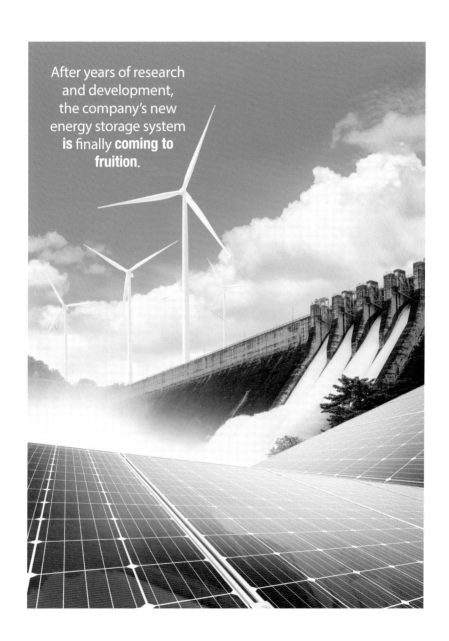

After years of research and development, the company's new energy storage system **is** finally **coming to fruition**.

PART 3
사회

CHAPTER 1

사회 일반과 가족

일반적인 생각과는 달리, 모든 나이든 사람이 꼰대는 아니다.
Contrary to popular belief, not all older people are cranky.

MP3 086

"contrary to popular belief(대중의 믿음과는 달리)"는 대부분의 사람들이 생각하거나 믿는 것과 다른 내용을 소개할 때 쓰입니다. 일반적으로 받아들여지는 견해나 믿음이 사실상 잘못되었거나 오해가 있을 수 있다는 것을 시사하지요. 종종 흔히 퍼져 있는 오해를 반박하거나 대안적인 시각을 제시하기 위해 사용됩니다.

1   대중의 생각과는 달리, 밀레니얼 세대가 전체 산업을 몰아내는 것에 책임이 있는 것은 아니다.
Contrary to popular belief, millennials are not responsible for killing off entire industries.

— kill off 제거하다, 몰아내다

2   새로운 연구에 따르면 대중의 믿음과는 달리, 예방 접종과 자폐증 사이에는 연관성이 없다.
The new study shows that, **contrary to popular belief**, there is no link between vaccinations and autism.

3   대중의 믿음과는 달리, 대부분의 미국 이민자들이 불법으로 미국에 온 것이 아니며 사회에 기여하는 구성원이기도 하다.
Contrary to popular belief, most immigrants to the US are not here illegally and are contributing members of society.

4   연구에 따르면 일반적인 믿음과는 달리 멀티태스킹은 실제로 생산성을 떨어뜨릴 수 있다.
The research indicates that, **contrary to popular belief**, multitasking can actually reduce productivity.

NEWS

Contrary to popular belief, not all billionaires are cutthroat capitalists or ruthless monopolists. Some, in fact, are using their wealth to promote social and environmental causes. The Giving Pledge, launched by Warren Buffett and Bill and Melinda Gates in 2010, is a commitment by the world's wealthiest individuals to give away the majority of their wealth to address society's most pressing problems. To date, more than 200 individuals from around the world have signed the pledge, representing a combined net worth of more than $1 trillion. <The Guardian>

일반적인 믿음과는 달리, 모든 억만장자가 냉혹한 자본가나 무자비한 독점 기업가는 아니다. 실제로 일부는 자신의 부를 사회적, 환경적 대의를 증진하는 데 사용하고 있다. 2010년, 워런 버핏과 빌 게이츠 부부가 시작한 기부 서약은 세계에서 가장 부유한 개인들이 사회의 가장 시급한 문제를 해결하기 위해 재산의 대부분을 기부하기로 약속하는 것이다. 현재까지 전 세계 200명 이상의 개인이 이 서약에 서명했고, 이들의 순자산 총액은 1조 달러가 넘는다. 〈가디언〉

cutthroat 극악무도한   **cause** 대의   **commitment** 약속, 헌신   **pressing** 긴급한
to date 지금까지

이 호화로운 결혼식은 수개월에 걸친 세심한 계획**의 정점**이었다.
The extravagant wedding was the culmination of months of meticulous planning.

MP3 **087**

"culmination of(~의 정점)"에서 "culmination"은 '정점'의 뜻입니다. 과정이나 일련의 사건에서 최종 결과물이나 성과를 묘사하는 데 쓰이죠. 종종 '오랜 시간과 어려운 과정의 결과물'이라는 의미를 함축하기도 합니다.

1 새로운 공공 예술 설치물은 수개월에 걸친 예술가와 공동체 구성원 간의 계획과 협업의 결정체이다.
The new public art installation is **the culmination of** months of planning and collaboration between artists and community members.

2 많은 기대를 모았던 이 책의 출간은 수년간에 걸친 저자의 연구와 집필의 정점을 찍었다.
The release of the highly anticipated book marked **the culmination of** years of research and writing for the author.

3 새 커뮤니티 센터의 개관은 수년간의 풀뿌리 조직화 및 기금 모금 노력의 정점이다.
The opening of the new community center is **the culmination of** years of grassroots organizing and fundraising efforts.

4 영화제는 주최측이 1년 동안 준비한 프로그램과 기획의 정점이다.
The film festival is **the culmination of** a year's worth of programming and planning by its organizers.

5 두 국가 간의 역사적 평화 협정은 수년간의 외교적 노력과 협상의 정점이다.
The historic peace agreement between the two nations is **the culmination of** years of diplomatic efforts and negotiations.

NEWS

The Met Gala is **the culmination of** the fashion world's year, a high point that showcases the creativity, innovation and skill of the industry's most talented designers. This year's event was no exception, with a stunning array of gowns, suits and accessories on display. But it was also notable for its theme, 'In America: A Lexicon of Fashion,' which celebrated American fashion and culture. <CNN Style>

멧 갈라는 패션계에서 한 해의 정점이자, 업계에서 가장 재능 있는 디자이너들의 창의성, 혁신, 기술을 보여 주는 멋진 부분이다. 금년 행사도 예외는 아니어서 굉장히 멋진 드레스, 정장, 액세서리가 전시되었다. 하지만 이번 행사의 주제인 '인 아메리카: 패션의 사전'도 주목할 만한데, 미국의 패션과 문화를 한껏 찬양했다. 〈CNN 스타일〉

high point 가장 좋은 부분　　**array** 집합체, 모음

고급 자동차는 자전거와는 **상당한 거리**가 있다.
A luxury car is a far cry from a bicycle.

MP3 088

"a far cry(심한 격차, 상당한 거리)"는 개별 단어 조합으로는 정확한 뜻을 유추하기 어렵습니다. 이건 다른 것과 매우 다른 어떤 것을 묘사하는 데 쓰이죠. 비교되는 두 가지가 유사하지 않으며 종종 상당한 격차로 분리된다는 것을 시사하며, 묘사하는 것이 비교 대상만큼 좋지 않을 수도 있다는 의미를 내포하기도 합니다.

1   새로운 주택 개발은 동일한 공간을 차지했던 낡은 다세대 주택과는 상당한 격차가 있다.
The new housing development is **a far cry** from the rundown tenements that used to occupy the same space.

———— rundown 황폐한, 낡은   tenement 다세대 주택

2   현재의 정치 상황은 국가 초기의 특징이었던 통합과 협력과는 거리가 멀다.
The current political climate is **a far cry** from the unity and cooperation that characterized the early days of the nation.

3   새로 각색한 영화는 줄거리와 캐릭터가 크게 변경되어 원작 소설과는 거리가 멀다.
The new film adaptation is **a far cry** from the original novel, with major changes to the plot and characters.

4   현대 미술 전시회는 일반적으로 박물관 벽을 장식하는 고전적인 그림과는 거리가 멀다.
The modern art exhibit is **a far cry** from the classical paintings that usually adorn the museum's walls.

5   개조 보수된 공원은 새로운 편의시설과 개선된 조경으로 이전 상태와는 확연히 달라졌다.
The renovated park is **a far cry** from its previous state, with new amenities and improved landscaping.

NEWS

The pandemic has changed the way we live, work and interact with each other. Many people are struggling to adapt to this new reality, which is **a far cry** from the world we knew just a year ago. From remote work to social distancing, the pandemic has upended our lives in countless ways. But it has also forced us to be more creative and innovative in the face of unprecedented challenges. <USA Today>

팬데믹은 우리가 생활하고, 일하고, 서로 교류하는 방식을 바꾸어 놓았다. 많은 사람들이 불과 1년 전만 해도 우리가 알던 세상과는 전혀 다른 이 새로운 현실에 적응하려고 고군분투 중이다. 원격 근무부터 사회적 거리두기까지 팬데믹은 수많은 방식으로 우리 삶을 뒤집어 놓았다. 하지만 전례 없는 도전에 직면하여 우리가 더욱 창의적이고 혁신적이 되게끔 만들기도 했다. 〈USA 투데이〉

upend 거꾸로 하다. 뒤집다

전반적인 웰빙을 위해 가끔씩 휴식을 취하고 자기 관리에
우선순위를 두는 **것이 마땅하다.**
**It behooves us to take occasional breaks and
prioritize self-care for our overall well-being.**

MP3 089

"it behooves us to(~하는 것이 마땅하다)"는 어떤 일을 하는 것이 중요하거나 필요하거나
유리하다는 것을 표현하는 데 쓰입니다. "behoove"는 '마땅하다, 당연하다'의 의미로, 격
식을 차리거나 학술적인 환경에서 자주 활용되며 다소 현학적이고 구식인 표현입니다.

1 지역 사회의 책임감 있는 일원으로, 자선 운동에 기여하고 도움이 필요한 사람들을
   돕는 것이 마땅하다.
   As a responsible member of the community, **it behooves us to**
   contribute to charitable causes and help those in need.
   ———— charitable causes 자선 운동, 자선 명분

2 실수로부터 배우고 삶의 모든 영역에서 더 나은 향상을 위해 노력하는 것이 마땅하다.
   It behooves us to learn from our mistakes and strive for betterment
   in all areas of our lives.

3 우리의 목표를 달성하기 위해, 함께 일하고 서로를 지원하는 것이 마땅하다.
   In order to achieve our goals, **it behooves us to** work together and
   support one another.

4 사회적으로 우리는 교육을 우선시하고 청소년의 미래에 투자하는 것이 마땅하다.
   As a society, **it behooves us to** prioritize education and invest in the
   future of our youth.

5 정신 건강의 중요성을 인식하고 자신의 웰빙을 개선하기 위한 조치를 취하는 것이 마땅하다.
   It behooves us to recognize the importance of mental health and
   take steps to improve our own well-being.

NEWS

With the pandemic causing widespread job losses and financial uncertainty, **it
behooves us** as a society **to** prioritize mental health and wellness. Stress
and anxiety are at an all-time high, and the toll on our collective mental health
is significant. We need to invest in resources for mental health support, both on
an individual and community level. <The Globe and Mail>

팬데믹으로 인해 광범위한 실직과 재정적 불확실성이 초래된 지금, 사회적으로 정신 건강과 웰빙에
우선순위를 두어야 하는 것이 마땅하다. 스트레스와 불안이 사상 최고치를 기록하고 있으며, 이로 인한
집단 정신 건강의 피해는 상당하다. 우리는 개인과 커뮤니티 차원에서 정신 건강 지원을 위한 자원에
투자해야 한다. <글로브 앤 메일>

all-time 역대급의   **toll** 희생자 수

빈출 표현 090

분위기를 파악하고 상황에 맞는 적절한 복장을 갖추는 것이 중요하다.

It's important to read the room and dress appropriately for the occasion.

MP3 090

"read the room(분위기를 파악하다)"은 신체 언어, 목소리 톤 같은 신호를 포착하여 상황을 읽는다는 의미입니다.

1 팬데믹 관련해 농담을 하려던 정치인의 시도는 실패로 돌아갔고, 분위기를 파악할 줄 모른다는 것을 보여주었다.

The politician's attempt to make a joke about the pandemic fell flat and showed that he didn't know how to **read the room**.

———— fall flat 완전히 실패하다

2 팬데믹이 한창일 때 대면 졸업식을 개최하기로 한 대학의 결정은 분위기를 파악하지 못한 것을 보여주었다.

The university's decision to hold an in-person graduation ceremony during the height of the pandemic demonstrated a failure to **read the room**.

3 이 회사의 새로운 광고 캠페인은 분위기를 파악하지 못하고, 현재의 문화적 풍토를 이해하지 못했다며 널리 비난을 받았다.

The company's new advertising campaign was widely panned for its failure to **read the room** and understand the current cultural climate.

———— pan 혹평하다

While some people saw the Olympics as a symbol of resilience and unity, others criticized them as a reckless and unnecessary risk. But as the opening ceremony unfolded, it quickly became clear that the organizers had failed to **read the room**. With no fans in attendance and many people around the world still grappling with the devastating effects of COVID-19, the ceremony felt out of touch and tone-deaf. <NBC News>

올림픽을 회복력과 단결의 상징으로 여기는 사람들이 있는 반면, 무모하고 불필요한 위험이라고 비판하는 사람들도 있었다. 그러나 개막식이 진행되면서 주최측이 분위기를 파악하지 못했다는 사실이 금방 드러났다. 팬들이 참석하지 않았고 전 세계 많은 사람들이 여전히 코로나19의 파괴적인 영향과 씨름하고 있는 상황에서, 개막식은 동떨어지고 눈치 없게 느껴졌다. 〈NBC 뉴스〉

out of touch 소통이 안 되는

교수님과 이야기를 나눈 후, 그는 자신의 인생 진로에 **깨달음을 얻었다.**

After talking to his professor, he had an epiphany about what to do about his life.

MP3 091

"have an epiphany about(~에 깨달음을 얻다)"는 어떤 것에 대한 갑작스럽고 깊은 깨달음이나 이해를 묘사할 때 쓰입니다. 특정 상황이나 개념에 대한 시각이나 이해가 완전히 변화하여, 명료한 깨달음의 순간을 겪었다는 것을 시사합니다.

1   많은 사람들이 건강 위기나 자녀 출산 같은 인생의 중대한 사건을 경험한 후, 자신들이 추구해야 할 경력 목표에 대해 깨달음을 얻는다.
    Many people **have an epiphany about** their career goals after experiencing a major life event, such as a health crisis or the birth of a child.

2   팬데믹으로 많은 사람들이 자신의 우선순위와 가치관에 대한 깨달음을 얻었으며, 이는 라이프스타일과 직업 선택의 변화로 이어졌다.
    The pandemic has caused many people to **have an epiphany about** their priorities and values, leading to changes in their lifestyle and career choices.

3   친한 친구와 깊은 대화를 나누던 중, 그 학자는 진정한 관계의 가치와 그것이 우리 행복에 미치는 영향에 대해 깨달음을 얻었다.
    During a deep conversation with a close friend, the scholar **had an epiphany about** the value of genuine connections and the impact they have on our well-being.

NEWS

Climate change is one of the defining issues of our time, and many people are searching for ways to make a positive impact. For some, that means adopting a vegan diet or driving an electric car. For others, it means working to promote renewable energy or advocating for stronger environmental regulations. But for some, the journey to environmental activism begins with a personal epiphany. They may witness a natural disaster or see the effects of pollution in their own community and **have an epiphany about** the urgent need to act. These experiences can be transformative, inspiring individuals to take action and make a difference. <The Guardian>

기후 변화는 우리 시대의 가장 중요한 문제 중 하나이며, 많은 사람들이 긍정적인 영향을 미칠 수 있는 방법을 찾고 있다. 어떤 사람들에게는 비건 식단을 채택하거나 전기차를 운전하는 것을 의미한다. 다른 사람들에게는 재생 에너지를 촉진하기 위해 노력하거나 더 강력한 환경 규제를 옹호하는 것을 의미한다. 하지만 어떤 사람들에게는 환경 보호주의의 여정이 개인적인 깨달음에서 시작되기도 한다. 자연 재해를 목격하거나 자신이 살고 있는 지역 사회에서 오염의 영향을 목격하고 시급히 행동해야 한다는 깨달음을 얻게 될 수도 있다. 이러한 경험은 개인이 행동을 취하고 변화를 일으키도록 영감을 주면서 변화의 계기가 될 수 있다. 〈가디언〉

environmental activism 환경 보호주의   **transformative** 변화시키는

이 소설은 역기능 가족의 고군분투를 **대표적으로 보여준다.**

The novel **epitomizes** the struggles of a dysfunctional family.

MP3 092

명사 "epitome"은 그리스어 "epitemnein"에서 유래되었으며, '요약' 또는 '간략히 함'을 의미합니다. 그것의 동사형인 "epitomize"는 가장 대표되는 전형적인 특성을 묘사하는 데 쓰이지요. 이 단어를 쓰면 어떤 사람이나 사물이 그것의 완벽한 예시나 상징적인 모델임을 시사합니다.

1   이 부부의 오랜 결혼 생활은 진정한 사랑과 헌신의 의미를 대표적으로 보여준다.
The couple's long-lasting marriage **epitomizes** the meaning of true love and commitment.

2   가족의 연례 휴가 전통은 함께하는 즐거움과 추억 만들기의 중요성을 대표적으로 보여준다.
The family's annual holiday traditions **epitomize** the importance of togetherness and creating memories.

3   자녀들의 학교 및 과외 활동에서의 성공은 부모의 헌신과 지원의 전형을 보여준다.
The children's success in school and extracurricular activities **epitomizes** their parents' dedication and support.

4   조부모의 지혜와 지도는 전통과 가치를 계승하는 데 집안 어른들이 얼마나 중요한지를 대표적으로 보여준다.
The grandparents' wisdom and guidance **epitomize** the importance of family elders in passing down traditions and values.

5   형제자매의 친밀한 관계는 공유된 경험과 상호 지원을 통해 형성될 수 있는 유대감을 대표적으로 잘 보여준다.
The siblings' close relationship **epitomizes** the bond that can be formed through shared experiences and mutual support.

The Duggar family first gained fame on the reality show '19 Kids and Counting,' which **epitomized** the conservative Christian values that the family holds dear. But in recent years, the family has faced scandal and controversy, including revelations of sexual abuse by one of the family's sons. The family's image as wholesome and virtuous has been tarnished, and some fans have turned away. <USA Today>

더거 가족은 더거 가족이 소중히 여기는 보수적인 기독교적 가치를 전형적으로 보여준 리얼리티 쇼 '19 키즈 앤 카운팅'에서 처음 유명세를 얻었다. 그러나 최근 몇 년 동안, 이 가족은 아들 중 한 명의 성적 학대 폭로를 포함한 스캔들과 논란에 직면해 있다. 건전하고 도덕적인 가족이라는 이미지가 훼손되었고 일부 팬들은 등을 돌렸다. 〈USA 투데이〉

hold dear ~을 소중히 여기다   **wholesome** 건전한   **virtuous** 도덕적인   **tarnish** 더럽히다

그녀는 한국 **출신이지만** 미국에서 자랐다.
She **is of** Korean **descent** but was raised in the United States.

MP3 093

"be of ~ descent(~ 출신이다)" 표현은 한 사람의 가문 또는 민족적 배경을 묘사할 때 쓰입니다. "descent"는 '내려오다'를 의미하는 고대 프랑스어 "descendre"에서 유래되었습니다. "be of ~ descent"는 그 사람이 특정 그룹이나 지역과 가족적 연결 또는 문화적 소속을 갖고 있다는 것을 시사합니다.

1 그 가족은 멕시코계이며 전통 음식과 관습으로 자신들의 유산을 기념한다.
The family **is of** Mexican **descent** and celebrates their heritage with traditional foods and customs.

2 저자는 한국계이고 자신의 문화적 배경에서 영감을 끌어내어 글을 쓴다.
The author **is of** Korean **descent** and draws inspiration from her cultural background in her writing.

3 그 정치인은 이탈리아 출신으로 가족의 이민 여정과 다양성의 중요성에 대해 자주 이야기한다.
The politician **is of** Italian **descent** and often speaks about his family's immigrant journey and the importance of diversity.

4 그 배우는 혼혈로 다양한 문화적 정체성을 탐색하는 데 따르는 어려움과 기쁨에 대해 목소리를 높여 왔다.
The actor **is of** mixed-race **descent** and has been vocal about the challenges and joys of navigating multiple cultural identities.
—— vocal (의견을) 강경하게 밝히는

NEWS

Immigration has long been a defining characteristic of the United States, and today's immigrants come from a wide range of countries and cultures. Many immigrants and their descendants have made important contributions to American society and culture, from music and literature to science and technology. Whether you **are of** Mexican, Irish, Chinese, or Nigerian **descent**, your story is an important part of the American story. <The New York Times>

이민은 오랫동안 미국의 본질적인 특징이었으며 오늘날의 이민자들은 다양한 국가와 문화권에서 온다. 많은 이민자와 그 후손들이 음악과 문학에서 과학과 기술에 이르기까지 미국 사회와 문화에 중요한 공헌을 해 왔다. 멕시코, 아일랜드, 중국, 나이지리아 출신이든 상관없이 사람들의 이야기는 미국 역사의 중요한 부분이다. 〈뉴욕 타임즈〉

가족의 따뜻한 영상이 진실로 **심금을 울린다.**

The heartwarming video of the family truly tugs at the heartstrings.

MP3 094

"tug at the heartstrings(심금을 울리다)"는 동정심이나 정서적인 감상을 유발하는 강한 감정적인 반응을 묘사할 때 쓰입니다. 사람의 마음을 현악기로 묘사해 그 속의 줄(heartstrings)을 끌어당긴다는(tug) 것인데, 대체어로 "strike a chord"가 있습니다.

1   군인과 가족 간의 가슴 따뜻한 재회는 확실히 시청자의 심금을 울릴 것이다.
    The heartwarming reunion between the soldier and his family is sure to **tug at the heartstrings** of viewers.

2   아기의 첫 걸음마를 담은 영상은 그것을 보는 사람 누구에게나 심금을 울릴 것이다.
    The video of the toddler's first steps is guaranteed to **tug at the heartstrings** of anyone who watches it.

3   조부모님의 결혼 70주년 기념 감동적인 헌정 영상은 참석한 모든 사람의 심금을 울릴 것이다.
    The touching tribute to the grandparents' 70th wedding anniversary is sure to **tug at the heartstrings** of everyone in attendance.

4   변함없는 지지와 사랑을 보내주신 부모님께 감사의 마음을 전하는 자녀의 진심 어린 편지가 읽는 이의 가슴을 뭉클하게 한다.
    The heartfelt letter from a child expressing gratitude to their parents for their unwavering support and love **tugs at the heartstrings** of readers.

    ——— unwavering 변함없는, 확고한

5   상황으로 인해 수년간 헤어져 지내던 남매가 진정한 포옹을 나누는 모습은 가슴을 뭉클하게 하며 형제애의 힘을 강조한다.
    Watching siblings share a genuine embrace after being separated for years due to circumstances **tugs at the heartstrings** and highlights the strength of sibling love.

The holidays are a time for family, friends, and traditions. They are also a time for reflection and gratitude. Whether you celebrate Christmas, Hanukkah, Kwanzaa, or another holiday, the season is sure to **tug at the heartstrings** in one way or another. <The Huffington Post>

명절은 가족, 친구, 전통을 위한 시간이다. 또한 성찰과 감사를 위한 시간이기도 하다. 크리스마스, 하누카, 콴자 또는 다른 명절을 축하하든, 이 시즌은 어떤 식으로든 우리의 심금을 울릴 것이다. 〈허핑턴 포스트〉

Hanukkah 11월이나 12월에 8일간 진행되는 유대교 축제
Kwanzaa 일부 아프리카계 미국인들이 12월 26일에서 1월 1일 사이에 여는 문화 축제

가족 구성원과의 갈등은 **마음을 짓누르고** 정서적 고통을 유발할 수 있다.
The conflict with a family member can weigh on one's mind, causing emotional distress.

MP3 095

"weigh on one's mind(마음을 짓누르다)"는 단어 뜻 그대로 걱정이나 불안과 같은 감정으로 인해 사람이 부담감을 느끼게 하는 무언가를 묘사할 때 쓰입니다. 무거운 무게가 사람의 생각을 압박하는 것에서 비롯된 표현입니다.

1 출장 때문에 아이들을 남겨두고 떠나야 한다는 생각이 그녀의 마음을 무겁게 짓누르고 있었다.
The thought of leaving her children behind for the business trip **was weighing on her mind** heavily.

2 연로한 부모님을 돌보는 데 따른 재정적 부담이 그녀의 마음을 짓누르고 건강에도 영향을 미치기 시작했다.
The financial burden of caring for her elderly parents was beginning to **weigh on her mind** and impact her own well-being.

3 아들의 전쟁 지역 배치 가능성이 그녀가 계속 걱정하는 이유였고, 그녀의 마음도 무겁게 짓눌렀다.
The possibility of her son being deployed to a warzone was a constant source of worry and **weighed** heavily **on her mind**.

4 가족이 곧 새로운 도시로 이사할 예정이라 준비하는 과정에서 불안감이 생기고 마음이 무거워졌다.
The family's upcoming move to a new city was causing anxiety and **weighing on their minds** as they navigated the transition.

NEWS

The COVID-19 pandemic has brought unprecedented challenges to families around the world. From homeschooling to job loss to social isolation, families are facing a range of stressors that can **weigh** heavily **on the mind**. It's important to recognize that these challenges are not unique to any one family or individual. We are all in this together, and we can support each other through these difficult times. <The Globe and Mail>

코로나19 팬데믹은 전 세계 가족들에게 전례 없는 어려움을 가져왔다. 홈스쿨링부터 실직, 사회적 고립에 이르기까지 가족들은 다양한 스트레스 요인에 직면해 있으며, 이는 마음을 무겁게 할 수도 있다. 이러한 어려움은 어느 한 가족이나 개인에만 국한된 것이 아니라는 점을 인식하는 것이 중요하다. 우리는 모두 함께하고 있으며 이 어려운 시기를 통해 서로 지지하고 지원할 수 있다. 〈글로브 앤 메일〉

stressor 스트레스 요인

빈출 표현
096

온 가족이 음악가일 정도로 음악은 **그의 핏속에 흐르고 있다.**
Music is in his blood; his whole family is musical.

MP3 **096**

"be in somebody's blood(핏속에 흐르다)"는 직역하면 '누군가의 핏속에 있다'입니다. 내 몸에 '~의 피가 흐른다'라고 할 때 쓸 수 있는 표현이죠. 한 사람의 성격, 기술 또는 행동 이 그가 속한 가족 또는 문화적 배경을 통해 전해졌을 수도 있다는 것을 묘사할 때 쓰입니다.

1 할머니와 어머니 두 분 다 요리에 재능이 있던 분들이라 요리에 대한 사랑이 그녀의 핏속에 흐르는 것 같다.
   The love of cooking seems to **be in her blood**, as her grandmother and mother were both talented cooks.

2 부모님과 조부모님이 모두 성공한 사업주였기 때문에 기업가 정신이 그녀의 핏속에 흐르고 있다.
   The entrepreneurial spirit **is in her blood**, as her parents and grandparents were all successful business owners.

3 집안이 구전 역사와 민화를 전승하는 오랜 전통이 있어서 스토리텔링에 대한 애정이 그의 핏속에 흐르고 있다.
   The love of storytelling **is in his blood**, as his family has a long tradition of passing down oral histories and folktales.

4 부모님과 조부모님 모두 열렬한 등산객이자 자연 애호가였기 때문에, 자연에 대한 감사가 그녀의 핏속에 흐르는 것 같다.
   The appreciation for nature seems to **be in her blood**, as her parents and grandparents were all avid hikers and nature enthusiasts.

—— avid 열심인, 열렬한   enthusiast 열광적인 팬, 열렬한 지지자

NEWS

For some families, the love of sports seems to **be in their blood**. From football to baseball to soccer, generations of families have bonded over their shared passion for the games. For these families, attending games, discussing strategy, and cheering on their favorite teams is a cherished tradition that brings them together. <The Washington Post>

어떤 가족에게는 스포츠에 대한 사랑이 핏속에 흐르는 것 같다. 미식축구에서 야구, 축구에 이르기까지 여러 세대의 가족들이 게임에 대한 공통된 열정을 통해 유대감을 형성해 왔다. 이런 가족에게 경기에 참석하고, 전략을 논의하고, 좋아하는 팀을 응원하는 것은 가족을 하나로 묶어 주는 소중한 전통이다. 〈워싱턴 포스트〉

bond over ~ ~을 계기로 친해지다. 유대감을 형성하다

CHAPTER 2

차별과 편견

우리 사회에는 다양한 형태의 **편견과 차별**이 존재한다.
There are many forms of bias and discrimination that exist in our society.

MP3 097

"bias and discrimination(편견과 차별)"은 인종, 성별, 종교, 또는 성적 지향과 같은 요인을 기반으로 편견과 불공정한 대우가 발생할 수 있는 상황을 묘사할 때 쓰입니다. 특히 공정한 사회를 만들기 위해 모든 종류의 차별을 인식하고 이에 대처하는 것의 중요성을 강조하는 문맥에서 흔히 볼 수 있습니다.

1   기술 및 금융을 포함한 많은 산업 분야에서 성별 편견과 차별이 여전히 만연해 있다.
    Gender **bias and discrimination** are still pervasive in many industries, including tech and finance.

2   성별 임금 격차는 직장에서 여성이 직면하는 편견과 차별을 보여주는 명백한 예이다.
    The gender pay gap is a clear example of the **bias and discrimination** that women face in the workplace.

3   트랜스젠더는 고용, 주거, 의료 분야에서 편견과 차별에 특히 취약하다.
    Transgender individuals are especially vulnerable to **bias and discrimination** in employment, housing, and healthcare.

4   미투 운동은 엔터테인먼트 업계에서 여성에 대한 편견과 차별이 만연해 있음을 강조했다.
    The #MeToo movement highlighted the prevalence of **bias and discrimination** against women in the entertainment industry.

5   리더십 직책에서 여성과 이분법적이지 않은 개인이 부족하다는 건 편견과 차별을 영속화하는 구조적인 문제이다.
    The lack of representation of women and non-binary individuals in leadership positions is a systemic issue that perpetuates **bias and discrimination**.

────── non-binary 성별로 이분법적인 성별에 속하지 아니하고 트렌스젠더나 젠더퀴어에 속하는

NEWS

Despite advances in gender equality, **bias and discrimination** are still major challenges for women around the world. From the pay gap to harassment and violence, women face a range of obstacles in their personal and professional lives. These challenges are even greater for women of color, transgender individuals, and those from marginalized communities. <Forbes>
성 평등에 대한 진전에도 불구하고 편견과 차별은 여전히 전 세계 여성들에게 주된 어려움이다. 임금 격차부터 괴롭힘과 폭력에 이르기까지 여성들은 개인적, 직업적 삶에서 다양한 장애물에 직면한다. 유색인종, 트랜스젠더, 소외된 지역 사회의 여성들에게는 이런 어려움이 훨씬 더 크다. 〈포브스〉

그는 지속적인 성별 임금 격차에 관한 **보고서 내용을 입증했다.**
He **substantiated the report** regarding the persistent gender pay gap.

MP3 098

"substantiate a/the report"는 글이나 구두로 전달된 내용의 주장을 지원하기 위해 증거나 입증을 제공하는 과정을 묘사할 때 쓰입니다. 이는 보고서에 제시된 정보가 철저하게 연구되고 검증되었으며, 작성자가 그 정확성과 신뢰성을 보장하기 위해 조치를 취했다는 것을 시사하죠. 또 명확한 증거로 주장을 뒷받침함으로써 신뢰도를 높이고 보고서의 타당성을 다른 사람들에게 설득하는 게 중요함을 강조합니다.

1   연구팀은 성별 임금 격차에 대한 보고서 내용을 입증할 충분한 데이터를 수집하기 위해 부단히 노력했다.
    The research team worked tirelessly to gather enough data to **substantiate their report** on the gender pay gap.

2   여러 피해자의 증언은 직장 내 성희롱에 대한 보고서 내용을 입증하는 데 도움이 되었다.
    The testimonies of multiple victims helped to **substantiate the report** on sexual harassment in the workplace.

3   통계와 사례 연구가 리더십 직책에서 여성이 부족한 것에 대한 보고서 내용을 입증하는 데 도움이 되었다.
    The use of statistics and case studies helped to **substantiate the report** on the lack of representation of women in leadership positions.

4   다양한 업계에 종사하는 여성들의 인용문을 포함한 것이 성별 편견이 경력 발전에 미치는 영향에 대한 보고서 내용을 입증하는 데 도움이 되었다.
    The inclusion of quotes from women in various industries helped to **substantiate the report** on the impact of gender bias on career advancement.

NEWS

In a scathing report released today, a human rights organization accused the government of failing to protect women's rights and safety, and called for urgent action to address the issue. The report cited numerous cases of gender-based violence and discrimination, and called on the government to take concrete steps to **substantiate the report's findings** and improve the situation for women across the country. <Al Jazeera>

오늘 발표된 통렬한 보고서에서 한 인권 단체는 정부가 여성의 권리와 안전을 보호하지 못하고 있다고 비난하며 이 문제를 해결하기 위해 긴급한 조치를 취할 것을 촉구했다. 이 보고서는 성별 차이를 기반으로 발생하는 수많은 폭력과 차별 사례를 언급하며 정부가 보고서의 조사 결과를 입증하고 전국 여성들의 상황을 개선하기 위한 구체적인 조치를 취할 것을 촉구했다. 〈알 자지라〉

scathing 준열한, 통렬한   **call on** 요청하다. 촉구하다

계약서의 **비방 금지 조항**은 상대방을 비난하는 걸 금한다.
The non-disparagement clauses in the contract prohibit either party from speaking ill of the other.

MP3 099

"non-disparagement clauses/agreements(비방 금지 조항/합의)"는 부정적이거나 비판적인 발언을 하지 않도록 금지하는 법적 조항/합의로 근로 계약서나 합의서 등에 포함되며, 회사 또는 개인을 보호하기 위해 사용될 수 있습니다.

1   비방 금지 합의는 직장 내 성 기반 폭력 및 차별의 피해자를 침묵시키는 데 사용될 수도 있다.
    Non-disparagement agreements can be used to silence victims of gender-based violence and discrimination in the workplace.

2   합의서에 비방 금지 조항을 사용하면 성폭력 생존자가 자신의 경험에 대해 말하지 못하게 할 수 있다.
    The use of **non-disparagement clauses** in settlement agreements can prevent survivors of sexual assault from speaking out about their experiences.

3   비방 금지 합의는 비밀 주의 문화를 조성하고 성폭력 가해자가 처벌을 받지 않게 보호할 수 있다.
    Non-disparagement agreements can create a culture of secrecy and protect perpetrators of gender-based violence from facing consequences.
    ────── perpetrator 가해자   consequence 발생한 일의 좋지 못한 결과

4   비방 금지 합의가 괴롭힘과 차별 문화를 가능하게 한다고 믿는 활동가와 국회의원들 사이에서 비방 금지 합의를 종식시키려는 움직임이 호응을 얻고 있다.
    The movement to end **non-disparagement agreements** is gaining traction among activists and lawmakers who believe they enable a culture of harassment and discrimination.
    ────── gain traction 잘 진행되다, 호응을 얻다

Non-disclosure and **non-disparagement agreements** are often used to protect powerful individuals and organizations from accountability for their actions. In the context of gender-based violence and discrimination, these agreements can prevent survivors from speaking out about their experiences and can perpetuate a culture of silence and impunity. <The Guardian>

기밀 유지 및 비방 금지 합의는 종종 힘 있는 개인과 조직이 자신의 행동에 책임을 지지 않도록 보호하기 위해 사용된다. 성별에 따른 폭력과 차별의 맥락에서 이러한 합의는 생존자가 자신의 경험을 말하는 것을 막고 침묵과 면책의 문화를 영속화할 수 있다. 〈가디언〉

impunity 처벌받지 않음

사회는 성별에 관계없이 개인에게 존중과 인정을 **할당해야** 한다.
Society must mete out equal respect and recognition to individuals regardless of their gender.

MP3 100

"mete out(배분하다, 할당하다)"은 권력을 가진 사람 또는 기관이 특정 결과물의 배분을 통제하고 있다는 것을 시사합니다.

1 사법 제도가 성별에 따른 폭력 및 괴롭힘 가해자에게 적절한 처벌을 가하지 못하는 경우가 많다.
The justice system often fails to **mete out** appropriate punishment for perpetrators of gender-based violence and harassment.
———— justice system 사법 제도

2 소셜 미디어를 사용하여 성차별과 차별 사례를 고발하는 건 공공의 책임을 가하는 효과적인 방법이 될 수 있다.
The use of social media to call out instances of sexism and discrimination can be an effective way to **mete out** public accountability.
———— sexism 성차별

3 젠더 기반 폭력과 차별을 종식시키려는 운동은 생존자를 위한 정의를 실현하고 가해자에게 책임을 묻는 데 우선순위를 둬야 한다.
The movement to end gender-based violence and discrimination must prioritize the need to **mete out** justice for survivors and hold perpetrators accountable.

The #MeToo movement has brought much-needed attention to the prevalence of gender-based violence and harassment in the workplace. However, despite the increased awareness, many survivors still face barriers to justice. The justice system often fails to **mete out** appropriate punishment for perpetrators, and victims are often blamed or disbelieved. This culture of impunity perpetuates gender-based violence and discrimination and prevents meaningful change from taking place. <The New York Times>

미투 운동은 직장 내 만연된 성별에 따른 폭력과 괴롭힘에 절실한 관심을 불러일으켰다. 그러나 인식이 높아졌음에도 불구하고 많은 생존자들은 여전히 정의로 가는 장벽에 직면해 있다. 사법 제도가 가해자에게 적절한 처벌을 가하지 못하는 경우가 많고, 피해자는 비난을 받거나 불신을 받는 경우가 많다. 이러한 불처벌 문화는 성별에 따른 폭력과 차별을 영속화하고 의미 있는 변화가 일어나지 못하게 한다. 〈뉴욕 타임즈〉

much-needed 몹시 필요한

인종 비하 발언을 하는 것은 어떤 상황에서도 절대 용납되지 않는다.
Using a racial slur is never acceptable in any situation.

MP3 101

"racial slur(인종 비하 발언)"는 특정 인종이나 민족에 대한 모욕적인 단어나 구절을 지칭합니다. "slur"는 '비방'이란 뜻이 있어, 차별적이고 편견을 드러내는 말들을 포함합니다.

1   인종 비하 발언의 사용은 차별의 한 형태이며 소외된 지역 사회에 심히 해로운 영향을 미칠 수있다.
    The use of **racial slurs** is a form of discrimination and can have a deeply harmful impact on marginalized communities.

2   최근 한 공인(公人)이 인종 비하 발언을 한 사건은 광범위한 분노와 책임을 물어야 한다는 요구를 불러일으켰다.
    The recent incident involving a public figure using **a racial slur** has sparked widespread outrage and calls for accountability.

3   직장 내 인종 비하 발언의 사용은 적대적인 업무 환경을 조성하고 차별과 괴롭힘의 문화를 조성할 수 있다.
    The use of **racial slurs** in the workplace can create a hostile work environment and contribute to a culture of discrimination and harassment.

4   미디어는 인종 비하 발언 사용을 피하고 포용적이고 존중하는 언어를 장려할 책임이 있다.
    The media has a responsibility to avoid using **racial slurs** and to promote language that is inclusive and respectful.

5   인종 비하 발언의 사용은 평등을 위한 지속적인 투쟁과 모든 형태의 차별에 맞서 계속 싸워야 할 필요성을 상기시킨다.
    The use of **racial slurs** is a reminder of the ongoing struggle for equality and the need to continue fighting against discrimination in all forms.

The use of **racial slurs** is a form of hate speech that has no place in our society. When a public figure or celebrity uses a racial slur, it sends a message that this kind of language is acceptable or even funny. But the truth is that racial slurs are hurtful and harmful, and they can have a lasting impact on individuals and communities. <CNN>

인종 비하 발언의 사용은 우리 사회에서 설 자리가 없는 편파적 발언의 한 형태이다. 공인이나 유명인이 인종 비하 발언을 하면, 이런 종류의 언어가 용인되거나 심지어 재미있다는 메시지를 전달한다. 하지만 사실은 인종 비하 발언은 상처를 주고 해로우며 개인과 지역 사회에 지속적인 영향을 미칠 수 있다. 〈CNN〉

have no place 발 붙일 곳이 없다

CHAPTER 3

교육

그들은 어릴 때부터 언어를 배우**는 경향이 있다.**
They **are predisposed to** learn languages from a young age.

MP3 102

"be predisposed to ~(~하는 성향이 있다)"는 특정 행동이나 상태에 대한 선천적인 경향이나 기호를 묘사할 때 쓰입니다. 사람이 유전적 요인이나 환경적 요인에 따라 특성을 개발하거나 특정 행동을 보이는 경향이 더 높을 수 있다는 것을 시사하며, 여러 요인에 의해 영향을 받을 수 있는 잠재적인 경향이 있음을 강조합니다.

1   의사 집안 출신인 학생들이 의학 분야에서 경력을 쌓는 경향이 있을 수 있다.
Students who come from a family of doctors may **be predisposed to** pursue careers in medicine.

2   교육을 중시하는 가정에서 자란 아이들은 학업적인 성공을 우선시하는 경향이 있을 수 있다.
Children who grow up in households that value education may **be predisposed to** prioritize academic success.

3   수학에 타고난 소질이 있는 사람은 과학, 기술, 공학 및 수학(STEM) 분야에서 경력을 쌓는 경향이 있을 수 있다.
Individuals who have a natural aptitude for math may **be predisposed to** pursue careers in science, technology, engineering, and math (STEM) fields.

——— aptitude 소질, 적성

4   어릴 때 독서에 대한 긍정적인 경험을 한 학생은 평생 독서가가 될 가능성이 높다.
Students who have positive experiences with reading at a young age may **be predisposed to** become lifelong readers.

Recent studies have shown that genetics may play a role in educational outcomes. While genes are not deterministic, they can contribute to a child's predisposition for certain traits and abilities. For example, children who come from families with a history of academic success may **be predisposed to** prioritize education and achieve higher grades. Similarly, individuals who have a natural aptitude for certain subjects may be predisposed to pursue careers in those fields. <Education Week>

최근 연구에 따르면 유전학이 교육 결과에 영향을 미칠 수 있다는 사실이 밝혀졌다. 유전자가 결정적인 것은 아니지만, 특정한 특성과 능력에 대한 자녀의 성향에 영향을 미칠 수는 있다. 예를 들어, 학문적으로 성공한 이력의 가정에서 태어난 아이는 교육을 우선시하고 더 높은 성적을 달성하려는 성향이 있을 수 있다. 마찬가지로 특정 과목에 타고난 소질이 있는 사람은 해당 분야의 직업을 추구하는 경향이 있을 수 있다. 〈에듀케이션 위크〉

그녀는 **우수한 성적으로** 시험에 합격했다.
She passed the exam **with flying colors.**

MP3 **103**

"with flying colors(우수한 성적으로)"는 특정한 시도에서 성공한 사람을 묘사하는 데 쓰입니다. 이 표현의 기원은 명확하지는 않지만, 배의 국적이나 국가의 충성심을 나타내기 위해 다양한 색깔의 깃발을 꽂고 항해하는 관행에서 비롯됐다고 합니다. 이것이 시간이 지나면서 현재의 의미로 활용하게 되었고요.

1 과학 경진대회에 참가한 학생들은 모두 우수한 성적으로 통과했고, 혁신적인 프로젝트로 심사위원들에게 깊은 인상을 남겼다.
The students who participated in the science fair all passed **with flying colors** and impressed the judges with their innovative projects.

2 새 커리큘럼은 학생들이 우수한 성적으로 시험을 통과하고 더 높은 성적을 거두도록 하는 데 성공했다.
The new curriculum has been successful in helping students pass their exams **with flying colors** and achieve higher grades.

3 토론 팀은 최근 대회에서 우수한 성적으로 통과하여 발군의 의사소통 능력을 보여주었다.
The debate team passed their latest competition **with flying colors** and demonstrated their exceptional communication skills.

4 학교의 로봇 팀은 지역 대회를 우수한 성적으로 통과하고 전국 챔피언십에 출전할 자격을 따냈다.
The school's robotics team passed their regional competition **with flying colors** and qualified for the national championships.

NEWS

After a challenging year of virtual learning and disrupted routines, many students are looking forward to the summer months and a much-needed break. But before they can officially say goodbye to the school year, they must first pass their final exams. For some, this can be a daunting task, but for others, it's an opportunity to shine. Those who pass **with flying colors** demonstrate their knowledge and skills, and are recognized for their hard work and dedication. <The Washington Post>

가상 학습과 일상의 혼란으로 힘든 한 해를 보내고서, 많은 학생들이 여름 방학과 절실히 필요한 휴식을 고대하고 있다. 하지만 공식적으로 학기와 작별을 고하기 전에, 학생들은 먼저 기말고사를 통과해야 한다. 어떤 학생들에게는 벅찬 과제일 수 있지만, 다른 학생들에게는 빛을 발할 수 있는 기회이기도 하다. 우수한 성적으로 통과하는 학생들은 자신의 지식과 기량을 입증하고 성실과 열중을 인정받게 된다. 〈워싱턴 포스트〉

daunting 벅찬, 주눅이 드는

그는 **마감 직전에** 박사 학위 논문을 마쳤다.
He finished his doctoral dissertation at the eleventh hour.

MP3 **104**

"at the eleventh hour(막판에)"는 무언가 막판에 가서 일어나는 상황을 묘사하는 데 쓰입니다. 종종 긴급함이나 공포감을 동반하는 이 표현의 기원은 성경의 마태복음인데, 거기서 마지막으로 고용된 노동자들이 11시간째 고용된 것이었다고 나옵니다. 이후 이 표현은 시간이 다가오는 상황을 묘사하는 데 다양하게 사용되고 있습니다.

1 시험 공부를 막판까지 미루는 학생은 자기 페이스에 맞춰 시간을 두고 꾸준히 공부하는 학생보다 성공률이 떨어지는 경우가 많다.
    Students who wait **until the eleventh hour** to study for exams are often less successful than those who pace themselves and study consistently over time.

2 코로나19 확산 우려 때문에 교육구에서는 대면 수업을 취소하기로 막판에 결정했다.
    The school district made a last-minute decision to cancel in-person classes **at the eleventh hour** due to concerns about the spread of COVID-19.

3 디베이트 팀은 설득력 있는 논거와 탄탄한 팀워크로 막판에 승리를 확정지을 수 있었다.
    The debate team was able to secure their win **at the eleventh hour** with a convincing argument and strong teamwork.

4 학교 모금 캠페인은 지역 기업의 통 큰 기부 덕분에 막판에 가서 목표액을 달성했다.
    The school's fundraising campaign reached its goal **at the eleventh hour** thanks to a generous donation from a local business.

As the end of the school year approaches, many students find themselves scrambling to complete assignments and study for final exams. For some, this means waiting **until the eleventh hour** to get started, leading to stress and anxiety as the deadline approaches. While some students thrive under pressure, others struggle to perform at their best when time is running out. <EdSurge>

학기말이 다가오면서 많은 학생들이 과제를 완료하고 기말고사 공부를 하느라 허둥대는 모습을 보인다. 일부 학생은 마감 시간이 다가올수록 스트레스와 불안에 시달리며 막판까지 기다렸다 과제를 시작하기도 한다. 어떤 학생들은 압박감 속에서도 잘 해내는 반면, 어떤 학생들은 시간이 얼마 안 남은 상황에서 최고의 성과를 내기 위해 고군분투한다. 〈에드서지〉

scramble 허둥지둥 간신히 해내다

빈출 표현 105

이 스캔들로 인해 학교 입학 시스템에 대한 대중의 **신뢰가 약화되었다.**

The scandal has eroded public trust in the school admission system.

MP3 105

"erode trust(신뢰가 약화되다)"는 말 그대로 시간이 지나면서 신뢰가 서서히 상실되거나 약화되는 것을 뜻합니다. 물이나 바람에 의해 천천히 침식되듯이(erode) 신뢰가 서서히 닳아 내려가는 것을 시사하죠.

1   표준화 시험을 둘러싼 최근 논란으로 인해 국가 교육 시스템에 대한 신뢰가 약화되었다.
   The recent controversies surrounding standardized testing **have eroded trust** in the national education system.

2   대학 입학 과정의 투명성 부족으로 인해 학생과 학부모의 신뢰가 약화되어 더 큰 책임과 개혁을 요구하는 목소리가 커지고 있다.
   The lack of transparency in the college admission process **has eroded trust** among students and parents, leading to calls for greater accountability and reform.

3   영리 대학과 관련된 최근 스캔들로 인해 고등 교육 시스템에 대한 신뢰가 약화되었고, 많은 이들이 이러한 기관의 동기에 의문을 제기하고 있다.
   The recent scandals involving for-profit colleges **have eroded trust** in the higher education system, with many questioning the motives of these institutions.

4   팬데믹 기간 동안 온라인 학습 플랫폼의 사용은 이러한 플랫폼이 대면 교육을 효과적으로 대체할 수 없다고 느끼는 일부 교육자들 사이에서 신뢰가 약화되었다.
   The use of online learning platforms during the pandemic **has eroded trust** among some educators, who feel that these platforms are not effective substitutes for in-person teaching.

NEWS

The recent scandal involving college admissions **has eroded trust** in the fairness and transparency of the higher education system. The use of bribery and other unethical practices to secure admissions to elite schools has raised questions about the motives of these institutions and their ability to provide a quality education. This has led to calls for greater accountability and reform, with some suggesting that the entire college admissions process needs to be overhauled. <USA Today>

대학 입학과 관련된 최근 스캔들로 인해 고등 교육 시스템의 공정성과 투명성에 대한 신뢰가 약화되었다. 엘리트 학교 입학을 위해 뇌물 수수 및 기타 비윤리적인 관행이 사용되면서 이들 기관의 동기와 양질의 교육 제공 능력에 대한 의문이 제기되었다. 이로 인해 더 큰 책임과 개혁을 요구하는 목소리가 높아졌고, 일부에서는 대학 입학 과정 전체를 점검해야 한다고 제안하고 있다. 〈USA 투데이〉

overhaul 점검하다, 정비하다

빈출 표현
106

교육감은 새로운 시장에서 **미리 상황을 살피고 있다.**

The superintendent is testing the waters in a new market.

MP3 106

이 표현의 기원은 수영이나 목욕을 하기 전에 물의 온도와 깊이를 재는 관행에서 비롯되었습니다. "test the waters(미리 상황을 살피다)"는 비유적으로 새로운 상황에 조심스럽게 접근하여 위험을 최소화하고 거기서 발생 가능한 결과를 평가하는 것을 의미합니다.

1   많은 학생들이 고등학교 졸업 후 갭이어 기간을 가져서 대학 전공을 정하기 전에 미리 상황을 살피고 자신의 관심 분야를 탐색하고자 한다.

   Many students choose to take a gap year after high school to **test the waters** and explore their interests before committing to a college major.

2   교육구에서는 역량 기반 교육을 조심스럽게 알아보고 학생들에게 보다 개인맞춤형 학습 기회를 제공하기 위해 새로운 프로그램을 고려하고 있다.

   The school district is considering a new program to **test the waters** of competency-based education and provide more personalized learning opportunities for students.

3   특정 진로에 확신이 서지 않는 학생은 관심 분야에서 인턴 또는 자원봉사를 선택하여 미리 상황을 알아보고 소중한 경험을 쌓을 수도 있다.

   Students who are unsure about a particular career path may choose to intern or volunteer in their field of interest to **test the waters** and gain valuable experience.

4   대학은 온라인 학습을 조심스럽게 알아보고 학생들에게 교육을 제공하는 새로운 방법을 모색하기 위해 파일럿 프로그램을 시작할 것이다.

   The university is launching a pilot program to **test the waters** of online learning and explore new ways of delivering education to students.

With the high cost of college tuition and the changing job market, many students are taking a more strategic approach to their education. Rather than diving headfirst into a degree program, they are choosing to **test the waters** by taking classes, earning certifications, or pursuing internships. By exploring their interests and gaining valuable experience, these students are better prepared to make informed decisions about their future. <Forbes>

높은 대학 등록금과 변화하는 취업 시장으로 인해, 많은 학생들이 교육에 대해 보다 전략적인 접근 방식을 취하고 있다. 이들은 학위 과정에 무작정 뛰어들기보다는 수업을 듣거나 자격증을 취득하거나 인턴십을 통해 미리 상황을 살피는 것을 선택한다. 자신의 관심사를 탐구하고 소중한 경험을 쌓음으로써 이 학생들은 자신의 미래에 대해 정보에 입각한 결정을 내릴 준비가 더 잘 되어 있다. 〈포브스〉

CHAPTER 4

사건, 사고와 날씨

사기꾼은 종종 가짜 **파격 특가 거래**를 미끼로 삼아 개인 정보를 수집한다.

Scammers often use fake doorbuster deals as bait to collect personal information.

MP3 107

"doorbuster deal(파격 특가 거래, 미끼 상품 거래)"은 매우 낮은 가격으로 한정된 수의 상품을 판매하는 특별 프로모션입니다. 쇼핑객들이 특가 상품을 놓치지 않으려고 백화점에 막 몰려들면 가게 문이 부서지겠죠? 그럴 정도로 파격 할인이라는 것을 시사합니다.

1 사기꾼은 파격적인 할인을 약속하며 이상한 낌새를 못 채는 피해자를 유인하는 전술로 파격 특가 거래를 종종 활용한다.

Scammers often use **doorbuster deals** as a tactic to lure in unsuspecting victims with promises of unbeatable discounts.

—— unsuspecting 이상한 낌새를 못 채는 unbeatable 무적의, 타의 추종을 불허하는

2 소매업체는 온라인 및 매장 내 판매에서 사기성 파격 특가 거래의 징후를 모니터링하여 사기꾼으로부터 자신을 보호할 수 있다.

Retailers can protect themselves from scammers by monitoring their online and in-store sales for signs of fraudulent **doorbuster deals**.

3 일부 사기꾼은 집집마다 방문하여 집 수리 또는 서비스에 대한 파격 특가 거래를 제안하기도 한다.

Some scammers will even go door-to-door to offer supposed **doorbuster deals** on home repairs or services.

4 사기꾼들이 연말 쇼핑 시즌을 틈타 가짜 할인을 이용할 수도 있으므로 소비자는 파격 특가 거래에 뛰어들기 전에 조사하고 가격을 비교해야 한다.

Consumers should do their research and compare prices before jumping on **a doorbuster deal**, as scammers may use fake discounts to take advantage of the holiday shopping rush.

With the holiday shopping season in full swing, retailers are offering **doorbuster deals** and other promotions to entice customers through their doors. But as consumers rush to take advantage of these sales, scammers are using the opportunity to steal personal and financial information. Online shoppers in particular should be wary of phishing scams and fake websites that offer doorbuster deals that are too good to be true. <ABC News>

연말 쇼핑 시즌이 본격화되면서 소매업체들이 고객을 매장으로 유인하기 위해 파격 특가 거래 및 기타 프로모션을 제공하고 있다. 하지만 소비자들이 이러한 세일을 이용하기 위해 서두르는 동안, 사기꾼들은 개인 및 금융 정보를 훔칠 기회로 이용하고 있다. 특히 온라인 쇼핑객은 피싱 사기와 너무 좋아서 믿기 힘든 혜택을 제공하는 가짜 웹사이트에 주의해야 한다. 〈ABC 뉴스〉

in full swing 한창 진행 중인 **entice** 유도하다

악명 높은 범죄자의 체포로 인해 지역 사회는 **정당함을 느끼게** 됐다.
The arrest of the notorious criminal made the community feel vindicated.

MP3 108

"feel vindicated"는 누군가가 부당하게 고소당하거나 불공정하게 대우받았지만 후에 올바른 것으로 입증된 경우에 쓰입니다.

1　금융 사기 피해자는 가해자가 잡혀 법의 심판을 받을 때 정의 구현의 후련함을 느낄 수 있다.
Victims of financial scams may feel vindicated when the perpetrator is caught and brought to justice.

2　많은 소비자들이 인플루언서 사기로부터 자신을 보호하고 조치가 취해졌을 때 정당성을 입증 받을 수 있도록 소셜 미디어 플랫폼에 더 엄격한 규제를 요구하고 있다.
Many consumers are calling for stricter regulations on social media platforms to protect against influencer scams and feel vindicated when action is taken.

3　수년간 사기 혐의로 기소된 전직 CEO가 증거로 무죄가 입증되면 마침내 법정에서 불명예를 씻을 수도 있다.
After years of being accused of fraud, the former CEO may finally be vindicated in court if evidence proves his innocence.

4　투자 사기로 돈을 잃은 개인은 법적 조치를 통해 자금을 성공적으로 회수하면 보상을 받는다고 느낄 수도 있다.
Individuals who have lost money to investment scams may feel vindicated when they successfully recover their funds through legal action.

NEWS

After years of being accused of collusion and illegal activity, a group of Wall Street traders may finally **be vindicated**. Recent evidence has emerged suggesting that they were unfairly targeted and prosecuted by government agencies, and that their actions were within the bounds of the law. While this news may be a relief for those who were wrongly accused, it also raises questions about the power and accountability of government regulators in the financial industry. <The New York Times>

수년간 담합과 불법 행위로 기소된 월스트리트 트레이더 그룹이 마침내 억울함을 풀게 될지도 모른다. 최근 이들이 정부 기관의 부당한 표적이 되어 기소를 당했고, 그들의 행동이 법 테두리 안에서 이루어졌음을 시사하는 증거가 나왔다. 이 소식은 억울한 누명을 쓴 사람들에게는 안도감을 줄 수도 있지만, 금융업계에서 정부 규제 당국의 권한과 책임에 의문을 제기하는 것이기도 하다. 〈뉴욕 타임즈〉

collusion 공모, 결탁

경찰은 그 용의자에 **지명 수배를 내렸다.**

The police put out an APB on the suspect.

MP3 109

이 표현은 특정 용의자나 차량을 찾기 위해 모든 경찰관에게 긴급 메시지를 보내는 "all-points bulletin (APB 전국 지명 수배령)"을 발행하는 걸 뜻합니다. 무선 통신 초기에 당시 경찰관들이 용의자와 차량에 대한 정보를 무선으로 보낸 것에서 해당 표현이 유래되었습니다.

1   경찰이 시내에서 발생한 연쇄 절도 사건과 관련하여 용의자를 지명 수배했다.
The police **have put out an APB on** a suspect in connection with a string of burglaries in the downtown area.

2   보안관 부서는 강 근처에서 마지막으로 목격된 실종자에 대해 지명 수배를 내렸다.
The sheriff's department **has put out an APB on** a missing person who was last seen near the river.

3   FBI는 무장하고 있어 위험한 것으로 간주되는 도망자에 대한 지명 수배를 발령했다.
The FBI **has put out an APB on** a fugitive who is considered armed and dangerous.
—— fugitive 도망자

4   지역 경찰서에서 특이한 차량 등록 번호가 있는 도난 차량에 대해 지명 수배를 내렸다.
The local police department **has put out an APB on** a stolen vehicle with a distinctive license plate number.

5   주 경찰이 뺑소니 사고 현장에서 도주한 용의자에 대해 지명 수배를 발령했다.
The state police **have put out an APB on** a suspect who fled the scene of a hit-and-run accident.

NEWS

The NYPD **has put out an APB on** a suspect wanted in connection with a shooting in Queens that left one person dead and several others injured. The shooting took place outside a nightclub in the early hours of Sunday morning, and police are still searching for the suspect, who is believed to be armed and dangerous. <New York Post>

뉴욕 경찰은 퀸즈에서 한 명이 사망하고 여러 명이 부상당한 총격 사건과 관련하여 수배 중인 용의자에 대해 지명 수배를 내렸다. 총격 사건은 일요일 아침 이른 시간에 나이트클럽 밖에서 발생했으며, 경찰은 무장하여 위험한 것으로 추정되는 용의자를 여전히 수색 중이다. 〈뉴욕 포스트〉

wanted 수배 중인

데이터를 기반으로 휴가철에 범죄가 증가할 것이라 **추정할** 수 있다.
Based on the data, we can extrapolate that crimes will increase in the vacation season.

MP3 110

"extrapolate(~을 추정하다)"는 현재 가용한 정보를 바탕으로 추정하거나 추론하는 것을 의미합니다. 과학 연구, 통계 분석에서 과거 데이터를 기반으로 미래를 예측할 때 자주 쓰입니다.

1   사기꾼은 자신들의 사업 성공을 추정하고 잠재 고객을 속이기 위해 가짜 리뷰와 부풀려진 평점을 사용할 수 있다.
Scammers may use fake reviews and inflated ratings to **extrapolate** the success of their business and deceive potential customers.

2   일부 투자 사기는 과거 수익률을 미래 수익률로 추정하는 능력에 의존한다. 이러한 예측을 뒷받침할 증거가 부족한데도 말이다.
Some investment scams rely on the ability to **extrapolate** past returns into future gains, despite the lack of evidence to support these projections.

3   딥페이크 기술의 등장이 허위 정보를 추정하고 여론을 조작하는 능력에 대한 우려를 불러일으켰다.
The rise of deepfake technology has raised concerns about the ability to **extrapolate** false information and manipulate public opinion.

4   연구자들은 종종 더 광범위한 결론을 내리기 위해 소규모 표본에서 데이터를 추정하지만, 이런 관행은 부정확하고 잘못된 해석으로 이어질 수 있다.
Researchers often **extrapolate** data from small samples to make broader conclusions, but this practice can lead to inaccuracies and misinterpretations.

NEWS

Recent data suggests that certain demographic groups are more susceptible to financial scams than others. However, it is important to be cautious when **extrapolating** this data to make broader conclusions. For example, just because older adults are more likely to fall victim to investment fraud does not mean that all older adults are vulnerable, nor does it mean that younger adults are immune to financial scams. <CNBC>

최근 데이터에 따르면 특정 인구통계학적 그룹이 다른 그룹보다 금융 사기에 더 취약한 것으로 나타났다. 그러나 광범위한 결론을 내리기 위해 이러한 데이터를 추정할 때는 신중을 기하는 것이 중요하다. 예를 들어, 노년층이 투자 사기의 피해자가 될 가능성이 높다고 해서 모든 노년층이 취약하다는 의미는 아니며, 젊은층이 금융 사기에 면역이 되어 있다는 의미도 아니다. 〈CNBC〉

immune to ~ ~에 면역이 된

과학자들은 확실한 증거를 통해 음모론의 **정체를 폭로했다.**

The scientists **debunked** the conspiracy theory with solid evidence.

MP3 111

"debunk(~의 정체를 폭로하다)"는 무엇인가를 믿을 수 없는 것으로 밝히거나 폭로하는 것을 의미하는데, 보통 널리 알려진 믿음이나 아이디어가 틀렸다는 것을 증명합니다.

1 팩트 확인 기관은 온라인에서 유포되는 잘못된 정보와 사기 폭로를 목표로 한다.
   Fact-checking organizations aim to **debunk** misinformation and scams circulating online.

2 일부 사기는 자선단체를 가장하여 선의의 개인을 속이기도 하지만, Charity Navigator 같은 단체는 허위 주장을 폭로하고 투명성을 높이기 위해 노력한다.
   Some scams use the guise of charity to deceive well-meaning individuals, but organizations such as Charity Navigator work to **debunk** false claims and promote transparency.

3 투자 사기꾼들은 종종 보장된 수익에 대해 대담한 주장을 하지만, 이러한 약속은 신중한 조사와 기업 실사를 통해 틀렸다는 게 밝혀질 수도 있다.
   Investment fraudsters often make bold claims about guaranteed returns, but these promises can **be debunked** through careful research and due diligence.
   —— due diligence 기업 실사

4 코로나19 팬데믹에 대한 음모 이론과 허위 주장을 폭로하는 것이 공중 보건 당국의 주요 과제가 되었다.
   Debunking conspiracy theories and false claims about the COVID-19 pandemic has become a major challenge for public health officials.

A recent viral post on social media claims that the COVID-19 vaccine is linked to infertility in women. However, medical experts and fact-checkers have worked to **debunk** this false claim, citing numerous studies and data showing that the vaccine does not affect fertility. Despite these efforts, misinformation continues to spread on social media and other online platforms. The challenge of debunking false claims and promoting accurate information highlights the importance of media literacy and critical thinking skills in the digital age. <NPR>

최근 소셜 미디어에 올라온 한 바이럴 게시물은 코로나19 백신이 여성의 불임으로 연결된다고 주장한다. 그러나 의료 전문가와 팩트체커들은 백신이 생식력에 영향을 미치지 않음을 보여주는 수많은 연구와 데이터를 인용하며 이러한 허위 주장을 반박하려고 애썼다. 이러한 노력에도, 잘못된 정보가 소셜 미디어와 다른 온라인 플랫폼에서 계속 확산되고 있다. 허위 주장을 폭로하고 정확한 정보를 홍보해야 하는 과제는 디지털 시대에서 미디어 리터러시와 비판적 사고 능력의 중요성을 강조한다. 〈NPR〉

우리는 **폭풍을 견뎌내며** 계속 전진해야 한다.
We need to weather the storm and keep moving forward.

MP3 **112**

"weather the storm(폭풍을 견뎌내다)"은 말 그대로 폭풍우(storm)를 견디는(weather) 것처럼 나쁜 기상 상황에서 버티고 살아남는 것을 의미합니다. 이 표현은 재정 위기나 개인적인 역경과 같이 어려운 상황을 성공적으로 돌파하는 사람들을 묘사하기도 합니다.

1 허리케인이 해안에 접근함에 따라 주민들은 폭풍을 대비하고 극복하기 위해 할 수 있는 모든 일을 하고 있다.

As the hurricane approaches the coast, residents are doing everything they can to prepare and **weather the storm**.

2 스키 리조트는 작년에 눈이 부족하여 힘든 시즌을 보냈지만, 올해는 더 많은 눈이 예보되어 어려움을 이겨낼 수 있기를 기대하고 있다.

The ski resort had a tough season last year due to lack of snow, but they are hoping to **weather the storm** this year with more snow in the forecast.

3 농부들은 폭우와 홍수 가능성을 걱정하지만, 농작물이 폭풍우를 견뎌낼 것이라고 낙관하고 있다.

The farmers are concerned about the heavy rains and potential flooding, but they are optimistic that their crops will **weather the storm**.

4 그 소상공인은 경기 침체기에 비용 절감을 위해 어려운 결정을 내려야 했지만, 탄탄한 계획을 세운 덕분에 폭풍 같은 어려움을 극복하고 사업체를 유지할 수 있었다.

The small business owner had to make tough decisions to cut costs during the economic downturn, but with a solid plan in place, she was able to **weather the storm** and keep her business afloat.

NEWS

As Hurricane Florence barrels toward the East Coast, residents in its path are doing everything they can to prepare and **weather the storm**. Evacuations have been ordered in several coastal towns, and emergency shelters have been set up for those who need them. Schools and businesses have closed, and flights have been canceled in anticipation of the storm. <ABC News>

허리케인 플로렌스가 동부 해안으로 향하는 가운데, 그 경로에 있는 주민들은 폭풍을 대비하고 극복하기 위해 할 수 있는 모든 일을 하고 있다. 여러 해안 마을에 대피령이 내려졌고, 대피소가 필요한 사람들을 위해 비상 대피소가 설치되었다. 학교와 사업체는 문을 닫았고, 폭풍을 예상하여 항공편이 취소되었다. 〈ABC 뉴스〉

barrel 쏜살같이 달리다

허리케인이 몰아치는 동안 우리는 지하실에 **대피해 머물렀다.**
During the hurricane, we hunkered down in the basement.

MP3 **113**

"hunker down"은 '쭈그려 앉다'라는 뜻인데, 폭풍 같은 험난한 날씨를 피해 안전한 장소로 '대피하여 머무르다'의 의미로도 사용됩니다. 이 표현은 허리케인이나 폭풍우로부터 몸을 피하는 것을 묘사하는 데 자주 쓰이며, 코로나 팬데믹 상황으로 인해 많이 들을 수 있게 된 표현입니다.

1   대형 허리케인이 다가올 때, 영향 지역의 주민들은 대피하여 최악의 상황에 대비하도록 권고받는다.

   As a major hurricane approaches, residents in affected areas are advised to **hunker down** and prepare for the worst.

2   겨울 폭풍이 몰아치는 동안에는 위험한 운전 상황을 피하기 위해 대피하여 도로에서 벗어나는 것이 중요하다.

   During a winter storm, it is important to **hunker down** and stay off the roads to avoid hazardous driving conditions.

3   산불이 발생하기 쉬운 지역의 주민들은 고위험 기간 동안 집을 지키고 잠복하며 대피를 준비하도록 권고받는다.

   Residents in wildfire-prone areas are urged to **hunker down** and prepare their homes for potential evacuation during high-risk periods.

4   악천후로 인해 발이 묶인 여행객은 상황이 개선될 때까지 공항이나 기타 대피소로 대피하여 머물러야 할 수도 있다.

   Travelers stranded by severe weather may need to **hunker down** in airports or other sheltered areas until conditions improve.

NEWS

As a powerful storm system moves across the region, residents are advised to **hunker down** and stay indoors. High winds and heavy rain are expected to cause power outages and flooding in low-lying areas. Local emergency responders are on standby to assist with evacuations and provide shelter for those in need. <The Washington Post>

강력한 폭풍 전선이 이 지역을 가로질러 이동함에 따라 주민들은 몸을 웅크리고 실내에 머무르도록 권고 받는다. 강풍과 폭우로 인해 저지대 지역에서는 정전과 홍수가 발생할 것으로 예상된다. 지역 응급 구조대가 대피를 돕고 도움이 필요한 사람들에게 대피소를 제공하기 위해 대기하고 있다. 〈워싱턴 포스트〉

storm system 폭풍 전선   **power outages** 단전, 정전

빈출 표현
114

그녀는 제시간에 생존자를 찾기로 결심하고, 눈을 **헤치고 나갔다.**

She **plowed through** the snow, determined to find survivors on time.

MP3 114

"plow through(헤치고 나아가다)"는 장애물이나 어려움이 있더라도 꾸준하게 뚫고 나가 일을 처리하는 것을 뜻합니다. 농부가 쟁기(plow)로 두꺼운 흙을 밀어 밭을 경작하던 것처럼 말이죠. 프로젝트, 과제, 문제 등을 완수하기 위해 노력과 인내로 결단력 있게 해내는 사람을 묘사하는 데 종종 쓰입니다.

1 위험한 운전 조건에도 불구하고, 많은 통근자들이 여전히 눈과 얼음을 뚫고 출근을 시도한다.
   Despite hazardous driving conditions, many commuters still attempt to **plow through** snow and ice to get to work.

2 허리케인 발생 시, 응급 구조대원은 도움이 필요한 사람들에게 닿기 위해 강풍과 폭풍 해일을 뚫고 가야 할 수도 있다.
   During a hurricane, emergency responders may need to **plow through** high winds and storm surges to reach those in need of assistance.
   ——— storm surge 폭풍 해일

3 악천후가 빈번하게 발생하기 쉬운 지역에서는, 주택 소유주가 잠재적 영향에 대비하여 주택을 준비하는 비용을 짊어지고 가야 할 수도 있다.
   In areas prone to frequent severe weather, homeowners may need to **plow through** the cost of preparing their homes for potential impacts.

4 도로 관리 요원들은 겨울 폭풍이 몰아치는 동안 운전자의 안전한 이동을 위해 눈을 치우고 도로를 청소하기 위해 부단히 일한다.
   Road crews work tirelessly to **plow through** snow and clear roads during winter storms to ensure safe travel for motorists.

NEWS

As a major winter storm sweeps across the Northeast, road crews are working around the clock to **plow through** snow and clear roads for motorists. Despite the hazardous driving conditions, some commuters are still attempting to plow through the storm to get to work. Local officials are urging residents to stay off the roads unless absolutely necessary and to take precautions when traveling in the snow and ice. <NBC News>

대규모 겨울 폭풍이 북동부를 휩쓸고 지나가자, 도로 관리 요원들은 운전자들을 위해 눈을 치우고 도로를 청소하기 위해 밤낮없이 일하고 있다. 운전하기 위험한 조건임에도 불구하고, 일부 통근자들은 여전히 폭풍을 뚫고 출근을 시도하고 있다. 지역 관리들은 주민들에게 꼭 필요한 경우가 아니면 도로를 벗어나고, 또 눈과 얼음 위를 이동할 때는 예방 조치를 취하라고 촉구하고 있다. 〈NBC 뉴스〉

around the clock 24시간 내내

이 문제는 전체 기후 문제에 **약간의 영향을 끼칠 뿐이다.**
The issue only nibbles at the edges of the overall climate problem.

MP3 115

"nibble at the edges of(약간 갉아먹는 정도의 영향을 주다)"는 쥐가 음식이나 물건의 가장 자리를 조금씩 갉아먹는 모습에서 비롯됐다고 합니다. 몸집 작은 쥐가 갉아먹었다고 그 다지 큰 영향을 끼치지는 않겠지요. 문제 해결이나 결정에 관련된 맥락에서 이 표현은 문제의 근본적인 원인을 해결하지 않고, 수박 겉핥기 식으로 처리하는 것을 묘사하는 데 쓰이기도 합니다.

1   약한 폭풍 전선은 지역에 상당한 강수량이나 영향을 주지 않고 약간의 영향만 끼칠 수도 있다.
A weak storm system may **nibble at the edges of** a region without bringing significant precipitation or impacts.

2   악천후가 빈번하게 발생하기 쉬운 지역에서는 주민들이 생필품을 비축하고 대피 계획을 세움으로써 재난 대비를 조금이나마 할 수도 있다.
In areas prone to frequent severe weather, residents may **nibble at the edges of** disaster preparedness by stocking up on supplies and creating evacuation plans.

3   심한 뇌우가 지역 사회에 약간의 영향을 끼쳐 산발적인 정전과 국지적인 홍수를 일으킬 수도 있다.
A severe thunderstorm may **nibble at the edges of** a community, causing scattered power outages and localized flooding.

4   초기 우려와 달리, 허리케인은 해안 지역에만 약간의 영향을 끼쳐 최악의 폭풍 피해는 피해가게 할 수도 있다.
Despite initial concerns, a hurricane may only **nibble at the edges of** a coastal area, sparing it from the worst impacts of the storm.

As a weak cold front approaches the area, forecasters expect it to only **nibble at the edges of** our region without bringing significant precipitation or impacts. While some scattered showers and thunderstorms are possible, they are not expected to cause widespread disruptions. However, residents should still stay informed and take precautions as weather conditions can change rapidly. <The Houston Chronicle>

약한 한랭 전선이 이 지역에 접근함에 따라, 예보관들은 이 전선이 큰 강수량이나 영향 없이 우리 지역에 경미한 영향을 줄 것으로 예상하고 있다. 산발적인 소나기와 뇌우가 발생할 수도 있지만 광범위한 혼란을 일으키지는 않을 것으로 예상된다. 하지만 기상 상황이 급변할 수 있으므로 주민들은 계속 정보를 확인하고 예방 조치를 취해야 한다. 〈휴스턴 크로니클〉

빈출 표현
116

기후 변화 대응의 시급성이 전 세계적인 논의와 정책에서 **표면화되었다**.
The urgency of addressing climate change has come to the fore in global conversations and policies.

MP3 116

이 표현은 단어 "fore"가 배나 차량의 '앞쪽에'라는 뜻인 것과 관련이 있습니다. 배나 차량이 전면으로 이동하거나 더 잘 보이게 되면 "come to the fore(표면화되다, 부각되다)"가 된다고 하는데요, 이 표현은 사람, 아이디어, 문제 등이 시간이 지나면서 더 중요하거나 주목받게 되는 것을 묘사하는 데 자주 쓰입니다.

1 악천후가 발생하는 동안, 비상 대비 및 대응 노력의 중요성이 부각된다.
During severe weather events, the importance of emergency preparedness and response efforts **come to the fore**.

2 기후 변화가 악화됨에 따라, 지속 가능하고 탄력적인 인프라 계획의 필요성이 표면화되었다.
As climate change worsens, the need for sustainable and resilient infrastructure planning **has come to the fore**.

3 악천후를 보다 정확하고 시기적절하게 예측하게 하면서 일기 예보 기술 발전이 부각되었다.
Advances in weather forecasting technology **have come to the fore**, allowing for more accurate and timely predictions of severe weather events.

4 폭염이 지속될 때는 고온이 개인 건강을 위협할 수 있으므로 수분 섭취와 시원함을 유지하는 것의 중요성이 부각된다.
During heatwaves, the importance of staying hydrated and cool **comes to the fore**, as high temperatures pose health risks to individuals.

As Hurricane Ida bears down on the Gulf Coast, the potential for catastrophic damage and loss of life **has come to the fore**. Emergency responders are working around the clock to prepare for the storm and evacuate those in harm's way. In the wake of recent hurricanes and other weather-related disasters, the need for greater investments in disaster preparedness and resilience has become increasingly clear. <CNN>

허리케인 아이다가 걸프 연안에 접근하면서 치명적인 피해와 인명 손실의 가능성이 표면화되고 있다. 응급 구조대원들은 폭풍에 대비하고 위험에 처한 사람들을 대피시키기 위해 24시간 근무 중이다. 최근 허리케인 및 기타 기상 관련 재난을 겪으면서 재난 대비 및 복원력에 더 많은 투자가 필요하다는 것이 점점 더 분명해졌다. 〈CNN〉

bear down on ~에 접근하다   **in the wake of ~** ~의 결과로, ~에 뒤이어서

PART 4

취미, 건강, 자기 계발

CHAPTER 1

취미

초보자여서 **기본기를 익히는** 데 시간이 좀 걸렸다.
As a novice, it took me a while to
learn the ropes.

MP3 **117**

"learn the ropes(기본기를 배우다)"는 뱃사람이 가장 먼저 밧줄(ropes)을 제대로 묶는 법을 배우는 데서 유래한 표현입니다. 새로운 직장에서의 기본 사항이나 절차와 기술, 또는 활동을 처음 시작할 때 요령이나 기본기 등을 배우는 과정을 뜻합니다.

1 새로운 취미를 시작할 때, 시간을 들여 기본기를 배우고 기본 기술과 기능을 터득하는 것이 중요하다.
When starting a new hobby, it is important to take the time to **learn the ropes** and master the basic techniques and skills.

2 악기에 능숙해지려면, 먼저 기본기를 배우고 능력을 개발하기 위해 정기적으로 연습해야 한다.
To become proficient in a musical instrument, one must first **learn the ropes** and practice regularly to develop their abilities.

3 초보 암벽 등반가들은 숙련된 등반가들로부터 기본기를 배우는 데 열성적이었다.
The novice rock climbers were enthusiastic to **learn the ropes** from experienced climbers.

4 사진 동아리의 신입 회원은 멋진 이미지를 포착하는 기본기를 배우게 되어 마음이 설렜다.
The new member of the photography club was excited to **learn the ropes** of capturing stunning images.

NEWS

Whether you are interested in learning a new instrument, taking up painting, or trying out a new sport, it is important to take the time to **learn the ropes**. This means seeking out resources like classes, tutorials, and mentors to help you develop the skills and knowledge necessary to succeed. It also means being patient with yourself as you work through the learning process and practicing regularly to improve your abilities. With time and dedication, you can master your new hobby and enjoy the many benefits it can bring to your life. <The Guardian>

당신이 새로운 악기를 배우는 것에 관심이 있든, 그림을 배우는 것에 관심이 있든, 새로운 스포츠를 시도하는 것에 관심이 있든, 시간을 들여 기본기를 익히는 것이 중요하다. 이는 성공에 필요한 기술과 지식을 개발하는 데 도움이 되는 수업, 개별 지도 시간, 멘토와 같은 자원을 찾는 것을 의미한다. 이는 또한 학습 과정을 차근차근 밟아 나가면서 스스로에게 인내심을 갖고 능력을 향상시키기 위해 정기적으로 연습하는 것을 의미한다. 시간과 정성을 들이면, 새로운 취미를 마스터하고 취미가 삶에 가져다줄 수 있는 많은 혜택을 즐길 수 있다. 〈가디언〉

take up ~을 배우다

원래 번지점프를 하기로 했지만, 마지막 순간에 **겁이 났다.**
I was supposed to bungee jump, but I got cold feet at the last minute.

MP3 **118**

"get cold feet(겁을 먹다, 용기를 잃다)"는 이전에 계획한 일을 갑자기 망설이거나 신경 쓰는 상태가 되는 것을 말합니다. 이 표현의 유래는 확실하지 않지만, 추위로 발이 차가워지면 아무래도 물리적인 느낌 때문에 앞으로 쓱쓱 걸어가기가 힘들어지는데, 거기에서 더 확대되어 현재의 뜻으로 쓰이게 된 거죠.

1 　어떤 사람들은 새로운 취미나 활동을 시도하는 것에 겁을 먹기도 하지만, 두려움을 극복하고 도전하는 것이 중요하다.

Some people **get cold feet** when it comes to trying new hobbies or activities, but it's important to push past fear and take the plunge.

—— push past 밀어젖히다 　 take the plunge 단행하기로 하다

2 　많은 사람들이 장거리 하이킹이나 힘든 야외 모험을 시작하기 전에 겁을 먹지만, 적절한 훈련과 준비를 통해 이러한 어려움이 극복될 수 있다.

Many people **get cold feet** before embarking on a long hike or difficult outdoor adventure, but with proper training and preparation, these challenges can be overcome.

3 　새로운 취미를 시작하는 초보자가 겁을 먹고 학습 과정에 부담을 느끼는 것은 드문 일이 아니지만, 인내심과 끈기를 가지면 이러한 어려움을 극복하고 기술을 발전시킬 수 있다.

It's not uncommon for beginners in a new hobby to **get cold feet** and feel overwhelmed by the learning process, but with patience and persistence, they can overcome these challenges and develop their skills.

NEWS

Getting cold feet is a natural reaction when trying something new or unfamiliar. It's important to acknowledge these feelings and take steps to address them, rather than letting fear hold you back. This might involve seeking out support from friends or mentors, breaking down a daunting task into smaller steps, or simply reminding yourself of the benefits and rewards that come with pushing past your comfort zone. <Psychology Today>

새롭거나 익숙하지 않은 것을 시도할 때 겁이 나는 것은 자연스러운 반응이다. 두려움에 사로잡히기보다 이러한 감정을 인정하고 이를 해결하기 위한 조치를 취하는 것이 중요하다. 여기에는 친구나 멘토의 지지를 구하거나, 벅찬 작업을 작은 단계로 나누거나, 단순하게 편안한 곳을 넘어서는 데 따르는 이점과 보상을 스스로에게 상기시키는 것이 포함될 수 있다. 〈사이칼러지 투데이〉

daunting 벅찬, 주눅이 들게 하는 　 **comfort zone** 안전 지대, 편안한 곳
hold someone back ~을 방해하다, 저지하다

처음부터 이 익스트림 스포츠가 어려울 거라는 걸 알았다.
I knew from the get-go that this extreme sport would be challenging.

MP3 119

"get-go"는 '시작, 처음'이라는 뜻으로, "from the get-go"는 '처음부터'라는 의미입니다. 이 표현은 무언가를 처음부터 변화 없이 계속하는 것을 나타낼 수 있습니다.

1 새로운 취미를 시작할 때 처음부터 좋은 습관을 들이는 게 중요하다. 장기적인 성공의 토대가 될 수도 있기 때문이다.

It's important to establish good habits **from the get-go** when starting a new hobby, as they can set the foundation for long-term success.

2 어떤 사람들은 특정 취미나 활동에 타고난 재능이 있는 반면, 어떤 사람들은 기술과 능력을 개발하기 위해 처음부터 열심히 해야 한다.

Some people have a natural talent for certain hobbies or activities, while others need to work hard **from the get-go** to develop their skills and abilities.

3 새로운 피트니스 루틴을 시작할 때, 처음부터 달성 가능한 목표를 설정하고 시간이 지남에 따라 점차 강도와 난이도를 높이는 것이 중요하다.

When starting a new fitness routine, it's important to set achievable goals **from the get-go** and gradually increase intensity and difficulty over time.

4 새로운 언어를 배울 때, 고급 개념으로 넘어가기 전에 기본 어휘와 문법으로 처음부터 탄탄한 기초를 다지는 데 집중하는 것이 중요하다.

When learning a new language, it's important to focus on building a strong foundation **from the get-go** with basic vocabulary and grammar, before moving on to more advanced concepts.

NEWS

Success in any hobby or pursuit often comes down to establishing good habits **from the get-go**. This means setting clear goals, establishing a regular routine, and putting in the time and effort needed to develop your skills and abilities. Whether you're starting a new fitness routine, learning a musical instrument, or trying your hand at a new hobby, it's important to be patient and persistent, as progress can take time. <The Huffington Post>

어떤 취미나 활동에서든 성공은 처음부터 좋은 습관을 들이는 것으로 요약된다. 즉, 명확한 목표를 세우고, 규칙적인 루틴을 만들고, 기술과 능력을 개발하는 데 필요한 시간과 노력을 투자해야 한다. 새로운 피트니스 루틴을 시작하든, 악기를 배우든, 새로운 취미를 시도하든, 발전에는 시간이 걸릴 수 있으므로 인내심을 갖고 끈기 있게 하는 것이 중요하다. 〈허핑턴 포스트〉

comes down to ~ 결국 ~이 되다, ~에 이르다 **try one's hand** 시도해 보다

안 쓰는 손으로 뜨개질하는 것이 처음에는 **직관적이지 않을** 수 있다.
Knitting with your non-dominant hand may seem counter-intuitive at first.

"counter-intuitive(직관에 반대되는)"는 직관(intuition)적으로 이해하는 것에 반대되는 것으로, 접두사 'counter'가 붙었습니다. 이 표현은 놀랍거나 예상치 못한 상황을 표현하는 데 자주 쓰이지만, 이해하거나 설명하기 어려운 것을 나타내는 데도 활용됩니다.

1 특정 취미나 활동의 일부 측면은 처음에는 직관적이지 않은 것처럼 보일 수 있지만, 연습과 경험을 통해 제 2의 본능이 될 수 있다.
Some aspects of certain hobbies or activities may seem **counter-intuitive** at first, but with practice and experience, they can become second nature.

2 퍼즐을 푸는 세계에서는 때때로 가장 효과적인 전략이 반직관적이 되는 것일 수도 있는데, 이는 틀을 벗어난 사고가 필요하다.
In the world of puzzle-solving, sometimes the most effective strategies can be **counter-intuitive**, requiring you to think outside the box.
────── think outside the box 틀을 벗어나 사고하다

3 많은 취미나 활동에는 인내와 끈기가 필요한데, 이는 즉각적인 만족과 빠른 결과를 중시하는 문화에서는 반직관적으로 보일 수도 있다.
Many hobbies or activities require patience and persistence, which may seem **counter-intuitive** in a culture that values instant gratification and quick results.

NEWS

Some aspects of pursuing a hobby or activity may seem **counter-intuitive**, but they can often lead to greater success and enjoyment in the long run. For example, taking breaks from a hobby may seem like a waste of time, but it can actually be beneficial for preventing burnout and maintaining motivation. Similarly, focusing on technique and slowing down may seem counter-intuitive in a fast-paced sport or activity, but it can lead to better results and reduce the risk of injury. <Forbes>

취미나 활동을 좇는 것의 일부 측면은 직관에 반하는 것처럼 보일 수 있지만, 장기적으로는 더 큰 성공과 즐거움으로 이어질 수 있다. 예를 들어, 취미 활동을 잠시 쉬는 것이 마치 시간 낭비처럼 보일 수 있지만, 실제로는 번아웃을 예방하고 동기를 유지하는 데 도움이 될 수 있다. 마찬가지로, 빠르게 진행되는 스포츠나 활동에서 기술에 집중하고 속도를 늦추는 것이 직관에 반하는 것처럼 보일 수 있지만, 더 나은 결과를 얻고 부상의 위험을 줄일 수 있다. 〈포브스〉

빈출 표현 121

난 늘 음악과 글쓰기 같은 창의적인 분야**에 끌렸다.**

I've always gravitated towards creative fields like music and writing.

MP3 121

"gravitate towards(~에 끌리다)"는 자연스럽게 어떤 것을 끌어들이거나 특정한 방향으로 움직이는 것을 의미합니다. 물리학적 개념인 중력(gravity)에서 비롯된 것으로, 자연스러운 경향이나 선호도를 나타낼 때 자주 쓰이며, 어떤 사람, 장소, 물건 등에 자연스러운 끌림을 표현할 때도 활용됩니다.

1 그리기나 글쓰기 같은 창의적인 취미에 끌리는 많은 사람들은 또 음악이나 연극 같은 다른 예술적 표현의 형태에도 끌릴 수 있다.

   Many people who are drawn to creative hobbies like painting or writing may also **gravitate towards** other forms of artistic expression, such as music or theater.

2 어떤 사람들은 처음에는 트렌디하거나 인기 있는 취미나 활동에 끌릴 수도 있지만, 궁극적으로는 더 틈새적이거나 잘 알려지지 않은 관심사를 추구할 때 더 큰 즐거움과 만족을 느낀다.

   Some individuals may initially **gravitate towards** hobbies or activities that are trendy or popular, but ultimately find greater enjoyment and satisfaction in pursuing more niche or obscure interests.

3 사람들은 스트레스나 불안에 대처하는 방법으로 특정 취미나 활동에 끌릴 수 있는데, 이것이 편안함을 제공하고 일상의 압박감에서 벗어날 수 있게 해주기 때문이다.

   People may **gravitate towards** certain hobbies or activities as a way to cope with stress or anxiety, as these can provide a sense of relaxation and escape from daily pressures.

NEWS

Everyone has different interests and passions, which is why we tend to **gravitate towards** certain hobbies or activities. Some people enjoy quiet, introspective hobbies like reading or meditation, while others thrive on more social and active pursuits like team sports or dance. Whatever your hobbies may be, it's important to find activities that bring you joy and fulfillment, and to make time for them in your busy schedule. <Psychology Today>

사람마다 관심사와 열정이 다르며, 그래서 특정 취미나 활동에 끌리는 것이다. 독서나 명상처럼 조용하고 내성적인 취미를 즐기는 사람이 있는가 하면, 팀 스포츠나 댄스처럼 좀 더 사교적이고 활동적인 취미를 즐기는 사람도 있다. 취미가 무엇이든 자신에게 기쁨과 달성을 가져다주는 활동을 찾아 바쁜 일정 속에서도 시간을 내는 것이 중요하다. 〈사이칼러지 투데이〉

thrive on ~을 해내다, 즐기다

여행은 **차질 없이** 진행되었고 목적지에 제시간에 도착했다.
The trip went without a hitch and we arrived at our destination on time.

MP3 **122**

"hitch"는 마차의 해머나 장비에 문제가 생겨 마차가 멈추게 되는 것을 의미합니다. 그런 것이 없다(without)는 건 마차가 죽죽 잘 달렸다는 얘기겠죠? 그것에서 유래되어 '차질 없이'의 의미로까지 확대되어 쓰입니다.

1 예상치 못한 어려움과 좌절의 가능성에도 불구하고, 많은 여행객이 차질 없이 여행을 마칠 수 있었다.

Despite the potential for unforeseen challenges and setbacks, many travelers were able to complete their journeys **without a hitch**.

2 여행이 차질 없이 원활하게 진행될 수 있게 비상 계획을 세우는 것이 중요하다.

It's important to have contingency plans in place to ensure that your trip runs smoothly **without a hitch**.

―――― contingency plans 비상 계획   in place 시행 중인, 사용 가능한

3 많은 여행사와 여행업자들이 계획 및 실행 과정 전반에 걸쳐 포괄적인 지원과 도움을 제공하면서 고객의 여행이 차질 없이 진행될 수 있도록 노력한다.

Many travel companies and tour operators strive to ensure that their clients' trips go off **without a hitch**, offering comprehensive support and assistance throughout the planning and execution process.

―――― go off 일이 진행되다   execution process 실행 과정

Planning a successful trip can be a complex and stressful process, but with the right preparation and mindset, travelers can ensure that their journeys go off **without a hitch**. From booking transportation and accommodations to researching local customs and attractions, there are many factors to consider when planning a trip, but by breaking the process down into manageable steps and seeking out reliable resources, travelers can minimize the risk of unexpected setbacks or delays. <Travel + Leisure>

성공적인 여행을 계획하는 것은 복잡하고 스트레스가 많은 과정일 수 있지만, 올바른 준비와 마음가짐을 가진 여행자는 여행이 차질 없이 진행되게 할 수 있다. 교통편과 숙소 예약부터 현지 관습과 명소 조사에 이르기까지 여행을 계획할 때 고려해야 할 요소가 많지만, 과정을 관리 가능한 단계로 세분화하고 믿을 만한 자원을 찾으면 여행자는 예기치 않은 차질이나 지연의 위험을 최소화할 수 있다. 〈트래블 + 레저〉

현지 투어 가이드는 **역할에 어울리게** 종종 전통 의상을 입기도 한다.
Local tour guides often dress in traditional costumes to look the part.

"look the part(어울리는 외모를 갖추다)"는 특정 역할이나 상황에 적합한 외모나 행동을 갖추는 것을 말합니다. 이 표현은 연극, 영화, 텔레비전 등에서 배우가 자신이 연기하는 캐릭터처럼 보이고 행동해야 하는 경우에 자주 쓰이죠. look 대신 sound를 쓴 "sound the part"는 화법이나 발성을 주어진 상황에 최적화시킨다는 뜻입니다.

1 새로운 목적지로 여행할 때, 현지 문화와 기후에 맞게 외모와 복장을 갖추는 것이 중요하다.
   When traveling to a new destination, it's important to **look the part** and dress appropriately for the local culture and climate.

2 현지 관습과 전통을 반영하는 방식으로 옷을 입으면, 현지 생활 방식에 대한 존중을 보여줄 수 있을 뿐만 아니라 그 상황에 맞게 어울려 보여서 지역 사회와 더 쉽게 소통할 수 있다.
   By dressing in a way that reflects the local customs and traditions, you can not only demonstrate respect for the local way of life, but also **look the part** and connect with the community more easily.

3 실용적인 하이킹 부츠부터 스타일리시한 선글라스까지, 여행에 맞는 외모를 갖추고 여행 경험을 한층 강화시키는 다양한 방법이 있다.
   From practical hiking boots to stylish sunglasses, there are many ways to **look the part** and enhance your travel experience.

4 시간을 들여 목적지를 조사하고 그에 맞게 짐을 꾸리면서, 어떤 모험이 펼쳐지든 멋지게 보이고 준비된 느낌을 줄 수 있다.
   By taking the time to research your destination and pack accordingly, you can ensure that you **look the part** and feel prepared for whatever adventures lie ahead.

NEWS

When traveling to a new destination, it's important to not only be prepared for the climate and terrain, but to also **look the part**. Dressing appropriately for your travel experience can help you feel more confident and comfortable as you explore new surroundings. Whether you're embarking on a hiking expedition or visiting a bustling city, having the right gear and attire can make all the difference. <Forbes>

새로운 목적지로 여행할 때, 기후와 지형에 대비하는 것뿐만 아니라 여행지에 어울리는 옷차림을 갖추는 것도 중요하다. 여행 경험에 적합한 옷을 입는 것이 새로운 환경을 탐험할 때 더 자신감과 편안함을 느끼게 해 줄 수 있다. 하이킹 원정을 떠나든 번화한 도시를 방문하든, 적절한 장비와 복장을 갖추는 게 중요한 영향을 미칠 수 있다. 〈포브스〉

make all the difference 중요한 영향을 끼치다

나의 첫 단독 여행**으로의 진출**은 설레기도 하고 긴장되기도 했다.
My first foray into solo travel was both exciting and nerve-wracking.

MP3 **124**

"foray into(~로 진출(하다))"는 새로운 것이나 익숙하지 않은 것에 모험을 떠나거나 탐구하는 것을 의미합니다. 이 표현은 '습격, 공격'을 뜻하는 "foray"에서 파생되어 새로운 것을 탐구하거나 발견하는 짧고 강력한 시도 또는 짧은 여행이라는 의미로도 쓰입니다.

1   모험 여행의 세계로 진출하고 싶은 분들을 위해 스릴 넘치고 이국적인 여행지가 많이 있다.
    For those looking to **foray into** the world of adventure travel, there are plenty of thrilling and exotic destinations to choose from.

2   동남아시아 정글 트레킹부터 아프리카 사파리 여행까지, 모험 여행으로의 진출이 잊지 못할 경험이 될 수 있다.
    From trekking through the jungles of Southeast Asia to embarking on a safari in Africa, **a foray into** adventure travel can be an unforgettable experience.

3   우리의 로마 역사 지구로의 진출은 우리에게 정통 이탈리아 요리를 맛볼 수 있게 해주었다.
    Our **foray into** the historic district of Rome allowed us to savor authentic Italian cuisine.

4   이 지역 하이킹 클럽은 회원들을 데리고 험준한 지형을 통과하는 도전적인 하이킹을 통해 새로운 트레일과 아름다운 풍경을 탐험하는 야생으로의 진출을 조직했다.
    The local hiking club organized **a foray into** the wilderness, taking members on a challenging hike through rugged terrain to explore new trails and scenic vistas.

—— vista 경치, 전망

NEWS

If you're ready to **foray into** the world of adventure travel, there are plenty of exciting destinations to choose from. From the mountains of Patagonia to the beaches of Bali, there's an adventure waiting for you around every corner. Whether you're an experienced adventurer or a novice looking to try something new, it's important to do your research and choose an activity that matches your fitness level and interests. With the right preparation and planning, your **foray into** adventure travel can be a life-changing experience that you'll never forget. <Travel + Leisure>

모험 여행의 세계로 나아갈 준비가 됐다면 선택할 수 있는 흥미로운 여행지가 많다. 파타고니아의 산맥에서 발리의 해변에 이르기까지 곳곳에서 모험이 여러분을 기다리고 있다. 경험이 풍부한 모험가이든, 새로운 것을 시도해 보려는 초보자이든, 자신의 체력 수준과 관심사에 맞는 활동을 조사하고 선택하는 것이 중요하다. 적절한 준비와 계획을 세운다면 모험 여행으로의 진출은 평생 잊지 못할 인생의 전환점이 되는 경험일 수 있다. 〈트래블 + 레저〉

캠핑은 **자연환경에 노출되어** 자연을 즐기는 게 중요하다.
Camping is all about being in the elements and enjoying nature.

MP3 125

"be in the elements(자연환경에 노출되다)"는 자연환경의 영향을 받는다는 표현으로, 그것이 조금 불편하고 도전적인 경우를 뜻하기도 합니다. 참고로, "the elements"는 '날씨(환경)'인데, 폭우, 눈, 바람과 같은 극한의 기상을 설명하는 데 자주 쓰입니다.

1   산에서 하이킹을 하거나 해변을 산책하는 등 세계를 탐험하다 보면, 자연환경에 노출될 수밖에 없다.
When you're out exploring the world, you're bound to **be in the elements**, whether it's hiking in the mountains or strolling along the beach.

2   여행지를 진정으로 경험하려면, 자연 속에 들어가 주변의 광경, 소리, 감각에 몰입해야 한다.
To truly experience a destination, you need to **be in the elements** and immerse yourself in the sights, sounds, and sensations of your surroundings.

3   자연 속에 있는 것은 활력을 주고 경외감을 불러일으킬 수도 있지만, 자연으로부터 자신을 보호하고 안전을 보장하기 위해 필요한 예방 조치를 취하는 것이 중요하다.
While **being in the elements** can be invigorating and awe-inspiring, it's important to take the necessary precautions to protect yourself from the elements and ensure your safety.

—— invigorating 활기를 북돋워주는   awe-inspiring 경외심을 불러일으키는

4   극한 환경을 받아들이고 험난한 길을 떠나면, 세상을 바라보는 새로운 시각을 발견하고 잊지 못할 추억을 만들 수 있다.
By embracing **the elements** and venturing off the beaten path, you can discover a new perspective on the world and create unforgettable memories.

Adventure travel is all about **being in the elements** and experiencing the world in a way that's unique and exciting. Whether you're hiking through the mountains or kayaking along a river, you need to be prepared for the challenges that the elements can present. This means packing the right gear, staying hydrated, and being aware of the weather conditions. <National Geographic>

모험 여행은 자연과 함께하며 독특하고 흥미진진한 방식으로 세상을 경험하는 것이 중요하다. 산을 하이킹하든 강을 따라 카약을 타든, 자연이 선사할 수 있는 도전에 대비할 준비가 되어 있어야 한다. 이는 적절한 장비를 챙기고, 수분을 충분히 섭취하고, 기상 조건을 잘 파악하는 것이다. <내셔널 지오그래픽>

팬데믹 때문에 많은 관광객의 계획이 **뒤집혔다.**
The pandemic has upended the plans of many tourists.

"upend"는 '전면적으로 바꾸다', 또는 '이전에 확립된 것을 완전히 뒤엎다'의 뜻입니다. 또 전통적인 신념이나 관행을 뒤집는 것 같은 추상적인 개념을 나타내기도 하는데요, 이 단어는 물건을 위로 들어 올리는 것을 의미하는 "up end" 구문에서 비롯되었습니다.

1   코로나19 팬데믹은 여행업계를 뒤흔들었고 항공사, 호텔, 여행업자들은 변화하는 여행 제한 및 안전 프로토콜에 적응해야 했다.
The COVID-19 pandemic **has upended** the travel industry, forcing airlines, hotels, and tour operators to adapt to changing travel restrictions and safety protocols.

2   지속 가능한 여행의 부상으로 많은 여행자가 친환경 숙박 시설과 활동을 선택하면서 럭셔리 여행에 대한 전통적인 관념이 바뀌었다.
The rise of sustainable travel **has upended** traditional notions of luxury, with many travelers opting for eco-friendly accommodations and activities.

3   저가 항공사의 부상으로 항공산업이 뒤바뀌면서, 전 세계 수백만 명의 사람들이 더 쉽고 저렴하게 여행을 즐길 수 있게 되었다.
The emergence of budget airlines **has upended** the airline industry, making travel more accessible and affordable for millions of people around the world.

4   온라인 예약 플랫폼의 등장은 여행사 업계를 뒤흔들며 여행자가 손쉽게 여행을 계획하고 예약할 수 있게 지원했다.
The advent of online booking platforms **has upended** the travel agent industry, empowering travelers to plan and book their own trips with ease.

NEWS

The coronavirus pandemic **has upended** travel as we know it, with countries closing their borders and airlines cancelling flights en masse. As a result, the travel industry has been hit hard, with airlines, hotels, and tour operators struggling to stay afloat. But despite these challenges, some destinations are finding innovative ways to keep tourists coming. <Forbes>

코로나바이러스 팬데믹으로 인해 각국이 국경을 폐쇄하고 항공사가 대규모로 항공편을 취소하는 등 우리가 알고 있는 여행의 모습이 완전히 바뀌었다. 그 결과 여행업계는 큰 타격을 입었고 항공사, 호텔, 여행업자들이 생존을 위해 고군분투하고 있다. 하지만 이러한 어려움에도 불구하고 일부 여행지에서는 관광객을 계속 유치할 혁신적인 방법을 찾아내고 있다. 〈포브스〉

en masse 대규모로

CHAPTER 2

비만과 체중 조절

이 자연 식단은 **철저히 검증되었다.**
This natural diet is tried and tested.

MP3 **127**

"tried and tested(철저히 검증된)"는 무언가 여러 차례 사용되거나 시행되었으며, 효과적임이 입증된 것을 의미합니다. 해당 대상이 성공의 기록(a track record of success)을 가지고 있으며, 반복된 사용을 통해 신뢰성이 입증되었다는 것을 나타내지요.

1 체중 관리에 가장 효과적인 방법은 건강한 식습관과 규칙적인 운동과 같은 검증된 전략을 포함한다.
The most effective methods for managing weight involve **tried and tested** strategies like healthy eating and regular exercise.

2 최근 연구에 따르면, 가장 효과적인 체중 감량 프로그램은 식사량 조절, 칼로리 추적, 운동 같은 검증된 방법을 기반으로 하는 프로그램이다.
According to a recent study, the most effective weight-loss programs are those that are based on **tried and tested** methods like portion control, calorie tracking, and exercise.

3 즉효약이나 기적의 치료법 대신 전문가들은 건강한 식습관, 규칙적인 운동, 행동 요법 같이 철저히 검증된 방법의 조합을 권한다.
Instead of purported quick fixes or miracle cures, experts recommend a combination of **tried and tested** methods like healthy eating, regular exercise, and behavioral therapy.

4 이러한 제품 및 요법 중 일부가 효과적일 수는 있지만, 전문가들은 건강한 식습관 및 규칙적인 운동 같은 검증된 방법을 고수할 것을 권한다.
While some of these products and therapies may be effective, experts recommend sticking to **tried and tested** methods like healthy eating and regular exercise.

NEWS

Health experts agree that the **tried and tested** method for weight loss is a combination of a healthy diet and regular exercise. While fad diets and quick fixes may seem tempting, they are often ineffective and can even be harmful to one's health. Instead, a balanced approach that includes eating a variety of nutrient-rich foods and staying active is the key to achieving and maintaining a healthy weight. <Healthline>

건강 전문가들은 체중 감량에 검증된 방법은 건강한 식단과 규칙적인 운동의 조합이라는 데 동의한다. 유행하는 다이어트와 즉효약이 유혹적이기도 하겠지만, 효과적이지 않고 오히려 건강에 해로울 수 있다. 대신 영양이 풍부한 다양한 음식을 섭취하고 활동적인 생활을 유지하는 균형 잡힌 접근 방식이 건강한 체중을 달성하고 유지하는 열쇠이다. 〈헬스라인〉

fad 유행   **quick fix** 임시변통, 즉효

빈출 표현 128

어떤 사람들은 건강 위험에도 불구하고 생활 방식을 바꾸는 것에 계속 **고민 중**이기도 하다.
Some people remain on the fence about making lifestyle changes despite the health risks.

MP3 128

"on the fence(결정을 못 내리는, 고민 중인)"는 울타리(fence)에 앉아서 어느 쪽으로 내려 갈지 몰라 결정이 나지 않는 상황을 뜻합니다. 이는 계속 논쟁 중이거나, 확실하지 않아 의구심을 가지고 있다는 뜻이겠지요? 그래서 이 표현은 그러한 뜻도 내포합니다.

1 많은 의료 전문가들이 위장 축소 수술이 안전하고 효과적인 비만 치료법인지에 대해 결정을 못 내리고 있다.
   Many healthcare professionals are **on the fence** about whether bariatric surgery is a safe and effective treatment for obesity.
   —— bariatric surgery (비만 치료를 위한) 위장 축소 수술

2 어떤 이들은 낙인과 차별에 대한 우려 때문에 비만 치료를 받아야 할지 말지를 망설일 수 있다.
   Some people may be **on the fence** about whether to seek treatment for their obesity due to concerns about stigma and discrimination.

3 연구자들은 다양한 체중 감량 약물과 보충제의 장기적인 효과에 대해 여전히 결정을 못 내리고 있다.
   Researchers are still **on the fence** about the long-term effects of various weight loss medications and supplements.

4 많은 정책 입안자들이 개인의 행동, 사회적 요인, 업계 영향력 등이 복잡하게 상호작용하는 비만 현상을 어떻게 해결해야 할지 고민하고 있다.
   Many policymakers are **on the fence** about how to address the obesity epidemic, given the complex interplay of individual behavior, societal factors, and industry influence.
   —— obesity epidemic 비만 현상

According to the Centers for Disease Control and Prevention (CDC), more than 42 percent of adults in the United States are considered obese. While bariatric surgery is often considered a last resort for weight loss, the procedure has been shown to be effective for many people. However, some healthcare professionals are still **on the fence** about the long-term risks and benefits of the surgery, particularly for younger patients. <Healthline>

미국 질병통제예방센터(CDC)에 따르면, 미국 성인의 42% 이상이 비만으로 간주된다. 위장 축소 수술은 체중 감량의 최후 수단으로 여겨지는 경우가 많지만, 이 수술이 많은 사람에게 효과적인 것으로 나타났다. 하지만 일부 의료 전문가들은 특히 젊은 환자의 경우 수술의 장기적인 위험과 이점에 대해 여전히 결론을 못 내리고 있다. 〈헬스라인〉

경험에 비추어 봤을 때, 하루에 8잔의 물을 마셔야 한다.
As a rule of thumb, you should drink 8 glasses of water a day.

MP3 129

"rule of thumb(경험에 근거한 기준)"은 엄격한 규칙이나 과학적 측정이 아니라 실용적 경험에 기반한 일반적인 원칙이나 가이드라인을 의미합니다. 이 표현은 손가락의 너비를 기준으로 길이를 측정하는 것에서 유래되었다고 합니다.

1 체중 감량에 관한 경험 법칙은 간단하다. 소모하는 칼로리보다 더 적은 칼로리를 섭취하는 것이다.
   The rule of thumb when it comes to weight loss is simple: consume fewer calories than you burn.

2 일반적인 경험으로 판단할 때 지방 1파운드에는 약 3,500칼로리가 들어 있다.
   A general **rule of thumb** is that a pound of fat contains around 3,500 calories.

3 경험에 비추어 봤을 때, 일주일에 1-2파운드를 감량하는 것이 건강하고 지속 가능한 체중 감량으로 여겨진다.
   As a rule of thumb, losing 1-2 pounds per week is considered healthy and sustainable weight loss.

4 한 가지 경험 규칙은 일주일에 최소 150분의 중간 강도 운동 또는 75분의 격렬한 운동을 목표로 하는 것이다.
   One rule of thumb is to aim for at least 150 minutes of moderate exercise or 75 minutes of vigorous exercise per week.

5 1인분 양에 대한 좋은 경험 규칙은 음식 접시의 절반은 녹말이 없는 채소로, 1/4은 저지방 단백질로, 1/4은 통곡물이나 기타 복합 탄수화물로 채우는 것이다.
   A good **rule of thumb** for portion sizes is to fill half your plate with non-starchy vegetables, one-quarter with lean protein, and one-quarter with whole grains or other complex carbohydrates.

NEWS

As **a rule of thumb**, a person who is overweight or obese should aim to lose 5-10% of their body weight to achieve health benefits. For example, a person who weighs 200 pounds should aim to lose between 10-20 pounds. This modest weight loss can lead to improvements in blood pressure, cholesterol levels, and blood sugar control. <Mayo Clinic>

경험에 비추어 봤을 때, 과체중이나 비만인 사람이 건강상 이점을 얻으려면 체중의 5~10% 감량을 목표로 해야 한다. 예를 들어, 체중이 200파운드인 사람은 10~20파운드 감량을 목표로 해야 하는 것이다. 이러한 적당한 체중 감량으로 혈압, 콜레스테롤 수치 및 혈당 조절을 개선할 수 있다. 〈메이오 클리닉〉

일주일에 7킬로그램을 감량하는 것은 **어려운 일**이다.
Losing 7 kilograms in a week is a tall order.

MP3 **130**

"a tall order(어려운 일)"는 무언가를 성취하기 어렵거나 많은 노력을 필요로 하는 것을 의미합니다. 웨이터가 키가 높은(tall) 테이블에 앉은 손님에게 주문한 것(order)을 전달하려면 손을 높이 힘들게 뻗어야 하는 상황에서 유래했습니다.

1 6개월 동안 50파운드를 감량하는 것은 어려운 일이지만, 바른 계획과 지원을 받으면 충분히 달성할 수 있다.
   Losing 50 pounds in six months can be **a tall order**, but with the right plan and support, it's achievable.

2 많은 사람들에게 체중 감량을 시도할 때 좋아하고 식성에 맞는 음식을 포기하는 건 어려운 일이다.
   For many people, giving up their favorite comfort foods is **a tall order** when trying to lose weight.

3 식단에서 설탕과 탄수화물을 모두 끊는 건 어려운 일일 수 있지만, 상당한 체중 감량으로 이어질 수 있다.
   Cutting out all sugar and carbs from your diet can be **a tall order**, but it may lead to significant weight loss.

4 요요 다이어트의 경험이 있는 사람에게는, 장기간 건강한 체중을 유지하는 것이 어려울 수 있다.
   For individuals with a history of yo-yo dieting, maintaining a healthy weight long-term can be **a tall order**.

Preventing obesity is **a tall order**, as it requires making healthy choices in a world that promotes unhealthy ones. But it is a challenge that we must face head-on, for the sake of our health and the health of future generations. By implementing policies and programs that promote healthy behaviors and environments, we can make progress in reducing the prevalence of obesity. <American Heart Association>

비만 예방은 건강에 해로운 선택을 조장하는 세상에서 건강한 선택을 해야 하기 때문에 어려운 일이다. 하지만 우리의 건강과 미래 세대의 건강을 위해 정면으로 맞서야 하는 도전이기도 하다. 건강한 행동과 환경을 장려하는 정책과 프로그램을 시행함으로써 비만 유병률을 줄이는 데 진전을 이룰 수 있다. 〈미국 심장 협회〉

head-on 정면으로   **prevalence** 널리 퍼짐, 보급, 유병률

병적 비만은 사회에서 종종 **낙인 찍히는** 경우가 많다.
Morbid obesity is often stigmatized in society.

MP3 131

"stigma(낙인)"는 고대 그리스에서 범죄자나 노예를 식별하기 위해 사용된 신체적인 표식이었습니다. 이 표현은 누군가나 무언가 사회에서 부정적으로 인식되며 종종 불공평하게 판단되거나 차별받는 것을 의미합니다. 또 부정적인 꼬리표를 떨쳐낼 수 없다는 어감을 포함하기도 하지요. "be stigmatized(낙인이 찍히다)"로 활용되기도 합니다.

1   체중에 대한 낙인은 스트레스, 불안, 우울증 증가는 물론 자존감과 삶의 질 저하로 이어질 수 있다.
Weight **stigma** can lead to increased stress, anxiety, and depression, as well as decreased self-esteem and quality of life.

2   체중을 둘러싼 낙인이 만연해 있으며, 이는 신체적 및 정신적 건강에 심각한 부정적인 결과를 초래할 수 있다.
Stigma surrounding weight is pervasive and can have serious negative consequences for both physical and mental health.

3   자기 몸 긍정주의와 수용을 장려하는 노력에도 불구하고, 체중에 따른 낙인은 여전히 사회에서 중요한 문제로 남아 있다.
Despite efforts to promote body positivity and acceptance, weight-based **stigma** remains a significant problem in society.

4   체중 낙인의 해로운 영향을 인식하고 모든 체형의 사람들을 위해 보다 포용적이고 수용적인 환경을 조성하기 위해 노력하는 것이 중요하다.
It is important to recognize the harmful effects of weight **stigma** and work towards creating a more inclusive and accepting environment for people of all sizes.

NEWS

Weight bias and **stigma** are not only socially acceptable but often socially rewarded in the United States, particularly in the form of sizeist humor. As a result, people with obesity are at increased risk for physical and psychological harm. Obesity stigmatization can result in low self-esteem, anxiety, depression, maladaptive eating behaviors, avoidance of physical activity, and avoidance of medical care. <Puhl, R. M., & Heuer, C. A. (2010). Obesity Stigma>

체중 편견과 낙인은 사회적으로 용인될 뿐만 아니라 미국에서는 특히 사이즈주의 유머의 형태로 사회적으로 보상되는 경우가 많다. 그 결과, 비만인 사람들은 신체적 및 심리적 피해를 입을 위험이 높아진다. 비만 낙인은 낮은 자존감, 불안, 우울증, 부적응적 식습관, 신체 활동 기피, 의료 서비스 기피를 야기할 수 있다. 〈Puhl, R. M., & Heuer, C. A. (2010). 비만 낙인〉

sizeist 과체중인 사람들에게 편견을 갖고 차별하는   **maladaptive** 부적응의

CHAPTER 3

스트레스와 질병, 중독

높은 수준의 스트레스는 인지 기능에 **악영향을 미쳐** 기억력에 영향을 미친다.
High levels of stress have adverse effects on cognitive function, impacting memory.

MP3 **132**

"adverse effect(역효과)"는 약물 치료로 인해 발생하는 원치 않는 2차적인 효과로, 의학 연구나 치료에서 발생한 심각하게 부정적인 영향을 뜻합니다. 비슷한 말인 "side effect(부작용-)"는 약물이 제대로 투여되었을 때 발생하는 의도하지 않은 약리학적 효과를 말합니다.

1 만성 스트레스는 신체적, 정신적 건강에 악영향을 미칠 수 있어 심장병, 당뇨 및 기타 만성 질환의 위험을 증가시킨다.
Chronic stress can **have adverse effects on** our physical and mental health, leading to an increased risk of heart disease, diabetes, and other chronic conditions.

2 팬데믹으로 인한 스트레스가 많은 개인의 정신 건강에 악영향을 미쳐 불안과 우울증 발병률을 증가시켰다.
The pandemic-induced stress **has had adverse effects on** the mental health of many individuals, leading to increased rates of anxiety and depression.

3 긴 노동 시간과 높은 업무 요구는 직원의 웰빙에 악영향을 미쳐 높은 수준의 스트레스와 번아웃을 유발할 수 있다.
Long working hours and high job demands can **have adverse effects on** employee well-being, leading to higher levels of stress and burnout.

4 사회적 고립과 외로움은 정신 건강에 악영향을 미쳐 스트레스와 불안을 증가시킬 수 있다.
Social isolation and loneliness can **have adverse effects on** mental health, leading to increased stress and anxiety.

NEWS

Chronic stress **has adverse effects on** our physical and mental health, but the good news is that we can learn to manage it effectively. There are many evidence-based techniques available, such as mindfulness meditation, cognitive-behavioral therapy, and relaxation exercises. It's essential to make stress management a priority, especially during times of uncertainty and change. By taking care of ourselves, we can reduce the risk of developing chronic conditions and improve our overall quality of life. <Forbes Health>

만성 스트레스는 신체적, 정신적 건강에 악영향을 미치지만, 좋은 소식은 스트레스를 효과적으로 관리하는 법을 배울 수 있다는 것이다. 마음챙김 명상, 인지 행동 치료, 이완 운동 같은 증거에 기반한 기법들이 많이 있다. 특히 불확실성과 변화의 시기에는 스트레스 관리를 우선순위로 삼는 것이 중요하다. 스스로를 돌봄으로써, 만성 질환의 발병 위험을 줄이고 전반적인 삶의 질을 향상시킬 수 있다. 〈포브스 헬스〉

만성적으로 **분위기에 초치는** 그녀는 동료들에게 스트레스의
원인이다.
**Being a chronic Debbie Downer, she is
a source of stress to her colleagues.**

MP3 **133**

"a Debbie Downer(분위기 초치는 사람)"는 지나치게 부정적이거나 비관적인 사람을 지칭
합니다. 미국 인기 코미디 쇼인 '새터데이 나이트 라이브'의 데비 다우너라는 캐릭터가
항상 부정적인 태도로 분위기를 망쳤던 것에서 비롯됐는데요, '불길한 예감 가득 찬 사
람'이라는 어감을 전합니다.

1   이 힘든 시기에 분위기 초치는 사람이 되지 말고, 긍정적으로 지내고 작은 일에서 기쁨을
    찾아보세요.
    Don't be **a Debbie Downer** in these trying times, try to stay positive
    and find joy in small things.

2   지원 시스템을 갖추는 것도 중요하지만, 삶에 부정적인 영향을 줄 수 있는 데비 다우너는
    피하세요.
    It's important to have a support system, but avoid **Debbie Downers**
    who may bring negativity to your life.

3   기분이 우울할 땐 데비 다우너가 되기 쉽지만, 내신 감사와 긍정에 집중하도록 하세요.
    When you're feeling down, it's easy to become a **Debbie Downer**, but
    try to focus on gratitude and positivity instead.

4   불평 대신 프로페셔널한 태도를 유지하고 해결책을 찾아 직장에서 데비 다우너가
    되지 않도록 하세요.
    Avoid being a **Debbie Downer** at work by staying professional and
    finding solutions instead of complaining.

Whether it's a friend, family member, or coworker, we all know someone who
seems to be constantly complaining or finding the negative in every situation.
This person has become known as "**a Debbie Downer**" — a term that
originated from a character on *Saturday Night Live* who was known for her
negative attitude. Being around someone who is always negative can be
draining and impact our own mood and well-being. But how can we avoid
letting them get to us? <Psychology Today>

친구든, 가족이든, 동료든, 우리 모두는 모든 상황에서 끊임없이 불평하거나 부정적인 면을 찾아내는
사람을 알고 있다. 이러한 사람은 '데비 다우너'라고 알려져 있는데, 이는 부정적인 태도로 유명한
〈새터데이 나이트 라이브〉의 한 캐릭터에서 유래한 용어이다. 항상 부정적인 태도를 보이는 사람과
같이 있으면 기운이 빠지고 우리 자신의 기분과 웰빙에도 영향을 미칠 수 있다. 하지만 어떻게 하면
그런 사람에게 휘둘리지 않을 수 있을까? 〈사이칼러지 투데이〉

drain 힘을 소모시키다

심리학자들이 스트레스가 미치는 영향에 대해 논의하면서
솔직하게 **속내를 드러냈다.**
**The psychologists laid their cards on the table,
discussing the effects of stress.**

MP3 **134**

"lay one's cards on the table(속내를 드러내다, 모든 패를 까다)"은 의도, 생각, 감정을 공개
적으로 솔직하게 이야기하는 것을 뜻합니다. 이는 카드 게임에서 유래했는데, 플레이어
는 카드를 내려놓고 자신의 패와 전략을 공개하여 승리를 증명합니다. 생각이나 의도를
드러내어 다른 사람들이 자신의 입장을 이해할 수 있도록 한다는 의미입니다.

1   직장 내 갈등을 해결하고 스트레스를 줄이기 위해서는 속내를 드러내고 동료들과
    솔직하게 소통하는 것이 중요하다.
    In order to resolve conflicts and reduce stress in the workplace, it's
    important to **lay one's cards on the table** and communicate honestly
    with coworkers.

2   때로는 인간 관계에서의 스트레스를 해소하는 가장 좋은 방법은 속내를 드러내고 자신의
    기분이 어떤지 터놓고 솔직하게 대화를 나누는 것이다.
    Sometimes the best way to relieve stress in a relationship is to **lay
    one's cards on the table** and have an open and honest conversation
    about how you're feeling.

3   치료에서 내담자는 문제를 해결할 수 있게 솔직하게 털어놓고 자신의 걱정과 두려움을
    이야기하도록 격려를 받는다.
    In therapy, clients are encouraged to **lay their cards on the table**
    and discuss their concerns and fears in order to work through their
    issues.

NEWS

During a town hall meeting with students at Purdue University, astronaut Scott
Kelly shared his life's story and experiences on the International Space Station.
He also spoke about the importance of communication, and the need to **lay
one's cards on the table** in order to resolve conflicts and work effectively
with others. Kelly emphasized the importance of teamwork and collaboration in
space missions, and how the same principles can be applied in any team setting.
<Purdue Exponent>

퍼듀대학교 학생들과의 타운 홀 미팅에서 우주비행사 스콧 켈리는 자신의 인생 이야기와
국제 우주 정거장에서의 경험을 공유했다. 그는 또한 소통의 중요성과 갈등을 해결하고 다른 사람들과
효과적으로 일하기 위해 속내를 드러내야 할 필요성에 대해서도 이야기했다. 켈리는 우주 임무에서
팀워크와 협업의 중요성과 동일한 원칙이 팀 환경에 어떻게 적용될 수 있는지를 강조했다.
〈퍼듀 익스포넌트〉

만성 스트레스가 면역 체계에 눈에 띄는 손상을 줄 수 있다.
Chronic stress can do discernible damage to the immune system.

MP3 135

"discern"(식별하다)에서 파생된 형용사가 "discernible"로, "do discernible damage to(~에 눈에 띄는 손상을 주다)"는 무언가에 의해 인지할 수 있을 정도로 큰 해를 입는 것을 의미합니다.

1   적은 양의 스트레스는 의욕과 주의력을 유지하는 데 도움이 될 수 있지만, 만성화되면 정신적, 육체적 건강에 눈에 띄는 손상을 줄 수 있다.
A small amount of stress can help you stay motivated and alert, but it is when it becomes chronic that it **can do discernible damage to** your mental and physical health.

2   스트레스는 삶에 힘든 요소가 될 수 있고, 그 영향은 정신적, 육체적 건강에 눈에 띄는 손상을 줄 수 있다.
Stress can be a challenging factor in one's life, and the effects **can do discernible damage to** both mental and physical health.

3   만성 스트레스는 건강에 눈에 띄는 손상을 입힐 수 있으며 효과적으로 관리되지 않으면 만성 질환이나 질병으로 이어질 수 있다.
Chronic stress **can do discernible damage to** one's health and lead to chronic illness or disease if not managed effectively.

4   때때로 스트레스를 경험하는 게 정상이지만, 만성 스트레스는 방치할 경우 신체적, 정신적 건강에 뚜렷한 손상을 줄 수 있다.
While it is normal to experience stress from time to time, chronic stress **can do discernible damage to** one's physical and mental health if left unchecked.

Experts have long warned that stress **can do discernible damage to** physical and mental health over time. Stress has been linked to everything from anxiety and depression to heart disease and cancer. Chronic stress, which is ongoing and sustained, can lead to more severe health problems. But there are steps you can take to manage stress and prevent it from having such negative effects on your well-being. <The New York Times>

전문가들은 스트레스가 시간이 지남에 따라 신체적, 정신적 건강에 눈에 띄는 손상을 입힐 수 있다고 오랫동안 경고해 왔다. 스트레스는 불안과 우울증부터 심장병과 암에 이르기까지 모든 질병과 관련이 있다. 지속적인 만성 스트레스는 더 심각한 건강 문제로 이어질 수 있다. 하지만 스트레스를 관리하고 스트레스가 건강에 부정적인 영향을 미치지 않도록 예방하기 위해 취할 수 있는 조치가 있다. 〈뉴욕 타임즈〉

정신질환이 개인이 책임을 **회피하게** 할 수 있다.
Mental illness can lead individuals to cop out.

MP3 136

"cop out(책임을 회피하다)"은 문제를 회피하거나 책임이나 약속을 무시하고 쉽게 빠져 나가는 쪽을 선택하는 것을 의미하는 구어체 표현입니다. 명사 "a cop-out"은 '편리한 대처; 책임 회피'란 뜻으로 많이 쓰입니다.

1　바쁘다고 해서 자기 관리를 소홀히 하지 마세요.
Don't **cop out** on self-care just because you're busy.

2　어떤 사람들은 자신의 행동에 대해 책임지는 것을 피하기 위해 스트레스를
대처 수단으로 사용한다.
Some people use stress as **a cop-out** to avoid taking responsibility for their actions.

3　치료가 책임 회피라고 생각한다면, 스트레스에 대처할 수 있는 귀중한 도구를 놓치고 있는 것이다.
If you think therapy is **a cop-out**, you're missing out on a valuable tool for dealing with stress.

4　만성적인 스트레스는 개인들이 만성적인 스트레스를 자기 보호와 정서적 안정의 수단으로 삼아 어쩔 수 없이 회피해야 한다고 느낄 정도로 개인을 압도할 수 있다.
Chronic stress can overwhelm individuals to the point where they feel compelled to **cop out** as a means of self-preservation and emotional relief.

5　스트레스에 대처하는 것은 손쉬운 대처법이 아니라 강인함의 표시이다.
Coping with stress is not **a cop-out**; it's a sign of strength.

NEWS

But identifying stress and taking steps to alleviate it can be seen as **a cop-out**, a sign of weakness, or at least as unnecessary for the mentally tough. Workplace cultures are often about stoicism and presenteeism, about being seen to handle the pressures. This can be particularly difficult for men, who can be expected to manage without revealing emotions. <The Guardian>

하지만 스트레스를 파악하고 이를 완화하기 위한 조치를 취하는 것이 정신적으로 강인한 사람에게는 대처법이나 나약함의 표시, 또는 적어도 불필요한 것으로 보일 수도 있다. 직장 문화는 종종 극기와 필요 이상으로 직장에서 많은 시간을 보내는 것, 압박감을 처리하는 것으로 보이는 것에 관한 것이니 말이다. 이는 감정을 드러내지 않고 일을 처리할 것이라고 기대되는 남성에게 특히 어려울 수 있다. 〈가디언〉

presenteeism 필요 이상으로 직장에서 많은 시간을 보내는 것

"asymptomatic"은 '증상이 없는'이란 뜻의 의학 용어입니다. 접두사 "a-"는 '없는', 또는 '아닌'을 의미하고, "symptomatic"은 '증상이 있는'이니 "asymptomatic"은 '증상이 없는'이 되지요. 많이 쓰이는 단어로 "asymptomatic carrier(무증상 보균자)"가 있습니다.

1 코로나19 무증상 보균자는 자신도 모르게 다른 사람에게 바이러스를 전파할 수 있으므로 공중 보건 당국의 주요 문제점이었다.

   Asymptomatic carriers of COVID-19 have been a major challenge for public health officials, as they can unknowingly spread the virus to others.

2 질병관리센터(CDC)는 이제 코로나19 감염자와 밀접 접촉한 사람은 무증상이라도 검사 받을 것을 권한다.

   The CDC now recommends that individuals who have been in close contact with someone who has COVID-19 get tested, even if they are **asymptomatic**.

3 연구에 따르면 코로나19 감염자의 상당수가 무증상이어서 바이러스 확산을 억제하기 어렵다는 사실이 밝혀졌다.

   Studies have shown that a significant portion of individuals with COVID-19 are **asymptomatic**, making it difficult to contain the spread of the virus.

4 무증상 전파는 2014년 서아프리카에서 발생한 에볼라 발병 같은 다른 질병 발생에서도 우려되는 문제였다.

   Asymptomatic spread has also been a concern in other disease outbreaks, such as the 2014 Ebola outbreak in West Africa.

NEWS

Most people infected with the coronavirus develop symptoms, such as fever, cough and fatigue, but some remain **asymptomatic**. The World Health Organization estimated in June that 16% of people with Covid-19 are asymptomatic, but some studies have suggested that number could be as high as 40 percent. <The Wall Street Journal>

코로나바이러스에 감염된 대부분의 사람들은 발열, 기침, 피로 등의 증상을 보이지만 일부는 무증상으로 있다. 세계보건기구는 6월에 코로나19 감염자의 16%가 무증상이라고 추정했지만, 일부 연구에서는 그 수가 40%까지 높을 수 있다고 제안했다. 〈월스트리트 저널〉

develop (병이) 생기다

빈출 표현 **138**	루푸스는 **자가 면역** 질환의 한 예이다.

Lupus is an example of an autoimmune disease.

MP3 **138**

자가 면역은 면역 체계가 유해한 외부 물질뿐 아니라 건강한 세포, 조직 및 장기를 공격하는 증상을 말합니다. 일반적인 자가 면역 질환에는 류마티스 관절염(rheumatoid arthritis), 루푸스(lupus), 다발성 경화증(multiple sclerosis) 등이 있습니다.

1   자가 면역 질환은 감염으로부터 신체를 보호하는 면역 체계가 건강한 세포, 조직 및 장기를
    공격할 때 발생한다.

    Autoimmune disorders occur when the immune system, which is
    responsible for protecting the body from infection, turns against
    healthy cells, tissues, and organs.

2   코로나바이러스 팬데믹은 자가 면역 질환의 유발 가능성 여부를 포함하여 코로나19의
    장기적인 영향에 관해 많은 의문을 일으켰다.

    The coronavirus pandemic has raised many questions about the
    long-term impact of COVID-19, including whether it could trigger
    autoimmune disorders.

3   루푸스는 피부, 관절, 장기를 포함한 신체의 여러 부위에 영향을 미칠 수 있는
    자가 면역 질환이다.

    Lupus is an **autoimmune** disease that can affect different parts of the
    body, including the skin, joints, and organs.

4   자가 면역 질환은 증상이 사람마다 다를 수 있고 다른 질환과 유사할 수 있어서 진단하기
    어려울 수 있다.

    Autoimmune disorders can be difficult to diagnose, as symptoms may
    vary from person to person and can be similar to other conditions.

Autoimmune diseases happen when the immune system mistakes healthy cells for foreign cells and attacks them. There are over 80 autoimmune diseases, including rheumatoid arthritis, lupus, and psoriasis. Symptoms of autoimmune diseases can vary depending on the specific condition and can range from mild to severe. Common symptoms include fatigue, joint pain, skin rashes, and inflammation. <Medical News Today>

자가 면역 질환은 면역 체계가 건강한 세포를 외부 세포로 오인하여 공격할 때 발생한다. 류마티스 관절염, 루푸스, 건선 등 80가지 이상의 자가 면역 질환이 있다. 자가 면역 질환의 증상은 특정 질환에 따라 경증부터 중증까지 다양할 수 있다. 일반적인 증상으로는 피로, 관절통, 피부 발진 및 염증이 있다. 〈메디컬 뉴스 투데이〉

psoriasis 건선, 마른 버짐   **condition** 질환

그는 독감 **양성 판정을 받았다.**
He tested positive for the flu.

MP3 **139**

질병이나 약물을 검사하여 양성 판정을 받을 때 쓸 수 있는 표현이 "test positive for(~에 양성 판정을 받다)"입니다. 혈액, 소변 또는 기타 체액의 샘플을 분석하여 특정 물질이나 상태의 존재를 결정하는 의료 검사 개념에서 온 것으로, 양성은 특정 물질이나 상태가 사람의 몸 안에 존재한다는 걸 뜻합니다. 반대로 '~에 음성 판정을 받다'는 "test negative for"로 표현합니다.

1   정기 혈액 검사 결과 그 환자는 콜레스테롤 수치가 높은 것으로 판정을 받았다.
The routine blood test revealed that the patient **tested positive for** high cholesterol levels.

2   앞서 코로나19 백신을 접종한 환자가 바이러스 양성 반응을 보여 지속적인 경계와 주의가 필요함을 강조한다.
A patient who was previously vaccinated against COVID-19 **has tested positive for** the virus, highlighting the need for continued vigilance and caution.

3   그 가수의 최근 투어는 스태프 몇 명이 코로나19 양성 판정을 받은 후 취소되었다.
The singer's recent tour was canceled after several members of the crew **tested positive for** COVID-19.

4   한 대학교에서 많은 학생이 전염성 강한 독감 변종에 양성 반응을 보여 보건 당국이 지역 사회에 경고를 발령했다.
A number of students at the university **have tested positive for** a highly contagious strain of the flu, prompting health officials to issue a warning to the wider community.

NEWS

Several members of the congressional delegation **have tested positive for** COVID-19 in recent weeks, sparking concerns about the virus's spread in the nation's capital. While many lawmakers have been vaccinated, breakthrough infections can still occur. In response, some members of Congress are calling for stricter testing and safety protocols, including regular testing for all members and staff. <The New York Times>

최근 몇 주 동안, 미 의회 대표단 의원 몇 명이 코로나19 양성 판정을 받으면서 수도 워싱턴 D.C. 내 바이러스 확산에 대한 우려가 커지고 있다. 많은 국회의원들이 예방 접종을 받았지만, 돌파 감염이 여전히 발생할 수 있다. 이에 따라, 일부 의원들은 모든 의원과 직원에 대한 정기 검사를 포함하여 더 엄격한 검사 및 안전 프로토콜을 요구하고 있다. 〈뉴욕 타임즈〉

breakthrough infection 돌파 감염 (백신으로 면역이 형성된 사람에게도 전염병이 감염되는 것)

수술 전, 그는 **자신의 신변을 정리했다.**

Before his surgery, he got his affairs in order.

MP3 **140**

"get one's affairs in order(자신의 신변을 정리하다)"는 은퇴나 수술 같은 큰일에 대비해 개인적이거나 업무적인 일을 정리하는 걸 뜻합니다. 이 표현은 사후 재산 분배를 위해 자신의 자산을 준비하는 법적 용어 "estate planning"에서 왔는데요, 개인이 자신의 인생을 정리해야 하는 모든 상황에 적용해 더 넓은 의미로 쓰입니다.

1   시한부 진단을 받으면, 시간을 갖고 신변을 정리하고 중요한 결정을 내리는 것이 중요하다.
When faced with a terminal diagnosis, it is essential to take time to **get one's affairs in order** and make important decisions.

2   만성 또는 퇴행성 질환을 앓는 많은 이들에게, 신변 정리는 평화와 종결감을 가져올 수 있다.
For many people with chronic or degenerative illnesses, **getting their affairs in order** can bring a sense of peace and closure.

3   '신변을 정리한다'는 말은 임종 간호를 준비하고 사랑하는 이들에게 자산을 분배하는 과정을 의미한다.
The phrase "**get one's affairs in order**" refers to the process of making arrangements for one's end-of-life care and distributing assets to loved ones.

4   생각하기 어려울 수 있지만, 신변 정리는 자신의 유언을 이행하고 사랑하는 사람들을 돌보는 데 중요한 단계이다.
While it can be difficult to contemplate, **getting one's affairs in order** is an important step in ensuring that one's wishes are carried out and loved ones are cared for.

—— contemplate 생각하다, 고려하다

"Some people find great peace of mind in **getting their affairs in order**," says Diane Rehm, former NPR host and author of <When My Time Comes: Conversations About Whether Those Who Are Dying Should Have the Right to Determine When Life Should End>. "It's a time when they can make decisions about who will get their assets, who will be responsible for their children, who will make decisions for them if they're unable to make decisions themselves. I think people are very grateful for that opportunity." <NBC News>

"어떤 이들은 신변을 정리함으로써 마음의 평화를 얻습니다."라고 전 NPR 진행자이자 〈내 때가 오면: 죽어가는 사람들이 언제 삶을 끝낼지 결정할 권리가 있어야 하는가에 대한 대화〉의 저자 다이앤 렘은 말한다. "누가 재산을 상속받을지, 누가 자녀를 책임질지, 스스로 결정 내릴 수 없는 경우 누가 대신 결정을 내릴지 등을 결정할 수 있는 시기이죠. 저는 사람들이 그 기회를 매우 감사해 한다고 생각합니다." 〈NBC 뉴스〉

사회적 거리 두기는 코로나19 사례의 **곡선을 평평하게 하는 데** 도움이 됐다.
Social distancing helped flatten the curve of COVID-19 cases.

MP3 **141**

"flattening the curve(곡선을 평평하게 하기)"는 전염병 초기에 바이러스 전파를 늦추기 위한 공중 보건 전략을 말합니다. "the curve"는 시간에 따른 감염자 수 그래프를 의미하며, "flattening"은 신규 감염자 수를 줄여서 그래프 정점이 낮아지고 의료 체계가 더욱 관리하기 쉬워지는 것을 의미합니다.

1 공중 보건 공무원들은 코로나19 감염 곡선을 평평하게 하기 위해 사람들에게 사회적 거리 두기를 실천하고 가능한 한 집에 머물 것을 촉구하고 있다.
Public health officials are urging people to practice social distancing and stay home as much as possible in order to **flatten the curve** of COVID-19 infections.

2 전문가들은 감염 곡선을 평평하게 하고 의료 시스템이 과부하되는 것을 방지하기 위해 적극적인 사회적 거리 두기 조치가 필요하다는 데 동의한다.
Experts agree that aggressive social distancing measures are necessary to **flatten the curve** and prevent the healthcare system from becoming overwhelmed.

3 코로나19 감염 곡선 평탄화하기에 성공한 국가들은 검사, 접촉자 추적, 사회적 거리 두기 조치를 복합적으로 시행했다.
Countries that were successful in **flattening the curve** of COVID-19 infections have implemented a combination of testing, contact tracing, and social distancing measures.

The term "**flatten the curve**" means that a community is acting in such a way to slow down the spread of a virus so that the number of cases does not spike quickly and overwhelm the health care system. The health care system needs to be able to manage the cases in a controlled manner over a longer period of time rather than have a huge spike that would require an unmanageable number of patients to be treated in a short period of time.
<Long Island Press>

'곡선을 평평하게 하다'라는 용어는 지역 사회가 바이러스 확산을 늦추는 방식으로 행동하여 확진자 수가 빠르게 급증하여 의료 시스템을 압도하지 않도록 하는 것을 의미한다. 의료 시스템은 단기간에 감당할 수 없는 수의 환자를 치료해야 하는 엄청난 급증보다는 장기간에 걸쳐 통제된 방식으로 환자 수를 관리할 수 있어야 한다. 〈롱 아일랜드 프레스〉

case 환자　**spike** 급등(하다)

약물 남용 문제가 악화되기 전에 **싹을 잘라내고** 전문가의 도움을 구하는 것이 중요하다. **It's essential to nip the substance abuse problem in the bud and seek professional help before it worsens.**

MP3 142

"nip something in the bud(싹을 잘라내다)"는 무언가를 이른 시기에 중단시켜 더 큰 문제가 되기 전에 해결하는 것을 의미합니다. 이 표현은 식물의 싹이 나기 전에 싹을 잘라 가지가 되지 못하게 가지치기하는 것에서 유래했습니다.

1 중독에 대처하는 가장 좋은 방법은 중독이 통제 불능 상태가 되기 전에 싹을 잘라내는 것이다.
The best way to tackle addiction is to **nip it in the bud** before it spirals out of control.

————— spiral out of control 통제 불능의 상태가 되다

2 전문가들은 중독의 징후가 보이면 초기에 도움을 요청하여 중독의 싹을 잘라내는 게 중요하다고 조언한다.
Experts advise that it's important to **nip** any signs of addiction **in the bud** by seeking help early on.

3 중독에 관해서는 너무 늦을 때까지 기다리기보다 적극적으로 대처하여 중독의 싹을 잘라내는 것이 더 낫다.
When it comes to addiction, it's better to be proactive and **nip** it **in the bud** rather than wait until it's too late.

4 중독의 징후를 인식하고 중독의 싹을 잘라내기 위한 조치를 취하는 것이 성공적인 회복의 열쇠이다.
Recognizing the signs of addiction and taking action to **nip** it **in the bud** is key to successful recovery.

5 중독의 싹을 잘라내려면 조기 개입, 지원, 지속적인 치료가 함께 이루어져야 한다.
Nipping addiction **in the bud** requires a combination of early intervention, support, and ongoing treatment.

NEWS

The best way to deal with addiction is to **nip it in the bud** before it becomes a bigger problem. It's important to recognize the signs of addiction and to seek help as soon as possible. This could involve talking to a healthcare professional, joining a support group, or enrolling in a treatment program. Early intervention can increase the chances of successful recovery and help prevent the addiction from escalating. <Healthline>

중독에 대처하는 가장 좋은 방법은 더 큰 문제가 되기 전에 중독의 싹을 잘라내는 것이다. 중독의 징후를 인식하고 가능한 한 빨리 도움을 요청하는 것이 중요하다. 여기에는 의료 전문가와의 상담, 지원 그룹에 가입, 치료 프로그램 등록이 포함될 수 있다. 조기 개입은 성공적인 회복 가능성을 높이고 중독이 확대되는 것을 방지하는 데 도움이 될 수 있다. 〈헬스라인〉

도박 중독은 **그에게 해를 끼쳐** 모든 것을 잃게 만들었다.
His addiction to gambling was to his detriment, leading him to lose everything.

MP3 143

"to one's detriment(~에게 해를 끼치는)"는 계약이나 협정으로 인해 피해나 손해를 입는 것을 나타내는 법적 개념인 "detriment"에서 유래했으며, 무언가 또는 누군가에게 부정적인 영향을 미치거나 해를 입히는 것을 의미합니다.

1 어떤 이들은 스트레스에 대처하기 위해 약물과 술에 의존하지만, 장기적으로 자신에게 해로울 수 있다는 사실을 깨닫지 못한다.
Some people turn to drugs and alcohol to cope with stress, not realizing that it can be **to their detriment** in the long run.

2 도박에 대한 강박적인 욕구가 재정적 파탄으로 이어질 수 있으며, 안타깝게도 많은 사람들이 자신에게 해가 될 때까지 그 결과를 인식하지 못한다.
The compulsive need to gamble can lead to financial ruin, and unfortunately, many people do not recognize the consequences until it is **to their detriment**.

3 소셜 미디어 사용은 중독성이 있으며 정신 긴장 및 인간 관계에 부정적인 영향을 미쳐 궁극적으로 자신에게 해를 끼칠 수 있다.
The use of social media can be addictive and can have negative effects on mental health and relationships, ultimately **to one's detriment**.

4 오피오이드 중독은 신체적, 심리적으로 심각한 해를 끼칠 수 있으며 궁극적으로 사용자에게 해를 끼칠 수 있다.
Addiction to opioids can cause significant physical and psychological harm, ultimately leading **to the user's detriment**.

"Sometimes people who struggle with addiction feel like they need to hide it or keep it a secret, but that only perpetuates the problem," said Dr. Matthew A. Torrington, a clinical psychologist who specializes in addiction. Shame and secrecy can be major roadblocks to recovery, and it can be **to one's detriment** to keep those feelings bottled up. <The Huffington Post>

"중독으로 어려움을 겪는 사람들은 때때로 중독을 숨기거나 비밀로 해야 한다고 생각하지만, 이는 문제를 영속시킬 뿐입니다."라고 중독 전문 임상 심리학자 매튜 A. 토링턴 박사는 말한다. 수치심과 비밀이 회복을 가로막는 주요 장애물이 될 수 있으며, 이러한 감정을 억누르는 것은 자신에게 해가 될 수 있다. <허핑턴 포스트>

perpetuate 영속시키다　　**roadblock** 바리케이드, 장애물　　**bottle up** 숨기다, 억누르다

그는 마침내 **금주**를 하고 1년 동안 술을 마시지 않고 있다.
He finally got on the wagon and has been sober for a year.

"on the wagon(금주 상태인)"은 이전에 중독이나 약물 남용으로 고민을 겪고, 의식적인 결정으로 그러한 행동을 중단했음을 시사합니다.

1 1개월, 6개월, 또는 일 년 동안 술 마시지 않음 같은 금주 유지의 이정표를 축하하는 것이 회복 중인 이들에게 강력한 동기 부여가 될 수 있다.
   Celebrating the milestones of staying **on the wagon**, such as one month, six months, or one year sober, can be a powerful motivator for those in recovery.

2 중독으로 어려움을 겪는 많은 이들에게는 금주하는 게 가장 어렵지만, 일단 하면 더 오랜 기간 동안 금주를 유지할 수 있다.
   Many people who struggle with addiction find that getting **on the wagon** is the hardest part, but once they do, they are able to stay sober for longer periods of time.

3 특히 재발로 이어질 수 있는 유발 요인에 직면했을 때, 금주 상태를 유지하는 것은 어려울 수 있다.
   Staying **on the wagon** can be challenging, especially when faced with triggers that can lead to relapse.

4 중독은 종종 평생 관리가 필요한 만성 질환이며, 이것은 금주를 유지하는 건 평생의 노력이 필요할 수 있다는 것을 의미한다.
   Addiction is a chronic disease that often requires lifelong management, which means that staying **on the wagon** may be a lifelong commitment.

NEWS

After years of struggling with addiction, John decided to get **on the wagon** and stay sober. He found it to be incredibly difficult at first, as he was surrounded by triggers that made him want to use. However, with the help of a support group and a dedicated therapist, John was able to stay on the wagon and remain sober for six months. He celebrated this milestone with his loved ones and felt incredibly proud of himself. <Addiction Center>

수년간 중독과 씨름한 끝에, 존은 금주하고 술을 마시지 않기로 결심했다. 술을 마시고 싶게 만드는 자극에 둘러 싸여 있었기 때문에, 처음에는 그것이 너무나 힘들다는 것을 알았다. 하지만 지원 그룹과 전담 치료사의 도움으로, 존은 6개월 동안 금주 상태를 유지할 수 있었다. 그는 사랑하는 사람들과 함께 이 이정표를 축하하며 자신을 매우 자랑스럽게 생각했다. 〈어딕션 센터〉

dedicated 전담하는

그의 음주 습관은 수년간 떨쳐 버릴 수 없던 **골치 아픈 문제**였다.
His drinking habit was a monkey on his back that he couldn't shake off for years.

MP3 **145**

"a monkey on one's back(골치 아픈 문제)"은 원숭이가 매달려 있으면 떨쳐낼 수 없는 짐을 지고 있는 것 같이 자유롭게 움직이기가 쉽지 않다는 은유적 표현입니다. 해결하기 어려운 부담이나 고질적인 문제, 그중에서 특히 '마약 중독'을 의미하기도 합니다.

1   중독은 항상 존재하고 떨쳐버리기 어려운 짐, 즉 원숭이를 등에 업은 것 같은 부담이라고 할 수 있다.
    Addiction can be described as having **a monkey on one's back**, a burden that is always present and difficult to shake.

2   일단 중독에 빠지면, 떨쳐낼 수 없는 부담처럼 느껴지고, 끊임없는 사용 충동이 견디기 힘든 무거운 짐이 된다.
    Once addiction takes hold, it can feel like **a monkey on one's back**, with the constant urge to use becoming a heavy weight to bear.

3   회복 중인 많은 중독자들은 중독을 등에 업힌 원숭이처럼 항상 존재하며 늘 재발을 유혹한다고 묘사한다.
    Many recovering addicts describe addiction as **a monkey on their back**, always present and always tempting them to relapse.

4   중독으로부터 벗어나는 것은 등에 업힌 원숭이를 떼어내는 것과 같다고 느낄 수 있으며, 매일의 금주가 승리처럼 느껴진다.
    Breaking free from addiction can feel like shedding **the monkey on one's back**, with each day of sobriety feeling like a victory.

—— break free 탈주하다, 벗어나다, 떨치다

A new smartphone app called "My Sober Life" is designed to help people living in recovery from addiction keep tabs on their progress and avoid relapse. For those in recovery, **the "monkey on their back"** is a burden that requires constant attention and care. The app helps users stay connected to their support network, track their sobriety milestones, and monitor their physical and emotional health. <Forbes>

"나의 단주 생활"이라는 새 스마트폰 앱은 중독에서 회복 중인 사람들이 자신의 진행 상황을 점검하고 재발을 방지할 수 있도록 설계되었다. 회복 중인 사람들에게 '등에 업힌 원숭이'는 지속적인 관심과 보살핌이 필요한 부담이다. 이 앱은 사용자가 지원 네트워크에 계속 연결되고, 금주 이정표를 추적하고, 신체적, 정서적 건강을 모니터링하는 데 도움이 된다. 〈포브스〉

keep tabs on ~ ~을 확인하다, 감시하다

한번 약물에 중독되면 중독**의 늪에 빠질** 수도 있다.
Once hooked on drugs, individuals may go down the rabbit hole of addiction.

MP3 **146**

루이스 캐롤의 소설 〈이상한 나라의 앨리스〉를 보면 앨리스가 토끼 굴로 들어가 이상하고 혼란스러운 세상을 발견하는 내용이 나오는데요, "go down the rabbit hole of(~의 늪에 빠지다)"이 바로 거기서 유래한 표현입니다. 복잡하거나 현실감 없는 상황에 빠져들어 이해하거나 탈출하기 어려워지는 것을 의미하는데, 이는 해당 개인이 익숙하지 않은 세계에 진입해 예기치 않은 결과를 맞게 될 수 있다는 것을 시사합니다.

1 아내가 죽은 후에, 존은 마약에 손을 대고 서서히 중독의 늪으로 빠져들기 시작했다.
   After his wife's death, John turned to drugs and slowly started **going down the rabbit hole of** addiction.

2 오피오이드를 쓰기 시작한 많은 이들은 전혀 중독을 의도하지는 않았지만, 곧 자신이 의존의 늪으로 빠지는 것을 발견한다.
   Many people who start using opioids never intended to get addicted, but soon find themselves **going down the rabbit hole of** dependence.

3 일단 누군가가 중독의 늪에 빠지기 시작하면, 전문가의 도움 없이는 다시 올라오기 어려울 수 있다.
   Once someone starts **going down the rabbit hole of** addiction, it can be difficult to come back up without professional help.

4 회복 중인 많은 중독자들에게, 다시 (중독의) 늪에 빠질지도 모른다는 두려움은 매일의 경계와 지원이 필요한 끊임없는 싸움이다.
   For many recovering addicts, the fear of **going down the rabbit hole again** is a constant battle that requires daily vigilance and support.

—— vigilance 경계, 조심

NEWS

Drug use is a major public health issue in the United States, and one of the most significant concerns is the potential for addiction. Many people start using drugs without realizing the consequences, but soon find themselves **going down the rabbit hole of** dependence. Addiction can have devastating consequences for individuals and their families, and it is crucial that we do all we can to prevent and treat it. <The Hill>

약물 사용은 미국의 주요 공중 보건 문제이며, 가장 중요한 우려 사항 중 하나는 중독 가능성이다. 많은 이들이 그 결과를 깨닫지 못한 채 약물을 사용하기 시작하지만, 곧 자신이 의존의 늪에 빠지는 것을 발견한다. 중독은 개인과 그 가족에게 치명적인 결과를 초래할 수 있으며, 중독을 예방하고 치료하기 위해 우리가 할 수 있는 모든 것을 하는 것이 중요하다. 〈더 힐〉

인스타그램을 보면 영어 공부 인증 모임 등이 많고, 동기부여 차원에서 일일 공부 기록을 계정에 남기는 분들이 많습니다. 어떤 분들은 여러 권의 책을 동시에 섭렵하며 많은 시간을 투자하여 영어 공부에 매진하고 있던데, 굉장히 성실한 분들이란 생각이 들어 게을러지는 제 마음을 다잡게 됩니다.

그러나 한편으론 방해 요소가 많고 뒤처질 걱정도 많은 요즘같은 시대가 그 어느 때보다 더 '선택과 집중'이 필요한 시기가 아닌가 생각해 봅니다. 저는 많은 책을 동시다발적으로 완독하는 데 목표를 두기보단, 한 챕터를 읽고 난 후 공부한 내용을 곱씹어보고 스토리텔링하는 훈련의 중요성을 이야기해 보고자 합니다.

영어 방송 뉴스 리포트를 통합 방식(holistic approach)으로 가르치는 수업을 진행하면서 많은 학습자들이 나무만 보고 숲을 보지 못하여 간단한 영어 스토리텔링으로도 전체적인 묘사를 하지 못하는 경우를 많이 봤습니다. 여기서 나무는 단편적인 어휘이고, 숲은 줄거리라고 볼 수 있습니다.

최근에 공부한 크리스 락의 뉴스 리포트를 한번 보겠습니다. 2022년도 아카데미 시상식에서 영화배우 윌 스미스가 코미디언 크리스 락의 뺨을 때린 사건이 있은 지 일년 후, 크리스 락은 넷플릭스 라이브 스탠드업 코미디 방송에서 특유의 논리적인 과장으로 윌 스미스의 잘못된 분노 표출에 일침을 가했습니다. 가정사로 인한 그의 억눌린 분노가 자신에게 화살이 되어 꽂혔다고 말해 방청객과 시청자들의 폭소를 자아냈습니다. 이 뉴스 리포트에는 2022년에 있었던 일이 간추려져 소개됐고 2023년 크리스의 반격 사건과 그에 대한 사람들의 엇갈린 반응이 소개되었습니다. 일각에서는 침묵을 깨고 한 방 날린 것이 통쾌했다는 반응이, 다른 일각에서는 공개 석상에서 욕설을 퍼부으며 윌 스미스 부부를 비난한 것이 매우 부적절했다(completely inappropriate)는 반응이 있었습니다.

뉴스 리포트를 공부하기 위해 필수 어휘와 내용을 파악했다면 키워드 정리를 통한 스토리텔링을 꼭 해 봐야 합니다. 연결어를 적절히 의식적으로 활용하여 올바른 뭉치 단어를 사용하면서 스토리를 간추려 말해 보는 것이죠.

1	Will Smith slapped Chris Rock at the 2022 Oscars.
2	People around the world were stunned.
3	Will slapped Chris for making fun of his wife Jada's bald head.
4	Chris remained silent on the matter.
5	He broke his silence in a Netflix live special in 2023.
6	He slapped back.
7	Chris threw shade at Will.
8	Chris claimed he was punched due to Will's victimhood mentality.
9	Reactions on the retaliation was mixed.
10	Some gave positive and others gave negative reviews.

이러한 방식으로 뉴스 본문에서 본 주요 구문을 추출하고 정리하고 이를 보면서 글로 써보는 겁니다. 이 과정에서 살을 붙여 본인의 의견을 추가하면 더 좋은 스토리텔링이 되겠죠?

At the 2022 Oscars, there was a shocking incident when Will Smith slapped Chris Rock in front of a live audience. People around the world were stunned by the sudden altercation. It was later revealed that Will had slapped Chris because he made fun of Will's wife Jada's bald head. Despite the incident, Chris remained silent on the matter for over a year. However, in a Netflix live special in 2023, Chris finally broke his silence and slapped back. During the special, Chris threw shade at Will and claimed he was punched due to Will's victimhood mentality. The reactions to Chris's retaliation were mixed, with some giving positive reviews and others giving negative ones. Regardless of how people felt about the situation, it was clear that the incident had caused quite a stir and would not be forgotten anytime soon.

2022년 오스카 시상식에서 윌 스미스가 생방송 중인 관객 앞에서 크리스 락의 뺨을 때리는 충격적인 사건이 발생했습니다. 갑작스러운 언쟁에 전 세계 사람들이 깜짝 놀랐습니다. 나중에 윌이 크리스 락의 뺨을 때린 이유가 크리스가 윌의 아내 제이다의 대머리를 조롱했기 때문이라는 사실이 밝혀졌습니다. 이 사건에도 불구하고 크리스는 1년 넘게 이 문제에 대해 침묵을 지켰습니다. 하지만 2023년 넷플릭스 라이브 스페셜에서 크리스는 마침내 침묵을 깨고 받아쳤습니다. 스페셜에서 크리스는 윌을 비난하며 윌의 피해의식 때문에 자신이 주먹을 맞았다고 주장했습니다. 크리스의 보복에 대한 반응은 엇갈렸는데, 일부는 긍정적인 평가를, 다른 일부는 부정적인 평가를 내렸습니다. 사람들이 이 상황에 대해 어떻게 생각하든 간에, 이 사건이 큰 파장을 일으켰고 금새 잊히지 않을 것임은 분명합니다.

쉽지 않겠지만 소리내어 스토리텔링하는 훈련을 해 보길 바랍니다. 영어 기본 어휘와 간추린 구문을 연속으로 말하는 연습이 유창한 영어 스피커가 되기 위해 꼭 필요합니다.

PART 5

문화, 연예

CHAPTER 1

영화와 **TV**, 온라인 스트리밍

영화 '록키'는 **동명의 주인공** 록키 발보아가 중심이다.
The movie "Rocky" centers around the titular character, Rocky Balboa.

MP3 **147**

"titular character(동명의 주인공)"는 문학, 영화 등의 제목에 이름이 등장하는 주인공 역할을 말합니다.

1 영화 줄거리는 종말 이후의 세계를 항해하는 동명의 주인공 소녀의 고군분투를 중심으로 전개된다.
The film's plot revolves around the struggles of **the titular character**, a young girl navigating a post-apocalyptic world.

2 배우가 이 매력적인 드라마의 동명의 주인공으로 뛰어난 연기를 펼친다.
The actor gives a standout performance as **the titular character** in this gripping drama.
—— standout 아주 뛰어난 것   gripping 시선을 사로잡는, 눈을 떼지 못하게 하는

3 영화의 마케팅 캠페인은 감동적이면서도 가슴 아픈 스토리를 가진 동명의 주인공의 여정을 강조한다.
The film's marketing campaign emphasizes the journey of **the titular character**, whose story is both inspiring and heartbreaking.

4 비평가들은 정체성과 목적에 대한 고민이 관객의 공감을 불러일으키는 동명의 주인공 캐릭터의 깊이와 복잡성에 찬사를 보냈다.
Critics have praised the depth and complexity of **the titular character**, whose struggles with identity and purpose resonate with audiences.
—— resonate with 느낌이나 감정으로 가득하다

NEWS

One of the most anticipated films of the year, "Joker" follows the origin story of **the titular character**, played masterfully by Joaquin Phoenix. Directed by Todd Phillips, the movie is a gritty and intense exploration of mental illness and the consequences of societal neglect. Phoenix's portrayal of the infamous DC Comics villain is haunting and deeply disturbing, yet also strangely sympathetic. <The Washington Post>

올해 가장 기대되는 영화 중 하나인 '조커'는 호아킨 피닉스가 훌륭하게 연기한 동명의 주인공의 기원 스토리를 따라간다. 토드 필립스 감독이 연출한 이 영화는 정신 질환과 사회적 방치의 결과에 대한 투지 있고 강렬한 탐험이다. 악명 높은 DC 코믹스 악당에 대한 피닉스의 묘사가 계속 떠오르고 심하게 불안하지만 이상하게도 동정심을 불러일으킨다. 〈워싱턴 포스트〉

gritty 투지 있는   **infamous** 악명 높은   **haunting** 잊을 수 없는

빈출 표현
148

새 영화는 매우 **양극화되어**, 어떤 사람들은 굉장히 좋아하고 어떤
사람들은 극도로 싫어한다.
**The new movie is very polarizing, with some
people loving it and others hating it.**

MP3 **148**

이 표현은 자석의 N극(north polar)과 S극(south polar)에서 유래했으며, 같은 방향으로
정렬되어 서로 반발하는 걸 묘사합니다. 사람들 사이에 분열이나 의견불일치를 일으
키는 것을 가리키며, 대표적인 대체어로 "divisive(분열을 초래하는)"가 있습니다.

1 이 영화는 평론가들로부터 엇갈린 평가를 받아 올해 가장 양극화된 개봉작 중 하나가 되었다.
    The film has received mixed reviews from critics, making it one of
    the most **polarizing** releases of the year.

2 혁신적인 스토리텔링이라는 찬사와 혼란스럽고 가식적이라는 평이 엇갈리며, 관객들
    사이에서 그 감독의 최신작에 대한 양극화가 다시 한 번 입증되었다.
    The director's latest work has once again proven to be **polarizing**
    among audiences, with some praising its innovative storytelling and
    others finding it confusing and pretentious.
    ——— pretentious 허세부리는, 가식적인

3 논란이 분분한 이 영화는 양극화된 그래픽 콘텐츠와 도발적인 주제로 관객들 사이에서
    논쟁과 분열을 일으켰다.
    The controversial film has sparked debate and division among
    viewers, with its **polarizing** graphic content and provocative themes.
    ——— provocative 도발적인, 자극적인

4 이 영화 주인공 역할에 비원주민 배우가 캐스팅되면서 할리우드 내 대표성 및 더 다양한
    캐스팅의 필요성에 대한 양극화 논쟁이 촉발되었다.
    The casting of a non-indigenous actor in the titular role of the
    film has sparked a **polarizing** conversation about representation in
    Hollywood and the need for more diversity in casting.

NEWS

"Joker," the dark and gritty origin story of Batman's arch-nemesis, has been one
of the most **polarizing** films of the year. While some critics have praised
Joaquin Phoenix's performance and the film's examination of mental illness and
societal decay, others have criticized its bleak and violent tone, accusing it of
glorifying violence and contributing to a toxic culture. <Los Angeles Times>
배트맨의 숙적 조커의 어둡고 냉혹한 기원을 다룬 〈조커〉는 올해 가장 극과 극을 달리는 영화 중
하나였다. 일부 비평가들은 호아킨 피닉스의 연기와 정신 질환 및 사회적 타락에 대한 영화적 고찰에
찬사를 보냈지만, 다른 비평가들은 영화의 암울하고 폭력적인 톤을 비판하며 폭력을 미화하고 유해한
문화를 조장한다고 비난했다. 〈로스앤젤레스 타임즈〉

arch-nemesis 최고의 강적

그 배우는 **무명에서 벗어나** 국제적인 인기를 끌었다.
The actor rose from obscurity to become an international sensation.

MP3 149

"rise from obscurity(무명에서 벗어나다)"는 눈에 띄지 않던 상태에서 유명해지거나 성공하는 것을 의미합니다. 어둠이나 숨겨진 곳에서 무언가가 떠오르는 모습의 이미지가 있습니다.

1 이 영화는 무명에서 벗어나 할리우드의 전설이 된 한 젊은 배우의 이야기를 다룬다.
The film tells the story of a young actor who **rose from obscurity** to become a Hollywood legend.

2 그 감독이 무명에서 벗어나 유명인이 된 것은 영화 제작자 지망생들에게 진정한 영감을 준다.
The director's **rise from obscurity** to becoming a household name is a true inspiration to aspiring filmmakers.

—— household name 누구나 아는 이름, 유명인, 스타   aspiring 장차 ~가 되려는

3 그 여배우가 무명에서 벗어나 아카데미상을 수상한 것은 주목할 만한 업적이다.
The actress's **rise from obscurity** to winning an Academy Award is a remarkable achievement.

4 그 영화의 주연 배우가 무명에서 벗어나 업계에서 가장 많이 찾는 배우 중 한 명이 되었다.
The movie's lead actor **rose from obscurity** to become one of the most sought-after performers in the industry.

—— sought-after 많은 이들이 원하는

5 이 독립 영화의 성공은 훌륭한 스토리의 힘과 무명에서 벗어나 비평가들의 찬사로 이어지는 능력에 대한 증거이다.
The indie film's success is a testament to the power of a great story and the ability to **rise from obscurity** to critical acclaim.

—— testament to ~에 대한 증거

The indie film scene has long been a breeding ground for rising stars and filmmakers who **rise from obscurity** to become household names. Take, for example, Steven Soderbergh, who made a splash with his low-budget debut "sex, lies, and videotape" in 1989 and went on to become a prolific and acclaimed director. <Los Angeles Times>

인디 영화계는 오랫동안 무명에서 벗어나 스타로 발돋움하는 라이징 스타와 영화 제작자의 산실 역할을 해 왔다. 예를 들어, 1989년에 저예산 데뷔작인 〈섹스, 거짓말, 그리고 비디오테이프〉로 큰 화제를 불러일으켰고 다작과 호평을 받는 감독이 된 스티븐 소더버그를 보자. 〈로스앤젤레스 타임즈〉

breeding ground 온상, 산실   **make a splash** 깜짝 놀라게 하다. 평판이 자자하다

빈출 표현 **150**

그 배우는 **실제보다 더 큰 존재감**을 지녔고, 카리스마 넘치는 모습으로 팬들의 사랑을 받았다.
The actor had a larger-than-life personality, and was loved by his fans for his charisma.

MP3 150

"larger-than-life(존재감이 강력한, 주목을 끄는)"는 거대하고 실물보다 큰 크기의 조각상에서 유래한 표현입니다. 거대한 조각상이 주는 존재감이 크니까 당연히 주목을 끌겠죠. 강력한 존재감이나 영향력이 있으며, 종종 신화나 전설적인 것에 비춰질 수 있는 것을 시사합니다.

1   고인이 된 배우가 연기한 상징적인 캐릭터는 존재감이 강력한 인물로 여러 세대에 걸쳐 관객을 사로잡았다.
    The iconic character portrayed by the late actor was a **larger-than-life** figure that captivated audiences for generations.

2   영화의 특수 효과가 실제보다 더 크게 느껴지는 방식으로 이야기의 세계에 생동감을 불어넣는다.
    The film's special effects bring the world of the story to life in a way that feels **larger than life**.

3   출연진들의 주목을 끄는 연기로 이 영화는 이 장르의 팬들에게 꼭 봐야 할 영화가 되었다.
    The **larger-than-life** performances by the cast made the movie a must-see for fans of the genre.

4   이 영화에 대한 감독의 비전은 관객을 새로운 세계로 안내할 존재감 강한 경험을 만들어 내는 것이었다.
    The director's vision for the film was to create a **larger-than-life** experience that would transport audiences to a new world.

With their **larger-than-life** presence, superheroes have always been a perfect fit for the big screen. But as the number of superhero movies continues to grow, filmmakers are finding new ways to keep the genre fresh and exciting. This summer's blockbuster hit, 'The Avengers,' is a prime example. The film's all-star cast and eye-popping special effects created a **larger-than-life** experience that thrilled audiences around the world. <Los Angeles Times>

주목을 끄는 존재감으로, 슈퍼히어로들은 항상 대형 스크린에 적역이었다. 하지만 슈퍼히어로 영화의 수가 계속 증가함에 따라 영화 제작자들은 이 장르를 신선하고 흥미진진하게 유지할 수 있는 새로운 방법을 찾고 있다. 올 여름 블록버스터 흥행작인 '어벤져스'가 대표적인 예이다. 이 영화의 올스타 출연진과 눈을 뗄 수 없는 특수 효과는 전 세계 관객을 열광시킨 존재감이 강한 경험을 선사했다. <로스앤젤레스 타임즈>

perfect fit 적역   **prime example** 아주 좋은 예

영화를 통해, 그는 **내면의** 혼란과 감정을 표출했다.
Through his movie, he **channeled his inner** turmoil and emotions.

MP3 151

"channel one's inner(내면의 ~를 표출하다)"는 특정한 목표나 목적을 위해 자신의 생각이나 감정을 집중하거나 이끌어내는 것을 의미합니다. 사람이 자신의 생각과 감정을 흐름에 맞게 이끌어내는 방식을 표현한 것으로, 개인이 자신의 내면 자원이나 잠재력을 활용해 어떤 것을 달성하는 것을 시사합니다.

1 곧 개봉할 전기 영화에서 주연 배우는 내면의 록스타를 표출하여 전설적인 뮤지션의 실제보다 더 큰 개성을 생생하게 표현해야 한다.
   The upcoming biopic requires the lead actor to **channel his inner** rockstar, bringing to life the larger-than-life personality of the legendary musician.

2 역할을 준비하면서, 여배우는 수개월 동안 엄격한 훈련을 받으며 내면의 운동 선수를 표출해야 했다.
   In preparation for the role, the actress had to **channel her inner** athlete, undergoing months of rigorous training.

3 감독의 도전 과제는 출연진들이 내면의 아이를 표출해 사랑받는 동화 속 캐릭터의 천진난만하고 기발한 성격을 포착하게 격려하는 것이었다.
   The director's challenge was to encourage the cast to **channel their inner** children, capturing the innocent and whimsical nature of the beloved storybook characters.

—— whimsical 엉뚱한, 기발한

NEWS

Canadian actors on the cast of Greta Gerwig's "Barbie" movie went all-out with their premiere looks. On Sunday night, Simu Liu, Ryan Gosling and Michael Cera stunned fans with their red carpet fits — all **channeling their inner** "Ken-ergy." Ontarian Ryan Gosling, who plays the lead Ken in "Barbie" showed out in an all-blush pink suit from Gucci. He paired it with a slightly lighter-coloured pink button-down. <Yahoo! Style>

그레타 거윅의 영화 '바비'에 출연하는 캐나다 배우들이 시사회 룩을 본격적으로 선보였다. 일요일 밤, 시무 리우, 라이언 고슬링, 마이클 세라는 모두 내면의 "켄-어지"를 발산하는 레드 카펫 패션으로 팬들을 깜짝 놀라게 했다. 영화 '바비'에서 주인공 켄 역을 맡은 온타리오 출신의 라이언 고슬링은 구찌의 올 블러쉬 핑크 수트를 입고 등장했다. 그는 약간 밝은 색상의 핑크 버튼다운과 함께 매치했다. 〈야후 스타일〉

스트리밍 플랫폼은 독점 콘텐츠의 **해자를 구축하기** 위해 끊임없이 노력하고 있다.
Streaming platforms are constantly striving to build a moat of exclusive content.

MP3 152

"build a moat(해자를 구축하다)"라는 표현은 과거 성을 보호하기 위해 주위를 둘러 판 못인 해자처럼 보호 장벽을 만드는 것을 의미합니다. 자신의 이익을 보호하고 시장에서 경쟁 우위를 유지하기 위해 조치를 취하고 있음을 시사합니다.

1   디즈니는 방대한 대중 문화를 영구적인 놀이공원 놀이기구로 효과적으로 전환하는 자사의 지적 재산에 해자를 구축하기로 결정했다.
    Disney has decided to **build a moat** around its intellectual property that effectively turns a vast swath of popular culture into a permanent amusement park ride.

————— a vast swath of ~ 방대한 양의

2   넷플릭스가 다른 스튜디오의 라이선싱에 의존하는 게 적어지고 자체 내부 제작에 더 많이 의존하고 있으므로, 이러한 움직임은 넷플릭스가 콘텐츠를 중심으로 해자를 구축하려는 시도로 볼 수 있다.
    This move could be seen as Netflix's attempt to **build a moat** around its content, as it is now relying less on licensing from other studios and more on its own in-house productions.

————— in-house 내부의

3   아마존도 오리지널 콘텐츠에 막대한 투자를 하고 인기 프랜차이즈의 판권을 확보함으로써 스트리밍 서비스에 해자를 구축하기 위한 조치를 취했다.
    Amazon has also taken steps to **build a moat** around its streaming service by investing heavily in original content and acquiring the rights to popular franchises.

Disney's new streaming service, Disney+, is set to launch next month, and the company is doing everything it can to ensure it's a success. That includes taking some of its most popular movies and TV shows off of rival services and **building a moat** around its intellectual property. <CNBC>

디즈니의 새 스트리밍 서비스인 Disney+가 다음 달에 출시될 예정이며, 디즈니는 성공을 위해 최선을 다하고 있다. 여기에는 가장 인기 있는 영화와 TV 프로그램을 경쟁 서비스에서 가져오고 지적 재산에 대한 해자를 구축하는 것도 포함된다. 〈CNBC〉

take ~ off... …에서 ~을 떼어내다

온라인 스트리밍 플랫폼은 **현실적인** 콘텐츠에 대한 수요 증가를
목도하고 있다.
**Online streaming platforms are seeing a rise
in demand for down-to-earth content.**

MP3 153

"down-to-earth(실용적인, 현실적인)"는 실용적이고 현실적이며 솔직한 것을 묘사하여,
물질적 소유나 지위보다는 현실적이고 실용적인 특성을 시사합니다.

1   새로운 스트리밍 서비스는 시청자가 개인적인 차원에서 공감할 수 있는 현실적인 콘텐츠
    제공을 목표로 한다.
    The new streaming service aims to provide **down-to-earth** content
    that viewers can relate to on a personal level.

2   인기 TV 쇼는 공감할 수 있는 캐릭터와 현실적인 스토리라인으로 충성도 높은 팬을 확보했다.
    The popular TV show has gained a loyal following due to its relatable
    characters and **down-to-earth** storylines.
    ——— following 추종자들   relatable 공감대를 형성하는

3   온라인 스트리밍 세계에서, 화려한 제작과 막대한 예산으로 인해 길을 잃기 쉽지만,
    이 시리즈는 양질의 콘텐츠를 제공하면서도 현실적인 모습을 유지한다.
    In the world of online streaming, it's easy to get lost in the flashy
    productions and big budgets, but this series manages to stay **down-
    to-earth** while still delivering quality content.

4   이 네트워크는 모든 계층의 시청자에게 접근할 수 있는 보다 현실적인 프로그램을 선보이며
    더 많은 시청자에게 어필하려 하고 있다.
    The network has been trying to appeal to a wider audience by
    featuring more **down-to-earth** programming that is accessible to
    viewers from all walks of life.
    ——— all walks of life 사회 각계 각층

NEWS

"Ted Lasso" might be the most **down-to-earth** show on television right
now. Airing on Apple TV+, the series follows the titular Lasso (Jason Sudeikis), an
American football coach who takes a job coaching a struggling English Premier
League soccer team. What follows is a charming, heartwarming and often
hilarious fish-out-of-water story that never loses sight of its **down-to-earth**
approach to storytelling. <Los Angeles Times>

〈테드 라소〉는 현재 텔레비전에서 가장 현실적인 프로그램일지도 모른다. Apple TV+에서 방영되는
이 시리즈는 고군분투하는 영국 프리미어 리그 축구팀 코치직을 맡은 미식축구 코치인 동명의 주인공
라소(제이슨 수다이키스 분)를 따라간다. 매력적이고 따뜻하며 종종 유쾌하면서도 멋쩍고 어색한
이야기가 펼쳐지는데, 현실적인 스토리텔링 방식을 절대 놓치지 않는다. 〈로스앤젤레스 타임즈〉

fish-out-of-water 어색한, 불편한, 적응을 못하는

빈출 표현 **154**

스트리밍 플랫폼의 콘텐츠 라인업이 지속적으로 진화하고 있으므로 특정 프로그램의 제공 여부를 **확정할 수**가 없다. **The streaming platform's content lineup is constantly evolving, so the availability of certain shows can't be set in stone.**

MP3 154

"be set in stone(확정하다)"은 중요한 정보나 사건을 기록하기 위해 종종 조각이나 돌에 각인했던 행동에서 유래합니다. 돌에 새겨 놓으면 되돌릴 수 없죠. 그래서 한번 결정되면 변경할 수 없다는 것을 의미하며, 확고부동한 고정의 어감을 풍깁니다.

1. 이 수치는 지금부터 7월에 피코크 스트리밍 서비스가 공식 출시되기 전까지 바뀔 수 있지만, 회사는 확정된 계획이 있는 것으로 보인다.

   While these numbers could change between now and the official debut of the Peacock streaming service in July, it appears that the company has a plan that **is set in stone**.

2. 이 거대 스트리밍 업체는 시청자층 데이터를 수정하여 활용할 수 있다는 것을 알았기 때문에 콘텐츠 결정에서 고정된 틀에 얽매이고 싶어 하지 않는다.

   The streaming giant has seen the power of flexing its viewership data and so doesn't want to **be set in stone** with content decisions.

   —— flex 상황에 맞게 약간 수정하다

3. 그러나 스트리밍으로 전환하기로 결정이 확정적으로 내려졌다고 해도, TV의 장이 닫힌 것은 아니다.

   But even though the decision to move onto streaming **is set in stone**, it is not a closed chapter for TV.

4. 현재로서는 더 이상의 마블 시리즈를 스트리밍 서비스로 옮길 계획이 없지만, 그 계획이 확정되었다는 것은 아니다.

   As of now, the company has no plans to move any more Marvel series to the streaming service but that does not mean the plan **is set in stone**.

NEWS

The schedule for Disney+ series release dates is constantly changing, with little ever seeming to **be set in stone**. For instance, fans were expecting to see a number of Marvel shows, such as WandaVision, hit the streaming platform this year. However, due to the ongoing COVID-19 pandemic and other production issues, those plans have been thrown into disarray. <Screen Rant>

Disney+ 시리즈 출시 일정이 계속 바뀌고 있으며, 확정된 것은 거의 없어 보인다. 예를 들어, 팬들은 올해 완다비전과 같은 많은 마블 프로그램이 스트리밍 플랫폼에서 방영될 것으로 기대했다. 하지만 현재 진행 중인 코로나19 팬데믹과 기타 제작 문제로 인해 이러한 계획이 혼란에 빠졌다. 〈스크린 랜트〉

throw into disarray 혼란에 빠뜨리다

우연이든 의도된 것이든, 이 영화의 예상치 못한 플롯 반전은 관객들을 손에 땀을 쥐게 만들었다. **Whether it's by accident or design,** the movie's unexpected plot twist left audiences on the edge of their seats.

MP3 **155**

"whether it's by accident or design(우연이든 의도된 것이든)"은 발생한 사건이나 행동의 원인에 대해 확신이 없다는 것을 시사합니다.

1 우연이든 의도적이든, 최고의 TV 프로그램과 영화 중 몇몇은 존재조차 몰랐던 세계로 당신을 안내한다.
Whether it's by accident or design, some of the best TV shows and movies take you to worlds that you never even knew existed.

2 이 소름 끼치는 영화의 마지막 메시지는 우연이든 의도된 것이든, 당신이 소망하는 것을 조심하라는 것이다.
The final message from this super-creepy movie, **whether it's by accident or design,** is to be careful what you wish for.

3 우연이든 의도적이든, 영화를 훌륭하게 만드는 바로 그 특성이 논란의 여지가 있거나 문제가 될 수 있다.
Whether it's by accident or design, the very qualities that make movies great are also the ones that can make them controversial or problematic.

4 비평가들은 많은 사람들이 도피성 엔터테인먼트를 찾는 시기에 스트리밍 대기업이 리얼리티 프로그램의 제작량을 늘리는 것이 우연인지 아니면 의도적인 것인지 의문을 제기했다.
Critics have questioned **whether it's by accident or design** that the streaming giant has been increasing its output of reality shows during a time when many people are looking for escapist entertainment.

―――― escapist 현실 도피의

NEWS

"I've been wondering **whether it's by accident or design** that so many of the TV shows and movies that have truly resonated with me lately have taken me to worlds I never even knew existed. If it's by accident, it's the best kind: the kind that shows you a new perspective, shakes you up a bit, and then leaves you feeling exhilarated and transformed. And if it's by design, it's a testament to the creators' imaginations, curiosity, and ability to transport us beyond our own experience." <The Atlantic>

"최근 저에게 진정으로 공감을 불러일으킨 많은 TV 프로그램과 영화가 저를 존재조차 몰랐던 세계로 데려다 준 것이 우연인지 의도된 것인지 궁금해졌습니다. 우연이라면 새로운 관점을 보여주고, 약간의 충격을 주며, 짜릿하고 변화된 느낌을 주는 가장 좋은 종류의 우연일 것입니다. 의도된 것이라면 제작자의 상상력과 호기심, 그리고 우리의 경험을 뛰어넘는 능력을 보여주는 증거입니다." 〈디 애틀랜틱〉

긴장감과 불안감으로 **가득 찬** 스탠드업 코미디는 공연에 영향을 미칠 수 있다.
Stand-up comedy fraught with nervousness and anxiety can affect performance.

MP3 156

"fraught with(~으로 가득찬)"은 불쾌하거나 어려운 것으로 가득 차 있는 것을 의미합니다. 화물이 가득 찬 선박을 뜻하는 고대 영어 단어 "fraught"에서 유래한 것으로, 어떤 상황이나 일이 도전적이거나 문제가 있음을 나타냅니다.

1   인기 TV 쇼의 제작은 TV 프로그램 총괄 책임자의 높은 이직률로 인해 논란이 분분했다.
    The production of the popular TV show was **fraught with** controversy due to the high turnover rate of showrunners.

    —— turnover rate 이직률   showrunner TV 프로그램 총괄 책임자

2   스트리밍 서비스가 엄청난 인기를 얻었지만, 새로운 시장으로의 확장은 법적 문제로 가득 차 있다.
    While the streaming service has become incredibly popular, its expansion into new markets has been **fraught with** legal challenges.

3   인기 소설을 TV 시리즈로 각색하는 과정은 팬들의 기대치가 높기에 많은 어려움을 겪을 수 있다.
    The process of adapting a beloved book into a TV series can be **fraught with** challenges as fans have high expectations.

4   다가올 시즌에 내놓을 격렬한 액션 장면 촬영은 위험으로 가득 차 있어 높은 수준의 안전 예방 조치가 필요했다.
    The filming of the intense action scenes for the upcoming season was **fraught with** danger and required a high level of safety precautions.

The entertainment industry is **fraught with** challenges and obstacles, especially in the current climate where the industry is constantly evolving. With the rise of streaming services and the continued popularity of traditional television, there is an increasing demand for new and engaging content. However, creating and producing these shows can be a daunting task, as it requires significant financial investment and resources. <The Hollywood Reporter>

엔터테인먼트 산업은 도전과 장애물로 가득 차 있으며, 특히 업계가 끊임없이 진화하는 지금 같은 환경에서는 더욱 그렇다. 스트리밍 서비스의 부상과 기존 텔레비전의 지속적인 인기로 인해 새롭고 매력적인 콘텐츠에 대한 수요가 증가하고 있다. 하지만 이러한 프로그램을 기획해 내고 제작하는 것은 상당한 재정적 투자와 자원이 필요하기 때문에 벅차고 쉽지 않은 작업이다. 〈할리우드 리포터〉

engaging 매력적인   **daunting** 벅찬, 주눅이 들게 하는

CHAPTER 2

공연과 연예가 화제

빈출 표현
157

공연 중 실수를 반복하는 건 경력**을 망치는 결정타**가 될 수 있다.
Making repeated mistakes during a performance can be the nail in the coffin for one's career.

MP3 157

이 표현은 관(coffin) 뚜껑을 단단히 고정하기 위해 못(nail)을 박는 것에서 유래했습니다. 어떤 것의 실패나 종말을 야기하는 행동이나 사건을 의미하며, 상황이 돌이킬 수 없거나 실패가 불가피하다는 것을 시사합니다.

1   주연 배우의 부진한 연기가 연극 성공을 가로막는 결정타가 될 수 있다.
The lackluster performance of the lead actor could be **a nail in the coffin** for the play's success.

———— lackluster 열기 없는, 활기 없는

2   공연이 받은 악평이 브로드웨이 공연 기회의 실패에 대한 결정타였을 수도 있다.
The bad reviews the show received might have been **the nail in the coffin** for its chances at a Broadway run.

3   공연에서 가장 인기 있는 곡을 빼기로 한 감독의 결정이 공연 실패의 결정타가 될 수도 있다.
The director's decision to cut the show's most popular song might be **the final nail in the coffin** for the production.

4   총연습 중 발생한 기술적인 문제가 무대 제작진의 자신감을 떨어뜨린 결정타였다.
The technical issues during the dress rehearsal were **a nail in the coffin** for the stage crew's confidence.

———— dress rehearsal 총연습 (실제 공연과 같이 분장하고 조명을 써서 하는 연극의 마지막 연습)

5   티켓 가격을 인상하기로 한 극장의 결정이 관객 수 감소의 결정타가 될 수 있다.
The theater's decision to increase ticket prices could be **the nail in the coffin** for its dwindling audience numbers.

NEWS

Speaking of dead productions, the latest Broadway offering of "Spider-Man: Turn Off the Dark" has had **the final nail** driven **into its coffin**. The show was troubled from the outset, with numerous injuries to cast and crew during rehearsals and previews. Reviews were mixed, with some praising the spectacle and others criticizing the convoluted storyline. <The Los Angeles Times>

부진한 제작에 대해 말하자면, 최근 브로드웨이에서 공연된 <스파이더맨: 턴 오프 더 다크>가 결정타를 날린 작품이다. 이 공연은 리허설과 시사회에서 출연진과 스태프가 부상을 입는 등 시작부터 문제가 많았다. 일부에서는 스펙터클을 칭찬하고 다른 일부에서는 복잡한 스토리라인을 비판하는 등 평가도 엇갈렸다. <로스앤젤레스 타임즈>

dead 부진한, 매매가 없는   **convoluted** 대단히 난해한

그 뮤지컬은 **지극히 평범한** 편이었고 특별한 것이 없었다.
The musical was just run-of-the-mill, nothing special.

MP3 **158**

"run-of-the-mill(지극히 평범한, 그저 그러한)"은 대량 생산되는 표준에 맞고 독창성이 없는 제품을 가리키는 용어로, 제조업에서 비롯된 표현입니다. 특별하거나 독특한 특성이 없는, 그저 그러한 보통의 것을 의미합니다.

1 이 작품은 현대 기술과 소셜 미디어를 이야기에 접목해 평범한 살인 미스터리 장르에 새로운 생명을 불어넣으려고 한다.

The production tries to inject new life into the **run-of-the-mill** murder mystery genre by incorporating modern technology and social media into the story.

2 이 쇼는 꽤 재미있지만, 궁극적으로 잠재력을 충분히 살리지 못하는 평범한 브로드웨이 뮤지컬처럼 느껴진다.

The show is decently entertaining, but ultimately feels like a **run-of-the-mill** Broadway musical that doesn't quite live up to its potential.

3 올해 페스티벌 라인업에는 실험적이고 아방가르드한 작품과 더 많은 관객에게 어필할 수 있는 더 평범한 작품이 섞여 있다.

This year's festival lineup features a mix of experimental and avant-garde works, as well as some more **run-of-the-mill** productions that will appeal to a wider audience.

4 연극 대본은 잘 쓰여졌고 연기는 탄탄하지만 프로덕션 디자인은 상당히 평범하고 전반적인 경험에 많은 것을 추가하지 않는다.

The play's script is well-written and the acting is solid, but the production design is fairly **run-of-the-mill** and doesn't add much to the overall experience.

The scenes in 'Dr. Jekyll & Mr. Hyde' are predictable, and the music and lyrics are **run-of-the-mill**. Some scenes felt like they were only there for the sake of filling up the time, rather than to move the story forward. The production has the feel of a high school musical, but with more elaborate costumes and set design. The cast did their best with the material they were given, but ultimately, the show is forgettable and doesn't leave a lasting impression. <Broadway World>

〈지킬 박사와 하이드 씨〉의 장면은 예측 가능하고 음악과 가사는 평범하다. 일부 장면은 스토리를 진행하기보다는 시간을 채우기 위해 있는 것처럼 느껴지기도 했다. 이 작품은 고등학교 뮤지컬의 느낌이 나면서 의상과 세트 디자인만 더 정교하다. 출연진들이 주어진 재료로 최선을 다했지만 궁극적으로 이 공연은 별로 특별할 게 없고 깊은 인상을 남기지 못한다. 〈브로드웨이 월드〉

빈출 표현
159

댄서들은 음악**에 맞춰** 움직였다.
The dancers moved in synchrony with the music.

MP3 159

"in synchrony with(~와 동기화되어, ~에 맞춰)"는 음악 분야에서 유래한 표현으로, 조화와 일관성을 달성하기 위해 동기화가 중요하다는 어감을 내포합니다. 다른 것과 조화를 이루고 서로 조정을 하며 함께 움직이는 걸 의미합니다.

1 댄서들이 음악에 맞춰 움직이며 놀라울 정도로 멋진 비주얼을 연출했다.
The dancers moved **in synchrony with** the music, creating a stunning visual display.

2 음악가들은 서로 동기화되어 아름답고 조화로운 사운드를 만들어 냈다.
The musicians were **in synchrony with** each other, producing a beautiful and harmonious sound.

3 배우들은 극의 리듬에 맞춰 대사를 말하며 대사에 깊이와 의미를 더했다.
The actors spoke their lines **in synchrony with** the rhythm of the play, adding depth and meaning to their words.

4 조명과 음향 효과는 연기자에 맞춰 동기화되어 관객의 전반적인 경험 가치를 향상시켰다.
The lighting and sound effects were **in synchrony with** the performers, enhancing the overall experience for the audience.

5 전체 제작은 흠잡을 데 없이 실행되었으며, 각 요소가 다른 요소와 맞춰 조화를 이루면서 참석한 모든 사람에게 진정으로 잊을 수 없는 경험을 만들어 냈다.
The entire production was flawlessly executed, with each element working **in synchrony with** the others to create a truly unforgettable experience for all who attended.

NEWS

This performance was a full sensory experience. Every element of the production was expertly crafted, from the dancing to the light design to the orchestra itself. Everything worked **in synchrony** to create a sublime and transcendent experience. <Ludwig Van Toronto>

이 공연은 오감을 만족시키는 경험이었다. 춤부터 조명 디자인, 오케스트라에 이르기까지 프로덕션의 모든 요소가 전문적으로 제작되었다. 모든 것이 동기화되어 숭고하고 탁월한 경험을 만들어 냈다. 〈루드비히 반 토론토〉

sublime 절묘한, 숭고한　　**transcendent** 초월하는, 탁월한

그는 경력을 쌓기 위해 주연 배우**에게 빌붙어 있었다.**
He **was just riding the** lead actor**'s** coattails **to get ahead in his career.**

MP3 160

"ride one's coattails/ride the coattails of(~에게 빌붙다, ~에 편승하다)"는 다른 사람의 성공이나 인기를 이용해 자신의 이익을 추구하는 것을 의미합니다. 남성들의 뒤춤이 긴 테일코트의 꼬리를 잡는다는 말로 보통 혼자서는 성공할 수 없음을 내포합니다.

1 한 아티스트가 다른 아티스트의 성공에 편승하는 건 드문 일이 아니다.
   It's not uncommon for one artist to **ride the coattails of** another's success.

2 비평가들은 오프닝 공연이 주연 코미디언의 성공에 편승해 신뢰를 얻으려 한다고 비난했다.
   Critics accused the opening act of trying to **ride the coattails of** the headlining comedian to gain credibility.
   ——— headline 주 공연자로 나오다

3 많은 밴드가 그런지 시대에 편승하려고 했지만, 똑같은 사운드로 성공한 밴드는 거의 없다.
   Many bands have tried to **ride the coattails of** the grunge era, but few have found success with the same sound.
   ——— grundge 1990년대 초 유행한 록 음악의 일종

4 어떤 사람들은 성공한 그 뮤지션이 훨씬 더 큰 명성과 성공을 거두기 위해 자신의 유명한 아버지에게 편승하려 하고 있다고 믿는다.
   Some believe that the successful musician is trying to **ride the coattails of** his famous father to achieve even greater fame and success.

NEWS

Lil Nas X has built an empire in the music industry thanks to his infectious personality and innovative approach to music. He's also not afraid to take risks, as evidenced by his latest collaboration with pop superstar Miley Cyrus. The two teamed up for a remix of Lil Nas X's hit song "MONTERO (Call Me By Your Name)," and it's clear that Cyrus is **riding** Lil Nas X**'s coattails** to some extent. While Cyrus is certainly an established artist in her own right, her recent output hasn't been as successful as it once was. <Rolling Stone>

릴 나스 엑스는 다른 사람에게 영향을 끼치는 성격과 음악에 대한 혁신적인 접근 방식 덕분에 음악업계에서 제국을 건설했다. 또 최근 팝 슈퍼스타 마일리 사이러스와의 협업에서 알 수 있듯이 그는 위험을 감수하는 걸 두려워하지 않는다. 두 사람은 릴 나스 엑스의 히트곡 '몬테로(콜 미 바이 유어 네임)'의 리믹스를 위해 팀을 꾸렸고, 사이러스가 릴 나스 엑스의 유명세에 어느 정도 편승하고 있는 건 분명하다. 사이러스는 분명 혼자 힘으로 확고히 자리매김한 아티스트이지만, 최근의 성과는 예전만큼 성공적이지 못했다. 〈롤링스톤〉

infectious 다른 이들에게 영향을 미치는   **in one's own right** 혼자 힘으로

문화 축제에서는 **전 범위를 아우르는** 다양한 장르의 공연이 펼쳐졌다.
The cultural festival featured performances that ran the gamut of genres.

MP3 161

"run the gamut of(~의 전 범위를 다루다)"는 음악 용어인 "gamut"에서 비롯되었는데, 이는 음계의 전체 범위를 말합니다. 여기에서 확장되어 어떤 것의 전체 범위를 의미하며, 다양성이나 서로 다른 결과를 시사합니다.

1　록부터 힙합, 컨트리까지 페스티벌 라인업이 다양한 음악 장르를 아우른다.
The festival lineup **runs the gamut of** musical genres, from rock to hip hop to country.

2　올해 극장 시즌은 코미디부터 비극, 뮤지컬까지 다양한 감정의 영역을 아우를 것이다.
This year's theater season will **run the gamut of** emotions, with everything from comedies to tragedies to musicals.

3　이 연극에 출연하는 배우들은 노련한 전문가부터 무대 데뷔를 앞둔 배우까지 다양한 경력을 모두 아우른다.
The actors in this play really **run the gamut of** experience, with some being seasoned professionals and others making their stage debuts.
———— seasoned 노련한

4　패션쇼는 유명 디자이너와 전도 유망한 신예 디자이너를 모두 아우르는 다양한 컬렉션으로 구성될 것이다.
The fashion show will **run the gamut of** designers, featuring both established names and up-and-coming talent.
———— established name 일가를 이룬　　up-and-coming 전도 유망한

Over the course of the festival's 11-day run, attendees can expect a diverse range of performances that **run the gamut of** genres and styles. From established headliners like Post Malone and Lizzo to up-and-coming acts like Orville Peck and Remi Wolf, there's something for every musical taste. In addition to the main stage performances, there will also be a variety of smaller shows and events, including workshops, panels, and after-parties. <Billboard>

페스티벌이 진행되는 11일 동안 참석자들은 장르와 스타일을 모두 아우르는 다양한 공연을 기대할 수 있다. 포스트 말론, 리조 같은 저명 인사부터 오빌 펙, 레미 울프 같은 떠오르는 아티스트까지 모든 음악적 취향을 만족시킬 수 있는 공연이 준비되어 있다. 메인 스테이지 공연 외에도 워크숍, 패널, 애프터 파티 등 다양한 소규모 공연과 이벤트가 열릴 예정이다. 〈빌보드〉

headliner 저명 인사, 스타　　**act** 음악 공연자

선정적인 연예 뉴스를 향한 **바닥치기 경쟁**은 끝이 안 보이는 것 같다.
It seems like the race to the bottom for sensational entertainment news has no end in sight.

MP3 **162**

"race to the bottom(바닥치기 경쟁)"은 품질보다 비용 절감을 우선시하는 경쟁 상황을 말하는 것에서 유래했습니다. 바닥을 향한 경쟁은 부정적인 결과와 희생을 야기합니다.

1   유명세를 유지하려는 절박한 심정으로 일부 유명인도 오로지 관심을 끌기 위해 드라마 같은 일을 지어내고 논란이 많은 행동을 함으로써 바닥치기 경쟁에 일조했다.

Some celebrities, in their desperation to remain relevant, have also contributed to **the race to the bottom** by manufacturing drama and engaging in controversial behavior solely for the purpose of gaining attention.

——— manufacture (이야기 등을) 지어내다

2   소셜 미디어 시대에, 일부 유명인이 온라인 인지도를 높이고 더 많은 팔로워를 확보하기 위해 충격 효과와 분노를 이용하면서 바닥치기 경쟁이 더욱 심화되었다.

In the era of social media, **the race to the bottom** has only intensified, with some celebrities using shock value and outrage to boost their online presence and gain more followers.

3   유명인들이 미디어와 대중의 감시와 비판을 끊임없이 받기 때문에, 바닥치기 경쟁은 정신 건강에도 부정적인 영향을 미쳤다.

The race to the bottom has also had a negative impact on mental health, as celebrities are constantly subjected to scrutiny and criticism from the media and the public.

When it comes to celebrity gossip, it often seems like there's **a race to the bottom** in terms of sensationalist stories and invasive coverage. Unfortunately, many celebrities contribute to this trend by engaging in outrageous behavior and manufacturing drama to stay relevant. In the age of social media, **the race to the bottom** has only intensified, with some celebrities resorting to shock tactics and offensive behavior to boost their online presence. <The Independent>

유명인 가십에서, 선정적인 기사와 침해성 보도에 대하여 바닥치기 경쟁이 있는 것처럼 보인다. 안타깝게도, 많은 유명인들이 유명세를 유지하기 위해 터무니없는 행동을 하고 드라마 같은 일을 지어냄으로써 이러한 경향의 원인이 되고 있다. 소셜 미디어 시대에, 일부 유명인은 온라인 인지도를 높이기 위해 충격 전술과 공격적인 행동에 의존하면서 바닥치기 경쟁은 더욱 심화되었다. 〈인디펜던트〉

outrageous 어처구니 없는   **presence** 존재, 있음

젊은 유명인들 사이에서 완전 채식주의가 **점점 더 유행하고** 있다.
Veganism is increasingly in vogue among young celebrities.

MP3 163

이 표현은 "fashion" 또는 "trend"를 의미하는 프랑스어 "vogue"에서 유래한 것으로, "increasingly in vogue"는 갈수록 더 인기를 끄는 또는 유행하는 것을 의미합니다.

1   최근 몇 년 동안, 유명인과 일반 대중 사이에서 똑같이 건강함과 자기 관리가 점점 더 유행하고 있다.

In recent years, wellness and self-care have become **increasingly in vogue** among celebrities and the general public alike.

—— wellness 건강함, (예방적) 건강 관리

2   많은 유명인이 육류 없는 라이프스타일의 이점을 옹호하면서 할리우드 엘리트들 사이에서 식물성 식단이 점점 더 유행하고 있다.

The trend of plant-based diets has been **increasingly in vogue** among the Hollywood elite, with many celebrities advocating for the benefits of a meat-free lifestyle.

3   많은 이들이 군더더기 없는 생활 방식과 단순하고 간결한 옷장의 이점을 선전하며, 유명인들은 미니멀리즘을 점점 더 유행하게 만들었다.

Celebrities have made minimalism **increasingly in vogue**, with many touting the benefits of a clutter-free lifestyle and simple, streamlined wardrobes.

—— tout 장점을 내세우다, 광고하다   clutter-free 어수선하지 않는
streamlined 능률적인, 간결한

NEWS

Self-care has been **increasingly in vogue** in Hollywood in recent years, with celebrities openly sharing their routines and practices. Whether it's meditation, yoga, or other forms of self-reflection, stars are embracing self-care as a means of maintaining their mental and emotional health. Actress Emma Watson, for example, has talked about the importance of self-care in combating anxiety and depression. Similarly, singer Lizzo has spoken about the need to prioritize self-love and self-care, even in the face of criticism and negativity. <The Independent>

유명인들이 자신의 일상과 실천법을 공개적으로 공유하며 최근 몇 년 동안 할리우드에서는 자기 관리가 점점 더 유행하고 있다. 명상, 요가 또는 다른 형태의 자기 성찰 등 스타들은 정신적, 정서적 건강을 유지하는 수단으로 자기 관리를 받아들이고 있다. 예를 들어, 배우 엠마 왓슨은 불안과 우울증을 극복하는 것에서 자기 관리의 중요성을 이야기한 바 있다. 마찬가지로, 가수 리조는 비판과 부정에 직면하여도 자기애와 자기 관리에 우선순위를 두어야 한다고 말했다. 〈인디펜던트〉

in the face of ~ ~에 직면하여, ~에도 불구하고

그 스캔들로 인해 배우가 **꼬리를 내리고** 스포트라이트에서 물러났다.

The scandal has caused the actor to retreat from the spotlight with his tail between his legs.

MP3 1 6 4

"with one's tail between one's legs(기가 죽어서)"는 개가 싸움에서 패배한 후 꼬리를 다리 사이로 숨기는 모습에서 유래되었습니다. 사람이 실패나 패배 후 창피한 기분을 느껴 고개를 숙이고 현장을 떠나는 것을 묘사합니다.

1   스캔들이 터진 후, 배우는 사과하고 기가 죽어 기자 회견장을 떠났다.
    After the scandal broke, the actor apologized and left the press conference **with his tail between his legs**.

2   논란이 많은 트윗은 유명인이 풀이 죽어 공개 사과를 하는 것으로 끝났다.
    The controversial tweet resulted in the celebrity issuing a public apology **with his tail between his legs**.

3   리얼리티 프로그램 스타는 자신의 행동에 대해 지적을 받은 후 굴욕감을 느꼈고 기가 죽어 파티장을 떠났다.
    The reality star was humiliated after being called out for his behavior and left the party **with his tail between his legs**.

4   논란이 많은 발언에 대한 반발이 뒤따르자 그 뮤지션은 기가 죽어 소셜 미디어에서 물러났다.
    Following the backlash from his controversial comments, the musician retreated from social media **with his tail between his legs**.

5   스캔들에 휩싸인 이 프로듀서는 결국 꼬리를 내린 채 업계를 떠났다.
    The scandal-ridden producer ultimately left the industry **with his tail between his legs**.

NEWS

This weekend, Justin Timberlake posted an apology on Instagram to his wife, Jessica Biel, for holding hands with his costar Alisha Wainwright at a New Orleans bar. The photographs and videos of their night out went viral, and Timberlake tried to ride it out with a casual and breezy public statement. When the backlash continued to mount, he came back **with his tail between his legs** and offered a heartfelt apology. <The New York Times>

이번 주말, 저스틴 팀버레이크는 뉴올리언스의 한 바에서 동료 배우 알리샤 웨인라이트와 손을 잡은 것에 아내 제시카 비엘에게 보내는 사과문을 인스타그램에 올렸다. 두 사람의 밤 외출 사진과 영상이 입소문을 타자 팀버레이크는 평상시와 같은 경쾌한 어조의 공개 성명을 통해 사태를 넘기려고 했다. 하지만 반발이 커지자, 그는 꼬리를 내리고 기가 죽어 진심 어린 사과를 했다. 〈뉴욕 타임즈〉

go viral 입소문이 나다   **ride out** 잘 넘기다   **breezy** 경쾌한

유명인의 갑작스러운 죽음으로 팬들 사이에서 슬픔이 **쏟아졌다.**
The celebrity's sudden death triggered an outpouring of grief among fans.

MP3 165

"trigger an outpouring of(~의 대량 유출을 촉발하다)"는 댐이 부서져 물이 쏟아지는 상황을 비유하는 표현으로, 엄청난 감정적인 반응이나 반응을 촉발(trigger)하는 것을 의미합니다.

1 그의 갑작스러운 사망을 전하는 비극적인 소식에 팬들과 동료 연예인들 모두의 추모가 쏟아지고 있다.
The tragic news of his sudden death **has triggered an outpouring of** tributes from fans and fellow celebrities alike.
────── tribute 헌사

2 정신 건강과의 싸움에 대한 여배우의 솔직한 인터뷰는 소셜 미디어에서 엄청난 지지와 공감을 불러일으켰다.
The actress's candid interview about her struggles with mental health **has triggered an outpouring of** support and empathy on social media.

3 시상식 주최 측의 논란이 많은 결정으로 팬들과 업계 관계자들의 분노와 실망이 쏟아졌다.
The controversial decision by the awards show organizers **has triggered an outpouring of** anger and disappointment from fans and industry insiders.

4 두 사람의 결별 발표로 타블로이드와 가십 사이트에서 추측과 소문이 쏟아져 나왔다.
The announcement of the couple's split **has triggered an outpouring of** speculation and rumors from tabloids and gossip sites.

NEWS

The news of Boseman's death **triggered an outpouring of** grief and tributes from fans and fellow celebrities alike, with many expressing shock and sadness at the loss of such a talented and inspirational actor. Tributes poured in on social media, with fans sharing their favorite moments from Boseman's films and expressing their condolences to his family and loved ones. <CNN>

보즈먼의 사망 소식에 팬들과 동료 연예인들 모두의 애도와 추모가 쏟아졌고, 많은 이들이 그런 재능 있고 영감을 주는 배우를 잃은 것에 충격과 슬픔을 표현했다. 팬들은 보즈먼의 영화에서 가장 좋아하는 순간을 공유하고 그의 가족과 사랑하는 사람들에게 애도를 표하는 등 소셜 미디어를 통해 추모가 쏟아졌다. 〈CNN〉

이 영화는 약한 줄거리와 서투른 연기로 비평가들의 **혹평을 받았다.**

The movie was panned by critics for its weak plot and bad acting.

MP3 166

"be panned by(~의 혹평을 받다)" 표현은 숟가락으로 팬을 치면 크고, 거친 소리가 나는 것과 같이, 부정적인 피드백을 받는 것을 묘사합니다. 특히 영화나 공연 같은 것에서 타인으로부터 강한 비판을 받는 걸 의미합니다.

1 새 영화는 비평가들의 혹평을 받았으며, 많은 비평가들이 그것의 과대 광고에 걸맞는 성과를 내지 못한다고 말했다.

The new film has been panned by critics, with many saying it fails to live up to its hype.

—— live up to the hype 과대 광고에 걸맞는 성과를 내다, 기대에 부응하다

2 그 유명인의 최신 앨범은 그녀의 평소 스타일에서 벗어났다고 느낀 팬들에게 비난을 받았다.

The celebrity's latest album was panned by fans who felt it was a departure from her usual style.

3 이 연극은 부진한 대본과 인상적이지 않은 연기로 인해 비평가들에게 대단히 비난을 받았다.

The play was widely panned by critics for its lackluster writing and unimpressive performances.

4 영화는 관객과 비평가 모두에게 혹평을 받았으며, 많은 이들이 혼란스러운 줄거리와 캐릭터 전개 부족을 이유로 꼽았다.

The movie was panned by audiences and critics alike, with many citing its confusing plot and lack of character development.

—— cite ~을 이유로 들다

The much-hyped superhero movie **has been panned by** critics, with many slamming it for its lack of originality and depth. While the film has performed well at the box office, fans have been less enthusiastic, with many taking to social media to express their disappointment. Some have even called for a boycott of the movie, citing its poor writing and unimpressive special effects. <The Hollywood Reporter>

대대적으로 광고된 이 슈퍼히어로 영화는 비평가들로부터 혹평을 받았으며, 많은 이들이 독창성과 깊이가 부족하다고 맹비난했다. 영화는 흥행에서 좋은 성적을 거뒀지만, 팬들은 그다지 열광하지 않았고, 많은 이들이 소셜 미디어를 통해 실망감을 표출했다. 심지어 일부 팬들은 형편없는 각본과 인상적이지 않은 특수 효과를 이유로 영화 보이콧을 요구하기도 했다. 〈할리우드 리포터〉

slam 맹비난하다

CHAPTER 3

인플루언서 & 소셜 미디어, AI

깨어 있음은 소셜 미디어에서 인기 있는 논의 주제가 되었다.
Wokeness has become a popular topic of discussion in social media.

MP3 167

"wokeness(각성, 깨어 있음)"는 중요한 사회 문제에 대한 인식과 민감성을 나타내는 용어입니다. "woke"는 "wake"의 과거형이지만 '세상사에 관심이 많은', '깨어 있는'이라는 형용사로 쓰이기 시작했고, 2017년 옥스퍼드 사전에 형용사로 등재되었습니다. 이 표현은 미국에서 인종, 성별, 성적 취향 및 차별에 관련되어 자주 쓰입니다.

1   각성을 촉구하려는 그 인플루언서의 시도는 팔로워들이 그녀의 보여주기식 행동주의를 비난하면서 역효과를 냈다.
The influencer's attempt to promote **wokeness** backfired when followers accused her of performative activism.
———— performative 보여주기식의

2   이제 많은 브랜드가 팔로워들에게 사회 정의와 각성의 메시지를 효과적으로 전달할 수 있는 인플루언서를 찾고 있다.
Many brands are now looking for influencers who can effectively communicate messages of social justice and **wokeness** to their followers.

3   일부 인플루언서들은 개인적인 이익을 위해 깨어 있음을 이용한다는 비난을 받았고, 이는 진정성과 진실성에 대한 논쟁으로 이어졌다.
Some influencers have been accused of co-opting **wokeness** for personal gain, leading to debates about authenticity and sincerity.
———— co-opt 선임하다, 끌어들이다

Instagram and YouTube are littered with influencers and bloggers preaching about mindfulness, meditation, and 'self-care' but are they really practicing what they preach? And can the consumption of content promoting 'wellness' turn into a dangerous and obsessive pattern of behaviour? It's not exactly the height of **wokeness** to admit that my feed is full of inspirational quotes, pictures of toned yoga bodies and ads for matcha powder. <The Independent>

인스타그램과 유튜브에 마음챙김, 명상, '자기 관리'에 대해 설교하는 인플루언서와 블로거들이 넘쳐나지만, 과연 그들이 자신이 설교하는 것을 실제로 실천하고 있을까? 그리고 '웰빙'을 홍보하는 콘텐츠의 소비가 위험하고 강박적인 행동 패턴으로 바뀔 수 있을까? 내 피드에 영감을 주는 명언, 탄탄한 요가 몸매 사진, 말차 가루 광고가 가득하다는 사실을 인정하는 게 자신이 굉장히 깨어 있음을 나타내지는 않는다. 〈인디펜던트〉

이 인플루언서의 게시물은 자주 정신 건강**에 대한 주제를 계속해서 다룬다.**
The influencer's posts often harp on the topic of mental health.

MP3 168

"harp on the topic of(~에 대한 주제를 계속해서 말하다)"는 하프를 연주하면서 같은 음이나 멜로디를 반복하는 모습에서 유래했으며, 특정한 주제를 반복해서 지나치게 논하거나 강조하는 것을 의미합니다. 같은 주제를 계속 언급함으로써 지루하게 느껴질 수 있다는 것을 시사합니다.

1 인플루언서들은 자기 몸 긍정주의에 대한 주제를 계속해서 다루지만, 일부 전문가들은 그게 의도하지 않은 결과를 초래할 수 있다고 경고한다.
Influencers often **harp on the topic of** body positivity, but some experts are warning that it may have unintended consequences.

2 이 뷰티 인플루언서는 수년간 천연 피부관리를 계속 이야기해 왔고, 그녀의 팔로워들은 그녀의 추천을 깊이 신뢰한다.
The beauty influencer **has been harping on the topic of** natural skincare for years, and her followers swear by her recommendations.
—— swear by ~을 확실히 믿다

3 일부 비평가들은 인플루언서가 자신의 플랫폼을 이용해 개인적 신념을 반복해 말한다고 비난하지만, 다른 비평가들은 자신의 목소리를 선한 목적으로 사용하는 것이 중요하다고 주장한다.
Some critics accuse influencers of using their platform to **harp on the topic of** their personal beliefs, but others argue that it's important to use their voice for good.

4 이 건강 인플루언서는 전체적인 건강을 누차 말하는 것으로 유명하지만, 일부 전문가들은 그녀의 조언 중 일부가 위험할 수도 있다고 경고한다.
The wellness influencer is known for **harping on the topic of** holistic health, but some experts are warning that some of her advice may be dangerous.

NEWS

Many influencers **harp on the topic of** mental health, but some are questioning whether their approach is helpful or harmful. While some experts argue that influencers can use their platform to help break down stigmas surrounding mental health, others worry that the constant focus on self-care and positivity can be overwhelming for their followers. <Forbes>

많은 인플루언서들이 정신 건강에 대해 반복해 이야기하지만, 일부 사람들은 그들의 접근 방식이 도움이 되는지 해로운지 의문을 제기하고 있다. 일부 전문가들은 인플루언서가 자신의 플랫폼을 이용해 정신 건강을 둘러싼 오명을 깨부수는 데 도움이 될 수 있다고 주장하지만, 다른 전문가들은 자기 관리와 긍정에 대한 지속적인 집중이 팔로워들에게 부담스러울 수 있다고 우려한다. 〈포브스〉

빈출 표현 169

그는 공개적으로 인플루언서를 질책하기 위해 **스스로 나섰다.**
He took it upon himself to rebuke the influencer in public.

MP3 169

"take it upon oneself to(~에 스스로 나서다)"는 어떤 사람이 자신의 어깨 위에 무거운 짐을 스스로 짊어지는 모습에서 유래한 것으로, 책임감을 받드는 행위를 상징합니다. 누군가 요청하거나 요구하지 않아도 책임을 지거나 주도권을 가지고 행동하는 것을 의미합니다.

1   코로나19 팬데믹에 대응하여 많은 인플루언서들이 공중 보건 조치를 홍보하고 팔로워들에게 정확한 정보를 제공하기 위해 스스로 나서고 있다.
   In response to the COVID-19 pandemic, many influencers **have taken it upon themselves to** promote public health measures and provide accurate information to their followers.

2   일부 인플루언서는 사회 정의 문제를 지지하고 자신의 플랫폼을 이용해 인식을 높이고 변화를 촉진하기 위해 스스로 나서고 있다.
   Some influencers **have taken it upon themselves to** advocate for social justice issues and use their platform to raise awareness and promote change.

3   정신 건강과 소셜 미디어에 대한 커지는 우려에 직면해서, 일부 인플루언서들은 자기 관리와 건강한 습관을 장려하기 위해 스스로 나서고 있다.
   In the face of growing concerns about mental health and social media, some influencers **have taken it upon themselves to** promote self-care and healthy habits.

In the wake of the recent controversy surrounding influencer fraud, many in the industry **have taken it upon themselves to** promote greater transparency and authenticity. This includes being upfront about sponsored content and disclosing any potential conflicts of interest. While the industry still has a long way to go, the efforts of these influencers are a step in the right direction towards building a more trustworthy and credible influencer ecosystem. <Forbes>

인플루언서 사기를 둘러싼 최근 논란 이후, 업계의 많은 인플루언서들이 투명성과 진정성을 높이기 위해 스스로 나서고 있다. 여기에는 후원을 받는 콘텐츠에 대한 정보를 솔직하게 공개하고 잠재적인 이해 상충을 공개하는 것이 포함된다. 인플루언서 업계가 갈 길이 아직 멀기는 하지만, 이러한 인플루언서들의 노력은 더욱 신뢰할 수 있고 믿을 수 있는 인플루언서 생태계를 구축하기 위해 올바른 방향으로 나아가는 단계이다. 〈포브스〉

in the wake of ~ ~에 뒤이어   **upfront** 솔직한   **disclose** 밝히다, 드러내다

인터넷에서, 우리는 **유연하게 대처하는** 법을 배워야 한다.
On the Internet, you have to learn to roll with the punches.

"roll with the punches(유연하게 대처하다)"는 복싱에서 복서들이 공격을 받을 때 몸을 휘저어 공격을 피하거나 충격을 완화하는 기술에서 유래됐습니다. 어려운 상황이나 예상치 못한 일에 유연하고 탄력적으로 대처하는 것을 의미합니다.

1 인플루언서의 삶은 파란만장할 수 있지만, 성공하는 사람들은 유연하게 대처하고 이기는 방법을 안다.
The life of an influencer can be tumultuous, but those who succeed know how to **roll with the punches** and come out on top.
—— come out on top 이기다, 성공하다

2 때때로 인플루언서가 된다는 건 비판과 부정에 직면하는 걸 의미한다. 하지만 최고의 인플루언서들은 이를 유연하게 대처하고 계속 앞으로 나아가는 법을 알고 있다.
Sometimes, being an influencer means facing criticism and negativity. But the best influencers know how to **roll with the punches** and keep moving forward.

3 인플루언서에게는 항상 예상치 못한 일이 목전에 기다리고 있다. 하지만 이를 유연하게 대처할 수 있는 사람이 성공할 수 있는 사람이다.
When you're an influencer, there's always something unexpected waiting around the corner. But those who can **roll with the punches** are the ones who will succeed.
—— wait around the corner 목전에서 기다리다

NEWS

For influencers to succeed, they must learn to **roll with the punches** and adapt to the changing landscape. This means being flexible and willing to try new things, but it also means being resilient and able to bounce back from setbacks. Ultimately, those who can **roll with the punches** will be the ones who succeed in the fast-paced world of influencer marketing. <Forbes>

인플루언서가 성공하기 위해서는 유연하게 대처하고 변화하는 환경에 적응하는 것을 배워야 한다. 이는 유연하고 새로운 것을 기꺼이 시도하는 것을 의미하기도 하지만, 그것은 또한 회복력이 있고 좌절에서 다시 일어설 수 있음을 의미하기도 한다. 궁극적으로, 유연하게 대처할 수 있는 사람이 빠르게 변화하는 인플루언서 마케팅 세계에서 성공하는 사람일 것이다. 〈포브스〉

resilient (충격·부상 등에) 회복력이 있는   **bounce back** (병·곤경에서) 다시 회복되다

컨텐츠가 성공하지 못해서 우리는 **원점으로 돌아가야** 한다.
The content wasn't successful, so we need to go back to the drawing board.

MP3 **171**

"go back to the drawing board(원점으로 돌아가다)"의 유래는 20세기 초 엔지니어와 디자이너들이 프로젝트를 계획하고 설계하기 위해 그림판을 사용하던 시절로 거슬러 올라갑니다. 이전 시도가 실패하거나 성공하지 못했기 때문에 계획이나 아이디어를 처음부터 다시 생각하고 시작해야 한다는 걸 의미합니다.

1 새로운 소셜 미디어 플랫폼 출시에 실패한 후, 이 회사는 재출시 전에 개선하기 위해 다시 원점으로 돌아갔다.
   After a failed launch of their new social media platform, the company **went back to the drawing board** to make improvements before relaunching.

2 소셜 미디어 앱의 재설계가 사용자들에게 잘 받아들여지지 않아서 개발자들은 다시 원점으로 돌아가야 했다.
   The redesign of the social media app didn't go over well with users, so the developers had to **go back to the drawing board**.
   ── go over well with ~ ~에게 잘 전달되다

3 논란이 많은 게시물로 반발을 샀던 인플루언서들은 다시 원점으로 돌아가 소셜 미디어 전략을 재고해야 했다.
   Influencers who received backlash for their controversial posts had to **go back to the drawing board** and rethink their social media strategy.

4 소셜 미디어 사이트의 알고리즘 변경으로 인해 참여도가 떨어지면서 콘텐츠 제작자는 다시 원점으로 돌아가 접근 방식을 조정해야 했다.
   The algorithm changes on the social media site caused a drop in engagement, forcing content creators to **go back to the drawing board** and adjust their approach.

Following the discovery of a major security breach on their platform, the company announced they would **be going back to the drawing board** to reassess their security protocols. This setback is a reminder of the ever-evolving nature of cyber threats, and the need for constant vigilance in protecting user data. <The Guardian>

플랫폼에서 중대한 보안 침해가 발견된 후, 이 회사는 보안 프로토콜을 재평가하기 위해 원점으로 돌아갈 것이라고 발표했다. 이번 사태는 끊임없이 진화하는 사이버 위협의 특성과 사용자 데이터 보호에 대한 지속적인 경계의 필요성을 일깨워 준다. 〈가디언〉

새로운 기술은 예전 것을 **한참 앞서** 있다.
The new technology is light years ahead of the old one.

MP3 172

천문학에서 빛의 속도로 이동한 거리를 나타내는 '광년'에서 유래한 "light years ahead of(~을 한참을 앞선)"는 다른 것과 비교해 더욱 우수하거나 발전된 것을 묘사하는 데 쓰입니다. 다른 차원이나 시대에 존재하는 듯 보인다는 뜻을 내포하며 우수성을 강조하지요.

1 인공 지능의 최근 발전 덕분에, 머신 러닝 역량 측면에서 불과 몇 년 전보다 한참을 앞서게 되었다.

Thanks to recent advancements in artificial intelligence, we are now **light years ahead of** where we were just a few years ago in terms of machine learning capabilities.

—— machine learning 분석 모델 구축을 자동화하는 데이터 분석 방법

2 전문가들은 다양한 산업 분야에서 인공지능 기술을 받아들여 시행하는 기업이 경쟁사보다 한참 앞서 나갈 것이라고 예측한다.

Experts predict that the implementation of AI technology in various industries will put those who embrace it **light years ahead of** their competitors.

3 자율 주행 차량의 경우, 테슬라와 같은 회사는 AI 통합 및 기능 측면에서 경쟁사보다 한참 앞서 있다.

When it comes to autonomous vehicles, companies like Tesla are **light years ahead of** the competition in terms of AI integration and functionality.

NEWS

The availability of big data, cloud computing, and machine learning technologies is driving new innovations and transforming industries across the globe. Advances in AI and machine learning technologies are now helping businesses gain insights, make predictions, and automate processes in ways that were unimaginable just a few years ago. By combining these technologies with cloud computing, companies can take their data processing and storage capabilities to new levels, which puts them **light years ahead of** their competition. <Forbes>

빅데이터, 클라우드 컴퓨팅, 머신 러닝 기술의 가용성은 전 세계적으로 새로운 혁신을 주도하고 산업을 변화시키고 있다. AI와 머신 러닝 기술의 발전은 이제 기업이 불과 몇 년 전만 해도 상상할 수 없었던 방식으로 인사이트를 얻고, 예측하고, 프로세스를 자동화하는 데 도움을 주고 있다. 이러한 기술을 클라우드 컴퓨팅과 결합함으로써 기업은 데이터 처리 및 저장 기능을 새로운 차원으로 끌어올려 경쟁사보다 한참 앞서 나갈 수 있다. 〈포브스〉

빈출 표현 173

정부는 자국민의 **시민의 자유**를 보호할 책임이 있다.
The government is responsible for protecting the civil liberties **of its citizens.**

MP3 173

"civil liberties(시민의 자유)"는 민주주의 사회에서 개인이 가지는 기본 권리와 자유를 나타냅니다. 이는 말과 종교의 자유, 공정한 재판을 받을 권리, 개인정보 보호 등을 포함하지요. 이 표현의 기원은 1215년에 서명된 마그나 카르타(대헌장)로 거슬러 가는데, 시간이 지나면서, 민주주의 사회에서 필수적인 것으로 여겨지는 광범위한 인권을 포함하도록 개념이 확장되었습니다.

1 AI 기술의 발전으로 시민의 자유와 프라이버시를 향한 잠재적 위협에 대한 우려가 생기고 있다.
The advancement of AI technology has raised concerns about potential threats to **civil liberties** and privacy.

2 많은 전문가들은 적절한 규제와 윤리적 고려가 없다면 AI가 시민의 자유를 침해하는 데 쓰일 수 있다고 주장한다.
Many experts argue that without proper regulations and ethical considerations, AI could be used to infringe upon **civil liberties**.

3 특히 법 집행 기관의 안면 인식 기술 사용은 시민의 자유에 미칠 수 있는 잠재적 영향 때문에 비판을 받아왔다.
In particular, the use of facial recognition technology by law enforcement agencies has been criticized for its potential impact on **civil liberties**.

4 일부에서는 시민의 자유를 보호하기 위해 AI의 개발과 사용에 투명성과 책임성을 요구하고 있다.
Some have called for greater transparency and accountability in the development and use of AI to protect **civil liberties**.

AI has some promising applications in law enforcement, such as helping to identify suspects or prevent crime. However, the use of facial recognition technology has raised concerns about potential threats to **civil liberties** and privacy. For example, studies have shown that facial recognition algorithms can be biased against certain groups, leading to wrongful arrests or other forms of discrimination. Additionally, the use of facial recognition technology by law enforcement agencies can potentially chill free speech and assembly. <The Hill>

AI는 용의자를 식별하거나 범죄를 예방하는 등 법 집행에서 몇 가지 유망한 응용 분야가 있다. 그러나 안면 인식 기술의 사용은 시민의 자유와 사생활의 잠재적 위협에 대한 우려를 불러일으켰다. 예를 들어, 연구에 따르면 얼굴 인식 알고리즘이 특정 그룹에 편향되어 부당 체포나 다른 형태의 차별을 초래할 수도 있다. 게다가 법 집행 기관에서 안면 인식 기술을 사용하면 잠정적으로 언론과 집회의 자유가 위축될 수 있다. 〈더 힐〉

생성형 인공지능 시스템은 입력된 정보를 바탕으로 고유한 결과를 생성할 수 있다.
Generative AI systems can create their own unique output based on the input they receive.

MP3 **174**

"generative AI systems(생성형 인공지능 시스템)"는 기존의 데이터를 비교하고 분석하여 텍스트, 이미지, 비디오 등의 새로운 콘텐츠를 생성하는 인공지능(AI) 시스템을 나타냅니다. 최근 머신 러닝과 신경망 기술의 발전으로 이러한 시스템은 이전보다 더욱 능력이 향상되었습니다. 하지만 생성된 콘텐츠의 소유권과 통제 등의 윤리적인 문제를 일으키기도 합니다.

1　컴퓨터가 자신만의 고유한 콘텐츠를 만들 수 있게 하면서, 생성형 AI 시스템은 인공지능 분야에서 큰 파장을 일으키고 있다.
Generative AI systems have been making waves in the world of artificial intelligence, enabling computers to create their own unique content.

2　생성형 AI 시스템의 가장 인상적인 사용 사례 중 일부는 예술 분야로, 그림, 음악, 심지어 문학 작품 전체를 창작해 내는 데 쓰였다.
Some of the most impressive use cases for **generative AI systems** have been in the field of art, where they have been used to create paintings, music, and even entire works of literature.

3　생성형 AI 시스템의 흥미로운 잠재력에도 불구하고, 기계가 인간의 것으로 오인될 수 있는 콘텐츠를 제작하는 데 쓰이는 것의 윤리적 함의에 대한 우려도 있다.
Despite the exciting potential of **generative AI systems**, there are also concerns about the ethical implications of using machines to create content that could be mistaken for that of a human.

Generative AI systems have become increasingly popular in recent years, with applications ranging from art and music to video games and even writing. These systems work by using machine learning algorithms to generate unique content that can be difficult to distinguish from that of a human creator. While the potential for generative AI systems is exciting, there are also concerns about their ethical implications, particularly when it comes to issues of civil liberties. <Forbes>

최근 몇 년 동안 미술과 음악에서 비디오 게임, 심지어 글쓰기까지 다양한 분야에 적용되면서 생성형 AI 시스템이 점점 인기를 얻고 있다. 이러한 시스템은 머신 러닝 알고리즘을 사용하여 인간 제작자의 콘텐츠와 구별하기 어려운 고유한 콘텐츠를 생성한다. 생성형 AI 시스템의 잠재력은 흥미롭지만, 특히 시민의 자유 문제와 관련해 윤리적 영향에 대한 우려도 있다. 〈포브스〉

고급 AI 시스템은 **지각이 있어져서** 인간과 거의 **구별하기 어려웠다.**
The advanced AI system had become so sentient that it was almost indistinguishable from a human.

MP3 **175**

"sentient(지각 능력이 있는)"는 감각을 느끼고 감정을 경험할 수 있으며, 인식 또는 의식이 있는 것을 가리키는 단어로, '느끼다'라는 라틴어 "sentire"에서 유래되었습니다. 감각적 존재는 자신의 환경을 지각하고 이해하며 반응할 수 있는 능력이 있음을 뜻하며, 이는 동물이나 인간과 관련이 있습니다.

1   지각 있는 인공지능에 대한 생각은 공상과학 소설에서 오랫동안 탐구돼 왔지만, 인공지능 기반 기술이 계속 발전함에 따라 일부 전문가들은 멀지 않은 미래에 현실이 될 수 있을 것으로 본다.

The idea of a **sentient** AI is one that has long been explored in science fiction, but as the technology behind artificial intelligence continues to develop, some experts believe that it could become a reality in the not-too-distant future.

2   지각 있는 인공지능이 사회에 어떤 영향을 미칠지, 어떤 윤리적 고려가 필요한지 등 지각 있는 인공지능의 잠재력을 둘러싼 의문이 많이 있다.

There are many questions surrounding the potential for **sentient** AI, including how it would impact society and what ethical considerations would need to be taken into account.

3   일부 전문가들은 지각 있는 인공지능이 궁극적으로 선의의 힘이 되어 세계의 가장 시급한 문제 해결에 도움이 될 거라고 주장하지만, 다른 전문가들은 주의 깊게 모니터링하지 않으면 위험한 힘이 될 수 있다고 우려한다.

Some experts argue that **sentient** AI could ultimately be a force for good, helping to solve some of the world's most pressing problems, while others worry that it could become a dangerous force if not carefully monitored.

The field of AI has been advancing rapidly, with some experts suggesting that we are on the verge of creating **sentient** machines that could eventually surpass human intelligence. While the idea of **sentient** machines may seem like science fiction, recent developments in the field of AI have shown that we are closer than ever to achieving this goal. <The Guardian>

AI 분야는 빠르게 발전하고 있으며, 일부 전문가들은 궁극적으로 인간의 지능을 능가할 수 있는 지각 있는 기계를 만들 날이 머지않았음을 시사한다. 지각 있는 기계에 대한 아이디어는 공상과학 소설처럼 보일 수 있지만, 최근 AI 분야의 발전은 우리가 이 목표를 달성하는 데 그 어느 때보다 더 가까워졌다는 것을 보여준다. 〈가디언〉

AI 기술은 수많은 산업에 혁신을 불러 일으킬 **전환점에 와 있다.**
AI technology is on the cusp of revolutionizing numerous industries.

MP3 176

"be on the cusp of(전환점에 있다, 문턱에 있다)"는 어떤 일이나 상황의 임계점 또는 경계에 있는 것을 의미하며, 중요한 변화나 진전을 경험하기 직전의 상태입니다. "cusp"는 라틴어 "cuspis"에서 온 것으로, '점, 정점'을 의미합니다.

1 기술과 혁신의 급속한 발전으로 일부 사람들은 우리가 새로운 인공지능 시대의 전환점에 있다고 본다.
With the rapid advancement of technology and innovation, some believe we **are on the cusp of** a new era of artificial intelligence.

2 인공지능이 계속 발전함에 따라, 우리는 완전히 새로운 생활 방식과 업무 방식의 전환점을 맞이하게 될지도 모른다.
As artificial intelligence continues to evolve, we may **be on the cusp of** an entirely new way of living and working.

3 새로운 AI 시스템과 기술 개발로, 우리는 자동화와 지능형 기계라는 새로운 시대의 전환점에 있다.
With the development of new AI systems and technologies, we **are on the cusp of** a new age of automation and intelligent machines.

4 AI 연구와 개발이 계속 진전됨에 따라, 기계가 지각하고 고급 인지를 할 수 있는 세상의 문턱에 와 있다.
As AI research and development continue to push forward, we **are on the cusp of** a world where machines may become sentient and capable of advanced cognition.

"The truth is, AI **is on the cusp of** becoming mainstream. We're seeing more AI applications and solutions being created and released to the public than ever before, and the market for AI technology is growing rapidly." The phrase implies that while AI has been developing for some time, it is now poised to become a ubiquitous part of our lives and society. <Forbes>

"사실 AI는 주류가 되려는 전환점에 있다. 그 어느 때보다 더 많은 AI 애플리케이션과 솔루션이 개발되어 대중에게 공개되고 있으며, AI 기술 시장도 빠르게 성장하고 있다." 이 문구는 AI가 한동안 발전해 왔지만 이제는 우리 삶과 사회의 보편적인 일부가 될 준비가 되었다는 것을 의미한다. 〈포브스〉

be poised to do ~ ~할 자세가 되다 **ubiquitous** 어디서나 볼 수 있는, 흔한

빈출 표현
177

기술에 밝은 그는 휴대전화기의 **보안 기능을 해제하고** 자신에게 맞게 커스터마이징했다.
The tech-savvy individual jailbroke his phone and customized it to his liking.

MP3 **177**

"jailbreaking(보안·제어 기능의 해제)"은 제조업체가 제한한 권한을 해제하여 제조업체에서 승인하지 않은 앱과 소프트웨어를 설치하는 프로세스입니다. 이것은 보이지는 않지만 존재하는 한계를 '감옥'이라 여겨 사용자를 자유롭게 한다는 의미로 '탈옥(jailbreaking)'이라고 부릅니다. 동사형인 jailbreak로 쓰이기도 합니다.

1 전문가들은 AI 시스템 기능을 해제하는 행위가 AI 시스템 기능을 해킹과 악성 소프트웨어에 취약하게 만들 수 있다고 경고한다.
Experts warn that the practice of jailbreaking AI systems can leave them vulnerable to hacking and malware.

——— malware 악성 소프트웨어

2 기술 기업들은 AI 시스템을 보호하고 보안·제어 기능 해제를 방지하는 새로운 방법을 개발하기 위해 경쟁하고 있지만, 여전히 큰 도전으로 남아 있다.
Tech companies are racing to develop new ways to secure AI systems and prevent jailbreaking, but the challenge remains significant.

3 최근 AI 시스템에 대한 새로운 보안·제어 기능 해제 방법이 발견되면서 이런 기술의 보안에 대한 우려가 높아졌다.
The recent discovery of a new jailbreaking method for AI systems has raised concerns about the security of these technologies.

4 AI 커뮤니티의 많은 이들이 이런 시스템에 대한 보안·제어 기능 해제 도구의 사용과 개발에 더 엄격한 규제를 주장하고 있다.
Many in the AI community are advocating for stricter regulations around the use and development of jailbreaking tools for these systems.

NEWS

Jailbreaking AI could lead to a host of problems, from system vulnerabilities to malware infections. Researchers have proposed various methods to mitigate these risks, including the use of secure boot processes and software signing. However, with AI systems becoming increasingly complex and sophisticated, the task of preventing **jailbreaking** is becoming more challenging. <TechRadar>

AI 보안·제어 기능 해제는 시스템 취약성부터 악성 소프트웨어 감염까지 다양한 문제로 이어질 수 있다. 연구자들은 보안 부팅 프로세스 및 소프트웨어 서명을 사용하는 등 이러한 위험을 완화하기 위한 다양한 방법을 제안했다. 하지만 AI 시스템이 점점 더 복잡해지고 정교해짐에 따라 이런 보안·제어 기능 해제를 방지하는 일은 더욱 어려워지고 있다. 〈테크레이다〉

mitigate 완화시키다

ROBOT VS HUMAN
AI systems

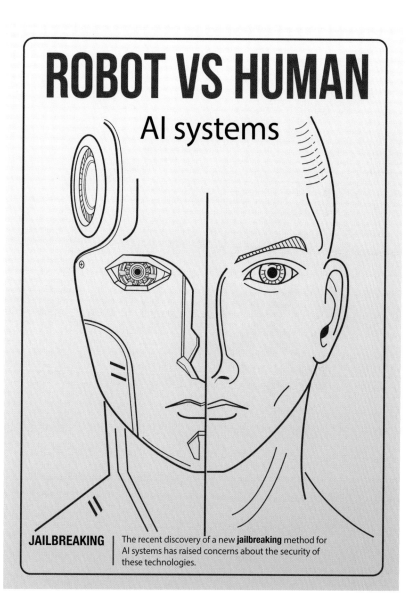

JAILBREAKING | The recent discovery of a new **jailbreaking** method for AI systems has raised concerns about the security of these technologies.

PART 6

스포츠

CHAPTER 1

운동 일반

코치는 전략적으로 새로운 게임 계획을 고안하여 상대에게
선수를 쳤다.
The coach strategically devised a new game
plan, beating their opponents to the punch.

MP3 178

"beat someone to the punch(선수치다)"는 기회를 잡기 위해 다른 사람보다 먼저 일을
처리하는 것을 의미합니다. 복싱 경기에서 비롯된 것으로, 복싱에서는 먼저 주먹을 던진
선수가 승리할 가능성이 높지요. 일상적인 상황에서는 다른 사람보다 먼저 어떤 일을 하
려고 할 때 자주 쓰입니다.

1 뜻밖에도 약체 팀이 승리의 쐐기를 박는 막판골을 터뜨리며 상대에게 선수를 쳤다.
In a surprise move, the underdog team **beat** their opponents **to the**
punch with a last-minute goal that secured their victory.

―― in a surprise move 뜻밖에   underdog 약자(의)

2 코치는 팀에 경쟁력을 부여하는 새로운 훈련 기법을 도입하여 경쟁자에게 선수를 치기로
결심했다.
The coach was determined to **beat** his rival **to the punch** by
implementing new training techniques that gave his team a
competitive edge.

3 선수는 경기장에 일찍 도착하여 몇 가지 추가 준비 운동을 함으로써 경쟁자보다 선수를
치기로 결심했다.
The athlete was determined to **beat** her rival **to the punch** by arriving
at the stadium early and getting in a few extra warm-up exercises.

4 1분 1초가 중요한 경기에서, 선수는 상대의 움직임을 예측하고 빠르고 전략적인 플레이를
통해 상대에게 선수를 칠 수 있었다.
In a game where every second counted, the player was able to **beat**
his opponent **to the punch** by anticipating his moves and making
quick, strategic plays.

The Miami Marlins **beat** the Chicago Cubs **to the punch** on Monday night,
announcing a two-year, $26 million contract with free-agent outfielder Adam
Duvall. The 32-year-old Duvall was one of the most sought-after power hitters
on the market, and the Marlins wasted no time in securing his services for the
next two seasons. <ESPN>

마이애미 말린스는 월요일 밤 시카고 컵스보다 선수쳐서 자유계약선수인 외야수 애덤 듀발과
2,600만 달러에 2년 계약을 발표했다. 32세인 듀발은 시장에서 가장 주목받는 파워 타자 중 한 명으로,
말린스는 향후 두 시즌 동안 그의 활약을 확보하는 데 시간을 낭비하지 않았다. 〈ESPN〉

sought-after 많은 사람들이 원하는

경기 패배 후, 팀은 **상처를 보듬고** 전열을 재정비할 시간이 필요했다.
After losing the match, the team needed time to **lick their wounds** and regroup.

MP3 179

직역하면 '상처를 핥다'의 뜻인 "lick one's wounds(상처를 보듬다)"는 실패나 좌절을 겪은 후 회복하기 위해 시간을 내어 휴식하고 무엇이 잘못되었는지 생각하는 것을 의미합니다. 동물들은 다툼 후 상처를 핥아 치료를 촉진하는데, 이 행동에서 유래한 표현입니다. 실패, 거절 또는 손실과 같은 어려운 경험 이후 감정적으로나 신체적으로 회복하는 것을 말합니다.

1   굴욕적인 패배를 당한 후, 대표팀은 상처를 보듬고 다음 경기를 위해 재정비해야 했다.
After suffering a humiliating loss, the team had to **lick their wounds** and regroup for the next game.

2   선수는 부상 후 큰 충격을 받았지만, 상처를 보듬는 시간을 갖고 그 어느 때보다 강한 모습으로 돌아왔다.
The athlete was devastated after the injury, but she took some time to **lick her wounds** and came back stronger than ever.

3   때로는, 다른 날 싸우러 돌아오기 전에 한 발짝 물러서서 상처를 보듬는 것이 필요하다.
Sometimes, it's necessary to take a step back and **lick your wounds** before coming back to fight another day.

4   팀의 패배는 받아들이기 힘든 사실이었고, 그들은 며칠 동안 상처를 보듬고 실수를 분석하는 데 시간을 보냈다.
The team's defeat was a tough pill to swallow, and they spent the next few days **licking their wounds** and analyzing their mistakes.

—— a tough pill to swallow 받아들이기 힘든 사실

NEWS

After **licking their wounds** following a narrow defeat to Manchester City last weekend, Chelsea took on Brighton on Sunday, hoping to cement their place in the top four. Although they started slowly, the Blues eventually found their rhythm and came away with a comfortable 2-0 victory, thanks to goals from Jorginho and Willian. The win sees Chelsea move to within two points of third-placed Tottenham, who drew with Watford on Saturday. <The Guardian>

지난 주말 맨체스터 시티에 아쉽게 패배한 후 상처를 보듬은 첼시는 일요일 브라이튼을 상대로 톱4 자리를 굳히기를 바랐다. 느리게 출발했지만, 결국 첼시는 조르지뉴와 윌리안의 골에 힘입어 리듬을 찾았고 2–0으로 편안한 승리를 거뒀다. 이 승리로 첼시는 토요일 왓포드와 무승부를 거둔 3위 토트넘을 승점 2점 이내로 추격하고 있다. 〈가디언〉

take on ~ ~와 대결하다   **the Blues** 첼시 팀(팀 대표색이 파란색임)
come away 돌아오다   **draw** 비기다

팬들은 종종 통계와 개별 선수의 성적**에 매달리곤 한다.**

Fans often get hung up on statistics and individual player performances.

MP3 180

"get hung up on(~에 얽매이다)"은 무언가나 누군가에게 과도하게 집착해 방해물이나 주의산만이 되는 것을 의미합니다. 유래는 분명하지 않지만, 옷 등이 갈고리에 걸려서 움직이지 못하게 되는 것과 관련이 있을 수 있겠지요. 아이디어, 사람 또는 상황에 너무 매달려서 이를 벗어나거나 명확하게 생각하기 어려운 상태 묘사에 활용합니다.

1 코치는 과거에 너무 얽매이지 말고 대신 미래에 집중해야 한다.
   Coaches should not **get** too **hung up on** the past and instead focus on the future.

2 개별 통계에 집착하기 쉽지만, 결국 중요한 것은 팀의 성공이다.
   It's easy to **get hung up on** individual statistics, but at the end of the day, it's about the team's success.
   ——— at the end of the day 결국은, 가장 중요한 것은

3 어떤 선수는 사소한 부상에 얽매여 경기를 주저할 수도 있지만, 어떤 선수는 밀고 나가 경쟁한다.
   Some players can **get hung up on** minor injuries and become hesitant to play, but others push through and compete.

4 프리시즌 때 결과가 정규 시즌 동안 팀의 성적이 어떻게 될지 반영하지 못하므로 팬들은 프리시즌 결과에 너무 집착하지 말아야 한다.
   Fans should not **get** too **hung up on** preseason results as they often do not reflect how the team will perform during the regular season.

5 훈련에 있어서는 자신을 밀어붙이되 완벽해지려는 노력에 집착하지 않는 것이 중요하다.
   When it comes to training, it's important to push yourself, but not **get hung up on** trying to be perfect.

Madrid are unbeaten away from home in the league, but have drawn five and won six at home. It's easy to **get hung up on** that, but Zidane and his players need to focus on the job at hand and not the past. <ESPN>

마드리드는 리그 원정 경기에서 무패 행진을 달리고 있지만, 홈에서는 5번 비기고, 6승을 거두었다. 이에 집착하기 쉽지만, 지단과 선수들은 과거가 아닌 당면한 과제에 집중해야 한다. 〈ESPN〉

job at hand 당면한 문제

코치는 항상 특정 선수에게만 기회를 주며 늘 **편파적이다**.
The coach always plays favorites, giving opportunities only to certain players.

MP3 181

"play favorites(편파적이다)"는 특정 인물이나 대상에게 다른 사람보다 우호적인 태도를 취하는 상황을 묘사할 때 씁니다. "with"와 함께 쓰면 '~를 편애하다'라는 뜻이며, 운동에서는 편파 플레이의 의미로까지 확대되어 쓰입니다.

1 편파 플레이에 대한 비난이 코치에게 집중되고 있다.
   The accusations of **playing favorites** have been leveled against the coach.

   ──── level accusations ~ against 공개적으로 ~를 비난하다

2 팬과 비평가들은 특정 팀이 심판과 심판진으로부터 더 유리한 대우를 받는다고 주장하며 리그가 특정 팀을 편애한다고 비난했다.
   Fans and critics have accused the league of **playing favorites with** certain teams, claiming that they receive more favorable treatment from referees and officials.

3 팀의 코치는 편파적임을 부인하고 모든 선수가 동등한 대우를 받는다고 주장하지만, 일부 팀원은 특정 선수가 더 많은 관심과 기회를 받는다고 느낀다.
   The team's coach denies **playing favorites** and insists that all players are treated equally, but some members of the team feel that certain players receive more attention and opportunities.

4 편애 문제는 스포츠 해설자와 팬들 사이에서 뜨거운 논란거리가 되었다.
   The issue of **playing favorites** has become a hot topic among sports commentators and fans.

NEWS

With the Pacers, who control George's contract, seemingly uninterested in trading the star forward, the Lakers have to hope that they don't face any backlash for their transparent and open courtship of George. If the league does eventually feel compelled to investigate the matter, the Lakers could **be playing favorites with** an opponent in a high-profile battle for supremacy in the Western Conference. <Business Insider>

조지의 계약을 관리하는 페이서스가 스타급 포워드를 트레이드하는 것에 관심이 없어 보이는 상황에서 레이커스는 조지를 향한 투명하고 공개적인 구애에 어떤 반발도 직면하지 않기를 바라야 한다. 만약 리그가 결국 이 문제를 조사해야 한다고 느낀다면, 레이커스는 서부 컨퍼런스의 패권을 놓고 세간의 이목을 끄는 싸움에서 적수를 편애할 수도 있다. 〈비즈니스 인사이더〉

high-profile 세간의 이목을 끄는

약체 팀이 결국 **과욕을 부리더니** 경기에서 패했다.
The underdog team ultimately bit off more than they could chew, losing the match.

MP3 182

직역하면 '자신이 씹을 수 있는 것보다 더 많이 베어 물다'인 "bite off more than you can chew(과욕을 부리다)"는 자신의 한계를 알고 도를 넘지 않도록 해야 한다는 뉘앙스를 내포합니다.

1 전국 선수권 대회에서 여러 종목에 출전하기로 한 젊은 선수의 결정은 욕심을 부린 경우였을 수도 있다.
The young athlete's decision to compete in multiple events at the national championship may have been a case of **biting off more than she could chew**.

2 떠오르는 축구 강자 축구팀이 무적의 강팀과 맞붙기로 한 결정은 욕심을 부린 것일 수도 있다.
The up-and-coming soccer team's decision to take on a powerhouse opponent may **have been biting off more than they could chew**.

—— up-and-coming 전도유망한, 떠오르는   powerhouse 최강자

3 혹독한 울트라 마라톤에 참가하기로 한 베테랑 주자의 결정은 과욕을 부린 것일 수도 있다. 애를 쓰며 완주하려 했고 결국 몇 달 동안 경기에 출전할 수 없는 부상을 입었기 때문이다.
The veteran runner's decision to compete in a grueling ultramarathon may **have been biting off more than he could chew**, as he struggled to finish the race and ended up with an injury that put him out of commission for months.

—— grueling 혹독한, 녹초로 만드는   put out of commission 작동 못하게 하다

Anthony Smith is eager to get back in the Octagon, but he isn't looking to **bite off more than he can chew**. The former UFC light heavyweight title challenger was recently linked to a potential fight with rising prospect Jimmy Crute, but he said he wants to take a more cautious approach to his next move after suffering a TKO loss to Glover Teixeira in his most recent outing.
<MMA Junkie>

앤서니 스미스는 옥타곤에 복귀하고 싶어 하지만, 무리한 욕심을 부리고 싶지는 않아 한다. 전 UFC 라이트헤비급 타이틀 도전자였던 그는 최근 떠오르는 유망주 지미 크루트와의 잠재적 대결이 거론됐지만, 가장 최근 경기 출전에서 글로버 테이세이라에게 TKO패를 당한 후 다음 행보에 좀 더 신중한 접근을 하고 싶다고 말했다. 〈MMA 정키〉

prospect 예상 후보   **outing** 스포츠 대회 출전

CHAPTER 2

축구

몇 주간 휴식을 취한 후, 선수는 드디어 **회복 중이다**.

After a few weeks of rest, the athlete is finally on the mend.

MP3 183

"be on the mend(회복 중이다)"는 질병이나 부상으로부터 회복 중인 것을 의미합니다. 사람이 다치거나 아픈 상태에서 회복 중인 것 외에 스포츠에서 부진함을 떨치고 회복세를 보인다고 할 때도 쓸 수 있습니다.

1 그 스타 플레이어는 지난 경기 중 다리 부상을 당했지만, 회복 중인 것으로 알려졌으며 곧 경기장에 복귀할 것으로 예상된다.
The star player suffered a leg injury during the last match, but **is reportedly on the mend** and expected to return to the pitch soon.

2 팀의 주장이 최근에 수술을 받고 회복 중이지만, 다음 경기에는 복귀할 것으로 예상된다.
The team's captain **has been on the mend** after a recent surgery, but is expected to be back in action for the upcoming game.

3 시즌 초반 부진한 출발을 보인 그 팀은 최근 세 경기 연속 승리하면서 회복세를 보이고 있다.
After a rough start to the season, the team **has been on the mend**, winning their last three matches in a row.

4 미드필더는 훈련 중 머리 부상을 입었지만, 현재 회복 중이며 경기 복귀를 앞두고 뇌진탕 치료를 받고 있다.
The midfielder sustained a head injury during training, but **is on the mend** and undergoing concussion protocols before returning to play.

—— sustain 부상 등을 입다   concussion protocol 뇌진탕 치료 계획(서)

Crystal Palace have confirmed that Wilfried Zaha **is on the mend** after he tested positive for Covid-19. The Ivory Coast winger missed last weekend's Premier League defeat by Burnley but has since received a negative result and will return to training on Friday. Zaha, who scored Palace's equaliser in the 1-1 draw against Brighton earlier this month, has been one of the club's most influential players this season, scoring eight goals in all competitions. <The Guardian>

크리스탈 팰리스는 윌프리드 자하가 코로나19 양성 판정을 받고 회복 중이라는 사실을 확인했다. 코트디부아르 출신의 윙어인 자하는 지난 주말 번리와의 프리미어리그 경기에 결장했지만, 이후 음성 판정을 받고 금요일 훈련에 복귀할 예정이다. 이달 초 브라이튼과의 1-1 무승부에서 팰리스의 동점골을 넣은 자하는 이번 시즌 모든 대회에서 8골을 넣으며 클럽에서 가장 영향력 있는 선수 중 한 명이다. 〈가디언〉

The Ivory Coast 코트디부아르   **winger** (축구·하키 등) 양쪽 날개에서 뛰는 선수

코치는 선수들이 너무 공격적으로 플레이하기 시작하자 선수들을 **제지해야** 했다.
The coach had to rein in the players after they started playing too aggressively.

MP3 **184**

"rein in(제압하다, 억제하다)"은 무언가나 누군가를 통제하거나 제한한다는 뜻입니다. 승마에서 유래한 표현으로, 말의 움직임을 조절하기 위해 사용하는 고삐가 rein인데, "rein in"은 끈을 당겨서 속도를 늦추거나 통제하는 것입니다.

1   코치는 팀이 목표에 집중할 수 있도록 스타 선수의 자존심을 제압하려 하고 있다.
The coach has been trying to **rein in** his star player's ego to keep the team focused on their goals.

2   (경기 시작 얼마 안 돼) 두 골을 내 준 후, 팀은 상대를 제압하고 다시 동점을 만들 수 있었다.
After conceding two quick goals, the team was able to **rein in** their opponents and come back to tie the game.
———— concede 내주다

3   심판은 상황이 통제 불능 상태가 되기 전에 경기장에서의 신체적 플레이를 제압해야 했다.
The referee had to **rein in** the physical play on the field before things got out of hand.
———— out of hand 손을 쓸[통제할] 수 없는

4   감독은 축구 클럽의 재정적 안정 유지를 위해 이적 관련 지출을 억제할 것으로 예상된다.
The manager is expected to **rein in** spending on transfers to maintain the club's financial stability.

NEWS
However, manager Mikel Arteta knows that his team still has work to do, particularly when it comes to discipline. "We've been doing a better job of staying organized and focused on our game plan," Arteta said in a recent press conference. "But we still need to **rein in** some of the unnecessary fouls and yellow cards. We can't afford to give away easy free kicks and penalties."With Arsenal's defense showing improvement and their attack starting to click, **reining in** their discipline could be the key to continued success. <ESPN>

하지만 미켈 아르테타 감독은 팀이 아직 해야 할 일이 있다는 걸 알고 있으며, 특히 규율에 관해서는 더욱 그렇다. 아르테타 감독은 최근 기자회견에서 "우리는 조직력을 유지하고 경기 계획에 집중하는 것을 더 잘하고 있다"고 말했다. "하지만 여전히 불필요한 반칙과 옐로 카드는 자제해야 한다. 프리킥과 페널티킥을 쉽게 허용할 상황이 아니다." 아스널의 수비가 개선되고 공격이 살아나기 시작하면서, 그들의 규율을 지키는 것이 지속적인 성공의 열쇠가 될 수 있다. 〈ESPN〉

give away 거저 내놓다   **click** 좋아지게 되다

새로 계약한 선수는 놀라운 활약으로 다른 선수들로부터 **관심을 가로챘다.**

The new signing stole the thunder **from the rest of the team with a stunning performance.**

MP3 185

"steal the thunder(관심을 가로채다, 주목을 빼앗다)"는 누군가의 성과나 아이디어를 도용해 자기 것으로 돌리는 걸 뜻합니다. 1700년대 연극 작가 존 데니스는 연극을 위해 천둥소리(thunder) 효과를 발명했지만, 연극이 실패하면서 그 효과는 전혀 빛을 보지 못했습니다. 이후 다른 연극 작가 데이비드 게릭이 그 효과를 사용한 연극을 성공시켰고, 이때 게릭이 데니스의 아이디어를 도용한 것으로 비난받은 데서 이 표현이 유래했습니다.

1   약팀임에도, 홈팀은 관심을 가로챘고 경기 막판 몇 분 동안 두 골을 넣었다.
    Despite being the underdogs, the home team **stole the thunder** and scored two goals in the last few minutes of the game.
    —— underdog 약자, 약팀

2   경기장에서 젊은 스트라이커의 놀라운 활약이 노련한 선수들로부터 관심을 가로챘다.
    The young striker's incredible performance on the field **stole the thunder** from the more experienced players.

3   원정팀은 경쟁 상대의 홈 경기장에서 관심을 가로채기를 바랐지만, 안타깝게도 대패했다.
    The away team was hoping to **steal the thunder** in their rival's home stadium, but unfortunately, they lost by a landslide.
    —— by a landslide 압도적으로

4   수비수의 막판 골이 지금까지 경기를 장악하던 공격수로부터 주목을 빼앗았다.
    The defender's last-minute goal **stole the thunder** from the striker who had been dominating the game so far.

With Luka Modric and Cristiano Ronaldo out, many eyes will be on the latest addition to Real Madrid, Eden Hazard. The Belgian superstar was brought in to help fill the void left by Ronaldo, and he has already shown glimpses of his potential during the pre-season. However, Hazard will have to **steal the thunder** from the likes of Gareth Bale and Karim Benzema, who will also be looking to make an impact in the first game of the season against Celta Vigo. <Sportskeeda>

루카 모드리치와 크리스티아누 호날두가 빠진 상황에서 최근 레알 마드리드에 합류한 에덴 하자르에 많은 시선이 몰릴 것이다. 벨기에 출신의 이 슈퍼스타는 호날두의 공백을 메우기 위해 영입되었으며 (관계자들은) 프리시즌 동안 이미 그의 잠재력을 엿볼 수 있었다. 그러나 하자르는 셀타 비고와의 시즌 첫 경기에서 영향력을 끼치려고 하는 가레스 베일과 카림 벤제마 같은 선수들이 받는 관심을 가로채야 할 것이다. 〈스포츠키다〉

make an impact 충격을 주다, 영향을 주다   **the like of ~** ~와 같은 사람

빈출 표현
186

경기는 마지막 휘슬이 울릴 때까지 **아슬아슬**했다.
The game was touch-and-go until the final whistle.

MP3 **186**

"touch-and-go(아슬아슬한, 불확실한)"는 비행에서 비행기가 활주로와 짧게 접촉한 다음 다시 이륙하는 상황을 묘사하는 용어에서 시작되었습니다. 그 때문에 불확실하거나 위험성이 높은 상황을 묘사하는 데 자주 쓰입니다. 예를 들어, 상황이 touch-and-go라고 하면 불확실하여 어느 쪽으로든 될 수 있음을 의미합니다.

1 스타 선수의 부상으로 팬들은 불안에 떨었고, 중요한 경기를 앞두고 그의 회복은 불투명한 변수로 묘사됐다.
   The star player's injury had fans on edge, with his recovery described as touch-and-go in the lead-up to the important match.
   ——— on edge 안절부절 못하는   lead-up 사전 준비가 되는 것

2 연이은 패배 후 그 팀의 토너먼트 다음 라운드 진출 가능성은 아슬아슬했다.
   The team's chances of advancing to the next round of the tournament were touch-and-go after a string of losses.

3 스트라이커의 새 클럽 이적은 막판까지 협상이 진행되면서 마지막 순간까지 아슬아슬했다.
   The striker's transfer to a new club was touch-and-go until the last minute, with negotiations going down to the wire.
   ——— go down to the wire 최후까지 경합하다

4 경기는 마지막까지 아슬아슬했고, 두 팀은 승리를 위해 사력을 다해 싸웠다.
   The match was touch-and-go until the very end, with both teams fighting tooth and nail for the win.
   ——— tooth and nail 필사적으로, 있는 힘을 다해

NEWS

"The fear is always that you might get an injury, but it was **touch-and-go** for him to make the game, to be honest," said Lions coach Warren Gatland of the Welsh captain Alun Wyn Jones, who played 28 minutes of the match after recovering from a dislocated shoulder. "It's a massive statement for him to get back and play a few weeks earlier than everyone expected. It shows the character of the man." <The Guardian>

"부상을 당할까 봐 항상 두려움은 있지만, 솔직히 말해서 그가 경기를 뛴 것은 좀 아슬아슬했죠." 어깨 탈구에서 회복한 후 경기 28분을 뛴 웨일스 주장 알룬 윈 존스에 대해 라이온스의 워런 개틀랜드 감독이 말했다. "모두가 예상했던 것보다 몇 주 일찍 복귀하여 경기에 출전한 것은 대단한 일입니다. 그의 성격을 보여주죠." 〈가디언〉

dislocated 뼈가 탈구가 된

팀 주장은 실망한 팬과 스포츠 분석가들의 **비난에 직면했다.**

The team captain faced flak from disappointed fans and sports analysts.

MP3 187

"face flak(비난을 받다)"는 군대에서 유래된 신조어로, 공격당하거나 비판받는 것을 의미합니다. "flak"는 원래 폭발하는 포탄을 만드는 대공포에서 유래되었습니다. 누군가 "face flak"이라고 말한다면, 자신이 한 말이나 행동 때문에 비난받고 있다는 뜻입니다.

1 팀이 마지막 경기에서 승리를 거두지 못하면서 주장은 리더십 능력에 대한 비난에 직면했다.
   The team's failure to secure a win in their last match has caused the captain to **face flak** for his leadership abilities.

2 팀의 경기력 부진으로 인해 감독은 팬과 비평가 모두로부터 비난을 받았다.
   The team's poor performance on the field has caused the manager to **face flak** from fans and critics alike.

3 그 스타 플레이어는 최근 논란이 많은 발언을 하여 팬과 동료 선수 모두로부터 비난을 받았다.
   The star player's recent controversial comments have caused him to **face flak** from both fans and fellow players.

4 팀 라인업에 논란이 많은 선수를 포함시키기로 결정하면서 코치는 팬과 언론의 비난에 직면하게 됐다.
   The decision to include a controversial player in the team's lineup has caused the coach to **face flak** from fans and the media.

5 자신이 직면한 비난에도 불구하고, 코치는 팀의 능력에 대해 계속 자신감이 있다.
   Despite the **flak he has faced**, the coach remains confident in his team's abilities.

NEWS

Ever since the Premier League returned to action last month, the decision not to include the five substitutes rule **has faced flak** from managers and players alike. But it seems that there is no change in sight as it was confirmed that the current ruling will remain in place until the end of the season, much to the dismay of Liverpool boss Jurgen Klopp. <The Independent>

지난달에 프리미어리그가 재개된 이후, 교체 선수 5명 규칙을 적용하지 않기로 한 결정은 감독과 선수 모두에게 비난을 받았다. 하지만 리버풀의 위르겐 클롭 감독에게는 실망스럽게도 시즌 끝날 때까지 현행 규정이 그대로 유지될 것으로 확인되면서 가시적인 큰 변화는 없을 것으로 보인다. 〈인디펜던트〉

return to action 복귀하다. 재개하다　**remain in place** 계속 유지되다
dismay 당황. 실망

CHAPTER 3

야구

감독은 해고됐고 팀의 부진한 성적에 대한 **책임을 졌다.**
The manager was fired and left holding the bag for the team's poor performance.

MP3 188

"leave holding the bag(죄를 뒤집어 씌우다, 책임을 지다)"은 어떤 무리가 무언가를 훔치다가 잡혔을 때 마지막에 가방을 든 사람이 모든 책임을 지는 것에서 유래된 표현입니다.

1　1회 선발 투수가 경기 중 퇴장당한 뒤, 불펜진이 책임을 떠맡게 되었고 다음 3회 동안 10실점을 허용했다.

After the starting pitcher was removed from the game in the first inning, the bullpen **was left holding the bag** and gave up 10 runs in the next three innings.

────── bullpen 구원 투수진

2　팀의 단장이 잘못된 트레이드를 연달아 단행했고, 현재 단장이 수준 이하의 선수단과 책임을 떠맡게 되었다.

The team's general manager made a series of bad trades and now the current manager **is left holding the bag** with a subpar roster.

────── subpar 수준 이하의　roster 선수 명단

3　심판이 승부를 결정짓는 논란이 많은 판정을 내렸고, 이제 리그 위원이 책임을 뒤집어 쓰고 팬과 선수 모두의 반발에 직면해 있다.

The umpire made a controversial call that decided the game, and now the league commissioner **is left holding the bag** and facing backlash from fans and players alike.

────── commissioner (위원회의) 위원

The Nationals won the World Series last year with a dominant starting rotation, but with Stephen Strasburg and Max Scherzer both on the injured list, their bullpen **is left holding the bag**. The bullpen has been a weak spot for the Nationals all season, and with the starters unable to go deep into games, the bullpen has been exposed. The Nationals will need to make some moves to address their bullpen issues if they hope to defend their championship. <The Washington Post>

내셔널스가 지난해 압도적인 선발 로테이션으로 월드시리즈에서 우승했지만, 스티븐 스트라스버그와 맥스 슈어저가 모두 부상자 명단에 이름을 올리면서 불펜이 그 짐을 떠안게 되었다. 불펜은 올 시즌 내내 내셔널스의 약점이었으며 선발 투수들이 경기에 깊숙이 들어가지 못하면서 불펜이 노출되었다. 내셔널스가 챔피언십을 방어하려면 불펜 문제를 해결하기 위해 몇 가지 조치를 취해야 할 것이다. 〈워싱턴 포스트〉

빈출 표현 **189**

감독은 더 이상 **관망하고** 있을 수 없었고 라인업 변경을 결정했다.
The coach couldn't sit on his hands **any longer and decided to make some changes to the lineup.**

MP3 189

"sit on one's hands(수수방관하다, 관망하다)"는 행동이 필요하거나 예상되는 상황에서 아무것도 하지 않고 손 놓고 있는 것을 의미합니다. 이 구문은 행동을 취하지 않으려고 손을 깔고 앉아 있는 모습에서 유래했습니다. 능력이 되는데도 나서서 행동을 취하지 않는 사람을 묘사하는 데 사용합니다.

1 MLB 트레이드 마감일이 빠르게 다가오고 있으며, 많은 팀들이 마지막 가능한 순간까지 움직일 때를 기다리며 관망하고 있다.
   The MLB trade deadline is fast approaching, and many teams **are sitting on their hands**, waiting to make a move until the last possible moment.

2 고군분투하는 팀의 단장은 오프 시즌 동안 선수 명단을 개선하기 위해 어떤 중요한 조치도 하지 못한 채 수수방관했다는 비판을 받았다.
   The GM of the struggling team was criticized for **sitting on his hands** during the off-season, failing to make any major moves to improve the roster.

   —— GM 단장(general manager)

3 페넌트 레이스가 뜨거워짐에 따라, 일부 팀은 선수 명단을 강화하기 위해 조치를 취하고 있는 반면, 다른 팀은 수수방관하고 낙관하는 데 만족해 보인다.
   As the pennant race heats up, some teams are taking action to bolster their rosters, while others seem content to **sit on their hands** and hope for the best.

   —— pennant race 우승기를 놓고 겨루는 경기   bolster 강화[개선]하다
   hope for the best (희망이 없어 보이는데) 낙관하다

NEWS

The Trade Deadline is a week away, and yet few general managers seem to want to break from the pack. Most **are sitting on their hands**, waiting for the prices to drop, for more clarity on who might be buyers or sellers, or for some other team to make the first move. <The New York Times>

트레이드 마감 시한이 일주일 앞으로 다가왔지만, 단장들 중 무리에서 벗어나려는 사람은 거의 없는 것 같다. 대부분 가격이 떨어지거나, 누가 매수자 또는 매도자가 될지 더 명확해지거나, 다른 팀이 먼저 움직이기를 기다리며 관망하고 있다. 〈뉴욕 타임즈〉

pack 무리, 떼

타자는 **곧바로** 홈런을 치며 남은 경기의 분위기를 잡았다.
The batter hit a home run right off the bat, setting the tone for the rest of the game.

MP3 190

"right off the bat"은 '즉시' 또는 '곧바로'라는 뜻의 관용구입니다. 야구에서 "the bat"은 '방망이'를 가리키는데 "right off the bat"은 투수가 공을 던지고 즉시 받아치는 것을 의미합니다. 여기에서 '즉각적으로'의 의미로 확장되어 쓰이기도 합니다.

1   즉시, 팀의 주전 타자가 1회에 홈런을 터뜨렸다.
Right off the bat, the team's star hitter slammed a home run in the first inning.

2   투수는 곧바로 자신의 속구에 불이 붙은 걸 알아차리고 세 타자를 연속 삼진시켰다.
The pitcher knew **right off the bat** that his fastball was on fire and struck out three batters in a row.

3   팀 감독은 즉시 과감한 라인업 변경을 단행하여 신인 선수를 유격수로 출전시켰다.
The team manager made a bold lineup change **right off the bat**, starting a rookie player at shortstop.
—— shortstop 유격수

4   상대 팀은 1회에 5점을 뽑아내며 곧바로 압도적인 선두를 잡았다.
The opposing team took a commanding lead **right off the bat**, scoring five runs in the first inning.

5   해설자는 이 신인 선수가 리그에서 슈퍼스타가 될 잠재력이 있다는 것을 바로 알아차렸다.
The commentator recognized **right off the bat** that the rookie player had the potential to be a superstar in the league.

Right off the bat in their series opener against the division-leading team, the underdog squad surprised everyone with a dominant offensive performance. With three home runs in the first inning alone, they set the tone for the entire game and showed that they were not to be underestimated. The opposing pitcher struggled to find his rhythm **right off the bat** and was pulled from the game after just two innings. It was a stunning display of power and precision from a team that had been struggling in recent games. <ESPN>

디비전 선두 팀과의 시리즈 개막전에서 곧바로, 이 약체 팀은 우세한 공격력으로 모두를 놀라게 했다. 1회에만 홈런 3개를 터뜨리며 경기 전체 분위기를 주도했고, 과소평가해서는 안 된다는 것을 보여줬다. 상대 투수는 즉시 자신의 리듬을 찾으려 고군분투했고, 단 2회 만에 경기에서 물러났다. 최근 경기에서 고전하던 팀이 파워와 정확성을 보여준 놀라운 경기였다. 〈ESPN〉

팀은 연패를 극복하기 위해 **똘똘 뭉쳐** 함께 노력하기로 했다.
The team decided to close ranks and work together to overcome their losing streak.

MP3 **191**

"close ranks(똘똘 뭉치다)"는 외부 위협이나 도전에 대응하기 위해 공동의 목표로 단결하고 하나가 되는 걸 뜻합니다. 군사 전술에서 병사들이 어깨를 나란히 다닥다닥 붙여 뚫을 수 없는 대형을 만드는 모습에서 비롯되었는데, 현재는 보다 다양한 상황에서 사람들이 하나가 되어 힘을 합치는 것을 나타낼 때 쓰입니다.

1 궁지에 빠진 그 팀은 다음 경기에서 이기기 위해 똘똘 뭉치고 힘을 합치기를 바라고 있다.
   With their backs against the wall, the team is hoping to **close ranks** and come together to win the next game.
   ────── one's back against the wall 궁지에 빠진

2 팀의 감독은 연패를 뒤집기 위해 똘똘 뭉치고 화합하는 단일체로 경기할 것을 선수들에게 요구했다.
   The team's manager called for his players to **close ranks** and play as a cohesive unit in order to turn their losing streak around.

3 팀의 최근 논란으로 인해 라커룸 내부에 균열이 생겼지만, 선수들은 똘똘 뭉쳐 앞으로 나아가기로 결심했다.
   The team's recent controversy has caused some fractures within the locker room, but the players are determined to **close ranks** and move forward.

4 쓰라린 패배 후, 팀의 주장은 팀원들에게 똘똘 뭉치고 다음 경기에 집중하라고 요구했다.
   After a tough loss, the team's captain called for his teammates to **close ranks** and focus on the next game.

NEWS

The Dodgers knew they would need to **close ranks** after the injury to Bellinger, who was off to a slow start at the plate but remained a key figure in their outfield alignment. They went 8-2 without him, in part by moving Chris Taylor from second base to center field, while Mookie Betts started in right and Cody Bellinger's replacement, Luke Raley, platooned in left with A.J. Pollock. But Raley was hitless in his last 19 at-bats entering Tuesday's game, and Pollock was only 1 for 10 on the road trip. <The New York Times>

다저스는 타석에서 출발은 늦었지만 외야 조직에서 핵심 역할을 했던 벨린저의 부상 후 똘똘 뭉쳐야 한다는 것을 알고 있었다. 다저스는 벨린저 없이 크리스 테일러를 2루수에서 중견수로 옮기고 무키 베츠가 우익수로, 코디 벨린저의 대체 선수인 루크 랠리가 A.J. 폴락과 좌익수로 선발 출전해 8—2로 승리했다. 그러나 랠리는 화요일 경기에 들어가 마지막 19 번의 타석에서 안타를 치지 않았고 폴락은 원정 경기에서 10 타석 1안타에 불과했다. 〈뉴욕 타임즈〉

be off to a slow start 느리게 출발하다   **at-bats** 타석

코치는 팀의 약점을 파악하고는 **정곡을 찌르는 말을 했다.**

The coach hit the nail on the head when he identified the team's weakness.

MP3 **192**

"hit the nail on the head(정곡을 찌르다, 맞는 말을 하다)"는 무언가를 정확하게 파악하거나 표현하거나, 또는 해결한다는 뜻입니다. 목공 작업에서 비롯된 것으로, "hit the nail on the head"는 못을 망치로 한방에 정통으로 박는 것을 의미합니다.

1 팀 감독은 최근 연패는 취약한 수비력 플레이 때문이라고 말하면서 정확히 맞는 말을 했다.
   The team's manager **hit the nail on the head** when he said that their recent losing streak was due to poor defensive play.

2 새 투수 코치는 팀의 메커니즘을 개선하는 데 중점을 두어 (팀 기량 향상의) 정곡을 찔렀다.
   The new pitching coach **has hit the nail on the head** with his focus on refining the team's mechanics.
   —— refine 개선하다

3 최근 인터뷰에서, 그 스타 플레이어는 부상 방지를 위해 팀이 선수들의 몸을 더 잘 관리해 줘야 한다고 말하면서 핵심을 찔렀다.
   In a recent interview, the star player **hit the nail on the head** when he said that the team needed to start taking better care of their bodies to prevent injuries.

4 실망스러운 시즌을 보낸 후, 구단주는 상황을 반전시키는 데 도움을 줄 새 경영 본부 팀을 영입하여 (기량 향상의) 정곡을 찔렀다.
   After a disappointing season, the team's owner **hit the nail on the head** by bringing in a new front office team to help turn things around.

NEWS

The signing of Smith by the Braves looks like a good move. While his numbers from last year don't exactly jump off the page, he's a good defensive player and a left-handed bat. The Braves need more of those. Smith has the potential to be a productive fourth outfielder. Anthopoulos **hit the nail on the head** when he said Smith was a good fit for the team. <The Atlanta Journal-Constitution>

브레이브스의 스미스 영입 계약 성사는 좋은 선택으로 보인다. 작년 기록이 눈에 띄게 뛰어나지는 않지만, 스미스는 좋은 수비수이자 왼손잡이 타자이다. 브레이브스는 그런 선수가 더 필요하다. 스미스는 팀의 생산적인 4번 외야수가 될 잠재력이 있다. 안토풀로스 단장은 스미스가 팀에 잘 맞을 것이라고 하면서 정곡을 찔렀다. 〈애틀랜타 저널-컨스티튜션〉

jump off the page 눈에 띄다

CHAPTER 4

농구

포인트 가드는 어시스트에 도가 텄다.
The point guard has a way with assists.

MP3 **193**

"have a way with(~에 도가 트다)"는 무언가를 아주 잘하고 매우 솜씨 있게 하는 능력이나 재능이 있음을 의미합니다. 대체어로 "be well-versed in something"이 있지요.

1   그는 정확하고 우아하게 코트를 가로질러 공을 쉽게 움직이면서 공을 다루는 데 정말 도가 텄다.
He really **has a way with** the ball, effortlessly moving it across the court with precision and grace.

2   빠른 발놀림과 인상적인 슈팅 기술로 그는 확실히 농구 경기에 도가 텄다.
With his quick footwork and impressive shooting skills, he definitely **has a way with** the game of basketball.

3   이 신입은 수비에 도가 터서 코치가 다가오는 시즌을 기대하게 만든다.
This new recruit **has a way with** defense that has the coach excited for the upcoming season.

4   득점력이 눈에 띌 뿐만 아니라 그는 코트 안팎에서 리더십 발휘에 도가 튼 선수이다.
It's not just his scoring abilities that stand out, he also **has a way with** leadership on and off the court.

5   그녀는 팀에서 가장 큰 선수는 아니지만, 확실히 리바운드에 능하고 장신 상대를 노련하게 제압할 수 있다.
She may not be the tallest player on the team, but she definitely **has a way with** rebounds and can outmaneuver taller opponents.

—— outmaneuver 노련하게 압도하다

Even with the absence of the two-time league MVP, the Warriors continue to thrive as the best team in the Western Conference. Coach Steve Kerr **has a way with** getting the most out of his team, and the depth of Golden State's roster has been on full display. Draymond Green has stepped up as a facilitator, Klay Thompson has regained his shooting form, and newcomers like Jordan Poole and Nemanja Bjelica have provided a spark off the bench. <ESPN>

리그 MVP를 두 번이나 수상한 선수의 부재에도, 워리어스는 서부 컨퍼런스 최고 팀으로 계속 번창하고 있다. 스티브 커 코치는 선수단을 최대한 활용하는 방법에 도가 텄고, 골든스테이트의 선수 명단의 깊이가 여실히 드러나고 있다. 드레이먼드 그린은 조력자로서 한 단계 성장했고, 클레이 톰슨은 슈팅 감각을 되찾았으며, 조던 풀과 네마냐 비예리카 같은 신인들이 후발대로 활력을 불어넣고 있다. 〈ESPN〉

off the bench 후발대, 식스맨

센터는 **페인트 존**을 장악하며 팀 득점의 대부분을 책임졌다.
The center dominated in the paint and scored most of the team's points.

MP3 194

"in the paint(페인트 존에서)"는 농구 용어로, 코트의 페인트 사각형 내부를 가리킵니다. 이것은 베이스라인에서 프리스로(free throw) 라인까지 연장되는 직사각형 영역으로, 플레이어가 "in the paint"에 있으면, 바스켓 근처에 있으므로 득점이나 플레이를 만들 수 있습니다.

1 레이커스가 리그 최고 팀들을 상대로 승리하려면 페인트 존에서의 경기력을 개선해야 한다.
The Lakers need to improve their performance in the paint if they want to win against the top teams in the league.

2 로케츠는 워리어스를 48-34로 제압하며 페인트 존에서 경기를 장악했다.
The Rockets dominated the game in the paint, outscoring the Warriors 48-34.

3 네츠가 페인트 존에서 보여준 강력한 존재감이 매버릭스와의 경기에서 승리한 주요 요인이었다.
The Nets' strong presence in the paint was a major factor in their win over the Mavericks.

4 랩터스는 페인트 존에서 셀틱스의 숙련된 선수들을 수비하느라 고전하며 아쉬운 패배를 당했다.
The Raptors struggled to defend against the Celtics' skilled players in the paint, resulting in a disappointing loss.

The Sixers had a whopping 70 points **in the paint** to just 30 for the Wizards. Dwight Howard (five points, 10 rebounds, two steals) was a key factor off the bench, clogging up the middle and throwing down a few alley-oops for good measure. But Philadelphia's starters also had their way with Washington's defense, and it's hard to see the Wizards contending in the East if they can't find a way to slow down teams **in the paint**. <ESPN>

식서스는 페인트 존에서 무려 70점을 올린 반면 위저즈는 단 30점에 그쳤다. 드와이트 하워드(5점, 10 리바운드, 2 스틸)는 중원을 장악하고 고공 패스를 추가로 몇 차례 성공시키며 후발대로 핵심적인 역할을 했다. 그러나 필라델피아 선발 선수들도 워싱턴 위저즈의 수비에 도가 텄고, 페인트 존에서 팀들을 늦출 방법을 찾지 못한다면 위저즈가 동부에서 경쟁하는 것을 보기는 어렵다. 〈ESPN〉.

clog up ~을 꽉 막다   **alley-oop** 고공 패스   **for good measure** 추가로

슈팅 가드는 모든 슛을 성공시키며 **불을 뿜었다.**

The shooting guard was on fire, making every shot he took.

MP3 195

"be on fire(불을 뿜다)"는 대개 높은 수준에서 우수한 성과를 내거나, 매우 박진감 넘치고 승승장구하는 모습을 보이는 사람이나 물건을 묘사하는 데 쓰입니다. 이는 스포츠 팀부터 음악가나 비즈니스에 이르기까지 다양한 것들을 묘사할 수 있습니다.

1   르브론 제임스가 금요일 밤 43점을 퍼부으며 밀워키 벅스를 113 대 106으로 넘는 단비 같은 승리로 로스앤젤레스 레이커스를 이끌며 불을 뿜었다.

LeBron James **was on fire** on Friday night, pouring in 43 points to lead the Los Angeles Lakers to a much-needed 113-106 victory over the Milwaukee Bucks.

———— much-needed 몹시 필요한

2   휴스턴 로케츠의 슈퍼스타 제임스 하든은 월요일 밤 49점을 기록하며 미네소타 팀버울브스와의 경기에서 125 대 105로 팀을 승리로 이끌며 불을 뿜었다.

Houston Rockets superstar James Harden **was on fire** on Monday night, scoring 49 points and leading his team to a 125-105 victory over the Minnesota Timberwolves.

3   보스턴 셀틱스는 수요일 밤 브루클린 네츠를 상대로 149 대 115로 대승을 거두는 과정에서 연고지 기록인 24개의 3점슛을 성공시키며 3점 라인 뒤에서 불을 뿜었다.

The Boston Celtics **were on fire** from beyond the arc on Wednesday night, hitting a franchise-record 24 3-pointers on their way to a 149-115 blowout victory over the Brooklyn Nets.

———— beyond the arc 3점 라인 뒤에서   franchise record 연고지 기록   blowout 낙승

4   골든스테이트 워리어스의 가드 클레이 톰슨은 월요일 밤 시카고 불스와의 경기에서 149 대 124로 승리하는 데 단 27분 동안 3점슛 14개를 뽑아내고 52점을 넣으며 불을 뿜었다.

Golden State Warriors guard Klay Thompson **was on fire** on Monday night, draining 14 3-pointers and scoring 52 points in just 27 minutes of action in a 149-124 win over the Chicago Bulls.

NEWS

Stephen Curry **was on fire** once again for the Golden State Warriors on Saturday night, scoring 57 points in just three quarters of play in a 134-132 win over the Dallas Mavericks. Curry shot 19-of-31 from the field, including 11-of-19 from beyond the arc, and added five rebounds and two assists. <ESPN>

스티븐 커리는 토요일 밤 댈러스 매버릭스를 상대로 134 대 132로의 승리에서 3쿼터에만 57점을 기록하며 골든스테이트 워리어스를 위해 다시 한 번 불을 뿜었다. 커리는 3점 라인 뒤에서 19개 중 11개를 포함해 필드에서 31개 중 19개를 성공시켰고, 리바운드 5개와 어시스트 2개를 추가했다. 〈ESPN〉

이번 시즌을 **기분 좋게 마무리할** 수 있기를 바란다.
I hope we can end this season on a high note.

MP3 **196**

"end (~) on a high note(~을 기분 좋게 마무리하다)"는 원래 공연자가 곡을 높은 음(high tone)으로 마무리하여 청중에게 오랫동안 강한 인상을 남기는 것에서 비롯되었습니다. 다른 맥락에서는 긍정적인 결과로 끝내는 것을 의미합니다.

1 보스턴 셀틱스가 화요일에 워싱턴 위저즈를 꺾고 정규 시즌을 기분 좋게 마무리했다.
The Boston Celtics defeated the Washington Wizards on Tuesday to **end** their regular season **on a high note**.

2 브루클린 네츠는 시즌을 기분 좋게 마무리하고 플레이오프로 향하는 탄력을 얻으려고 한다.
The Brooklyn Nets are looking to **end** the season **on a high note** and gain momentum heading into the playoffs.
—— gain momentum 탄력이 붙다, 세를 얻다

3 밀워키 벅스는 시즌을 기분 좋게 마무리하고 연승으로 플레이오프에 진출하기를 희망한다.
The Milwaukee Bucks hope to **end** their season **on a high note** and enter the playoffs with a winning streak.

4 골든스테이트 워리어스는 멤피스 그리즐리스와의 경기에서 승리하며 시즌을 기분 좋게 마무리했다.
The Golden State Warriors **ended** their season **on a high note** with a victory over the Memphis Grizzlies.

The Utah Jazz will look to **end** their regular season **on a high note** as they host the Portland Trail Blazers on Sunday night. The Jazz have already clinched the top seed in the Western Conference but have struggled as of late, losing three of their last four games. However, Utah has been dominant at home this season with a 30-5 record, and they will look to use that home-court advantage to finish the season strong. <CBS Sports>

유타 재즈는 일요일 밤 포틀랜드 트레일 블레이저스를 상대로 정규 시즌을 기분 좋게 마무리하려고 한다. 재즈는 이미 서부 컨퍼런스에서 톱 시드를 확보했지만, 최근 4경기에서 3패를 당하며 고전하고 있다. 그러나 유타는 이번 시즌 홈에서 30승 5패를 기록하며 우위를 점하고 있으며, 홈 코트의 이점을 활용해 시즌을 강하게 마무리하고자 한다. 〈CBS 스포츠〉

clinch 이뤄내다   **top seed** 상위 선수나 팀이 초반에 맞붙지 않게 하도록 조정하는 것
as of late 최근 들어

그녀는 모국에서 여자 농구의 **길을 개척했다.**

She blazed a trail for women's basketball in her country.

MP3 197

"blaze a trail(길을 개척하다)"은 탐험가들이 미개척 지역을 표시하기 위해 횃불을 사용하여 길을 만들던 것에서 비롯됐습니다. 현대에서는 어떤 분야나 산업에서 새로이 개척하는 사람들을 묘사하는 데 사용합니다. 혁신적이고 창의적이며 위험을 감수한다는 뉘앙스를 풍기지요.

1   수년간의 기다림 끝에, D.C. 유나이티드가 마침내 새 경기장 아우디 필드에서 새로운 시대를 열게 됐다.

After years of waiting, D.C. United is finally set to **blaze a trail** into a new era with a new stadium, Audi Field.

2   아직 검증되지는 않았지만, 사이즈와 민첩성의 드문 조합으로 많은 이들이 그가 NBA에서 새로운 길을 개척할 가장 최근에 온 유럽 출신 선수가 될 수 있을 거라고 믿고 있다.

While still relatively unproven, his rare combination of size and agility has many believing he could be the latest European import to **blaze a trail** in the NBA.

3   전 듀크의 스타 제이슨 테이텀에 따르면, 커리어 초기 단계에 있는 선수들에게는 성공을 향한 길을 개척할 수 있게 도와줄 더 많은 멘토가 있어야 한다.

Athletes in the early stages of their careers should have more mentors to help them **blaze a trail** towards success, according to former Duke standout Jayson Tatum.

———— standout 눈에 띄던 것, 스타

NEWS

Ja Morant has already established himself as one of the best young talents in the NBA, and now he **is blazing a trail** for the Memphis Grizzlies. The second-year guard led the Grizzlies to a 108-104 win over the Miami Heat on Tuesday night with 20 points and 10 assists, becoming the first Memphis player to record a double-double in each of his first two career playoff games. <The Commercial Appeal>

자 모란트는 이미 NBA 최고의 젊은 인재 중 한 명으로 자리 잡았고, 이제 멤피스 그리즐리스에서 새로운 길을 개척하고 있다. 2년차 가드인 모란트는 화요일 밤 마이애미 히트와의 경기에서 20점 득점, 어시스트 열 개를 기록하며 그리즐리스가 108 대 104로 승리하게 이끌었고, 플레이오프 첫 두 경기에서 각각 더블-더블을 기록한 최초의 멤피스 선수가 되었다. 〈커머셜 어필〉

double-double 농구 경기에서 득점 · 리바운드 · 어시스트 · 숫블록 · 가로채기 등 5개 부문 중 2개 부문에서 두 자릿수를 기록하는 것

CHAPTER 5

골프

그는 최종 라운드에서 **코스 파** 샷을 날렸다.
He shot a par for the course on the final round.

MP3 198

골프에서 '파(par)'는 숙련된 골퍼가 코스를 완료하기 위해 필요한 타수를 말합니다. 따라서 골퍼가 필요 타수로 코스를 완료하면 '파'라고 합니다. 현재 이 표현은 어떤 결과가 예상에 부합하거나 전형적이고 평균적인 경우에도 쓰입니다.

1 후반 9홀에서 몇 번의 차질에도 불구하고, 그는 이 까다로운 골프 코스 레이아웃에서 72타, 코스 파를 기록하며 경기를 마쳤다.
   Despite a few hiccups on the back nine, he managed to finish with a score of 72 — **par for the course** on this challenging links layout.

———— hiccup 문제, 지연   back nine 18홀 코스의 후반 9홀
links 지형 특색을 보존한 언덕으로 이루어진 골프 코스

2 실망스러운 출발 후, 이 젊은 골퍼는 리듬을 찾고서 남은 라운드를 결점 없이 플레이하며 모든 페어웨이와 그린을 규정대로 치고 코스 파로 마무리했다.
   After a disappointing start, the young golfer settled into a rhythm and played the remainder of the round flawlessly, hitting every fairway and green in regulation to finish at **par for the course**.

———— fairway 티와 그린 사이의 기다란 잔디밭   green 홀 주변의 잔디를 짧게 자른 지역

3 소용돌이치는 바람과 좁은 페어웨이에서 대부분의 선수가 코스 파보다 훨씬 높은 점수를 기록하며 많은 선수들이 따라가기 위해 고군분투하는 것을 보는 것이 놀라운 일이 아니었다.
   With the swirling winds and narrow fairways, it was no surprise to see many of the players struggle to keep up, with most posting scores well above **par for the course**.

NEWS

Even though he wasn't hitting the ball particularly well, he still managed to scramble his way around the course and finish with a score of 72 — **par for the course**. It was a testament to his mental toughness and ability to grind out a good score even when things weren't going his way. <Golf Digest>

볼을 특별히 잘 치지 못했음에도, 그는 코스를 묵묵히 뜻대로 간신히 해냈고 72타(코스 파)로 경기를 마쳤다. 이는 그의 강한 정신력과 뜻대로 되지 않을 때에도 좋은 점수를 낼 수 있는 능력을 증명하는 것이었다. 〈골프 다이제스트〉

grind out 생산해 내다

챔피언십 게임은 팀에게 **결정적인 순간**이었다.
The championship game was a clutch moment for the team.

MP3 199

"clutch moment(결정적인 순간)"는 구어체에서 중요한 순간이나 상황에서 누군가가 압박감 속에서 최상의 성과를 내는 것을 나타냅니다. 이 구문은 농구에서 '클러치' 슛을 성공해낸 선수들을 묘사하기 위해 쓰인 것에서 유래했습니다.

1   통산 8번째 대회 출전 만에 두 번째 메이저 우승을 차지하기 위해 능수능란한 최종 라운드를 만들며 중요한 순간에 기회를 잡은 사람은 콜린 모리카와였다.
It was Collin Morikawa who rose to the occasion in **the clutch moments**, putting together a masterful final round to capture his second major title in just eight career starts.
—— rise to the occasion 위기에서 수완을 발휘하다

2   후반 9홀에서 결정적인 순간이 닥쳤을 때, 분발하여 결정적인 퍼트를 연달아 성공시키며 생애 첫 페덱스컵 타이틀을 확보한 사람은 캔틀레이였다.
When it came down to **the clutch moments** on the back nine, it was Cantlay who stepped up, making a series of crucial putts to secure his first FedEx Cup title.
—— come down to ~ ~에 이르다   step up 분발하다

3   압도적인 우승을 확보하기 위해 움직이는 동안 넬리 코르다가 선두로 나서며 중요한 순간에 빛을 발한 것은 미국 선수들이었다.
It was the Americans who shone in **the clutch moments**, with Nelly Korda leading the charge as they pulled away to secure a dominant victory.
—— lead the charge 앞서서 이끌다   pull away 움직이기 시작하다

NEWS

As the leader board shifted constantly throughout the tournament, it was clear that **the clutch moments** would decide the winner. In the end, it was the young up-and-comer who rose to the challenge, sinking a birdie putt on the final hole to secure his first professional victory. The crowd erupted in applause as the golfer celebrated with his caddy, knowing that he had proven himself in the most high-pressure moments of the game. <Golf Digest>

토너먼트 내내 리더 보드가 계속 바뀌는 가운데 결정적인 순간에 승자가 결정될 것이 분명했다. 결국 이 난국을 잘 타개한 젊은 유망한 신인이 마지막 홀에서 버디 퍼트를 성공시키며 프로 데뷔 첫 우승을 확정지었다. 가장 긴박한 순간에 자신의 실력을 입증한 골퍼가 캐디와 함께 축하하는 모습에 관중들은 박수 갈채를 터뜨렸다. 〈골프 다이제스트〉

leader board 최고 선수들의 명단 및 점수를 적은 판   **up-and-comer** 장래가 유망한 사람
rise to the challenge 시련에 대처하다

그는 벙커에서 **홀아웃**을 성공했다.
He managed to hole out from the bunker.

MP3 **200**

"hole out(홀아웃하다)"은 골프에서 공을 한 번에 정확하게 홀에 넣는 것을 의미합니다. 이 용어는 20세기 초에 골퍼들이 스쿠프(scoop)로 공을 꺼내기 위해 '홀 아웃'하는 것에서 비롯되었다고 전해집니다. 오늘날에는 어떤 작업이나 프로젝트가 성공적으로 완료되는 것을 설명하는 데 더 자주 쓰입니다.

1 타이거 우즈가 벙커에서 공을 넣어 버디를 잡아내며 선두로 올라섰다.
   Tiger Woods **holed out** from the bunker for birdie to take the lead.

2 그녀는 파4인 15번 홀 135야드 거리에서 이글로 홀아웃했다.
   She **holed out** from 135 yards for eagle on the par-4 15th hole.

3 브룩스 켑카는 17번 홀 그린 사이드 벙커에서 홀아웃하여 이글로 3타차 선두로 올라섰다.
   Brooks Koepka **holed out** from a greenside bunker on the 17th hole for eagle to take a three-shot lead.

4 로리 매킬로이가 14번 홀 벙커에서 버디로 홀아웃했다.
   Rory McIlroy **holed out** from the bunker for birdie on the 14th hole.

5 렉시 톰슨이 파4인 10번 홀 페어웨이에서 이글로 홀아웃했다.
   Lexi Thompson **holed out** from the fairway for eagle on the par-4 10th hole.

NEWS

Na said he came to the course Friday feeling good about his game and was eager to get started. He made his first birdie on the third hole, chipped in from the greenside rough for birdie on No. 4 and **holed out** from the fairway on No. 5 for eagle. <Golf Channel>

나(상욱)은 금요일에 자신의 경기에 대해 좋은 컨디션을 유지하며 코스에 왔고 얼른 시작하고 싶다고 말했다. 그는 3번 홀에서 첫 버디를 잡았고, 4번 홀에서는 그린사이드 러프에서 칩인해 버디를, 5번 홀에서는 페어웨이에서 이글로 홀아웃했다. 〈골프 채널〉

chip in 칩인하다(그린 주위에서 홀을 향하여 낮게 굴린 공이 그대로 컵에 들어가는 일)
rough 러프(골프장에서 풀이 길고 공을 치기가 힘든 부분)

골프는 경기**의 혹독함에 대처해야** 하는 스포츠이다.

Golf is a sport that requires you to deal with the rigors of the game.

MP3 201

"deal with the rigors of(~의 혹독함에 대처하다)"는 어떤 상황의 어려움과 요구 사항을 다루거나 대처하는 것을 의미합니다. "rigors"는 '엄격, 준엄, 가혹한 행위'의 뜻으로, 특정 상황이나 작업의 가혹함 또는 심각성을 설명할 때 자주 사용합니다.

1 "골퍼들은 골프라는 스포츠의 혹독함에 대처하는 데 익숙하지만, 지난 한 해는 전례 없는 도전에 직면했습니다."라고 토너먼트 디렉터가 말했다.
   "Golfers are used to **dealing with the rigors of** the sport, but the past year has presented unprecedented challenges," said the tournament director.

2 다가오는 시즌을 준비하기 위해, 골퍼들은 혹독한 훈련과 경쟁을 이겨내기 위해 열심히 노력해 왔다.
   To prepare for the upcoming season, golfers have been working hard to **deal with the rigors of** training and competition.

3 경험이 아주 많은 골퍼라도 메이저 챔피언십의 혹독함을 감당하는 데 어려움을 겪는다.
   Even the most experienced golfers struggle to **deal with the rigors of** a major championship.

4 이 젊은 골퍼는 엄한 토너먼트의 혹독함에 대처하는 놀라운 회복력을 보여주었다.
   The young golfer showed remarkable resilience in **dealing with the rigors of** the grueling tournament.
   —— grueling 진빠지는, 엄한

5 골프 코치들은 골프 스포츠의 혹독함에 대처하기 위해 근력과 지구력을 키우는 것이 중요하다고 강조한다.
   Golf coaches emphasize the importance of building strength and endurance in order to **deal with the rigors of** the sport.

Most players on the PGA Tour, and any other professional circuit, have to **deal with the rigors of** travel and adjusting to different courses, but for Woods, 43, the demands have been amplified given his recent medical history. The Masters could be the first time since last summer he plays four competitive rounds in four days. <Los Angeles Times>

PGA 투어를 비롯한 다른 프로 투어 선수들 대부분이 이동과 다양한 코스에 적응하는 데 어려움을 겪어야 하지만, 43세의 우즈에게는 최근 병력을 고려할 때 그 요구가 더 커졌다. 마스터스는 지난 여름 이후 처음으로 나흘 동안 네 번의 경쟁 라운드를 치르는 대회가 될 수 있다. 〈로스앤젤레스 타임즈〉

행운은 삼세번이라 하니, 이번에는 성공하길 바라보자.
They say the third time's the charm, so let's hope we can succeed this time.

MP3 202

"the third time's the charm(행운은 삼세번이야)"은 2번의 실패 이후 3번째 시도가 성공할 거라고 말할 때 씁니다. 이 구문은 "the third time brings good fortune(세 번째가 행운을 가져온다)"이라는 옛 속담에서 파생된 것으로, 실패에도 불구하고 인내심을 가지고 낙관적인 태도를 유지하는 걸 시사합니다.

1   젊은 경력에 LPGA 통산 10승을 거둔 LPGA 스타 리디아 고와 고진영에게
    뱅크 오브 호프 파운더스컵 우승은 삼세번만의 행운이다.
    For LPGA stars Lydia Ko and Jin Young Ko, who have a combined
    10 LPGA victories in their young careers, **the third time's the charm**
    when it comes to winning the Bank of Hope Founders Cup.

2   사우샘프턴 인근의 그림 같은 코스에서 열리는 메이저 대회는 이번이 세 번째이며,
    속담에도 이르듯이 삼세번만의 행운이다.
    This is the third time that the major has been held at the picturesque
    course near Southampton, and as the saying goes, **the third time's
    the charm**.

3   베스페이지 블랙에서 열린 2019 PGA 챔피언십에서 우승한 이후 부상에 시달리며
    고통 속에서 경기를 치른 켑카에게 올해는 올해는 삼세번만의 행운이다.
    Perhaps **the third time's the charm** for Koepka this year, as he's dealt
    with injuries and played through pain since winning the 2019 PGA
    Championship at Bethpage Black.

NEWS

But the adage **"the third time's the charm"** seems apropos, as Hughes
enters the 3M Open with confidence and some familiarity with TPC Twin
Cities. He shot a second-round 60 here a year ago, and although that course
record is no longer his after Matthew Wolff's 62 in the final round, Hughes
remains comfortable on the undulating greens and views this week as another
opportunity to break through. <ESPN>

하지만 휴즈는 TPC 트윈 시티에 익숙해져서 자신감을 갖고 3M 오픈에 참가하기 때문에 "삼세번만의 행운"이라는 격언이 적절하게 어울리는 것 같다. 그는 1년 전 이곳에서 2라운드 60타를 쳤고, 최종 라운드에서 매튜 울프가 62타를 치면서 그 코스 기록은 더 이상 그의 것이 아니지만, 휴즈는 물결치는 그린에서 편안함을 느끼며 이번 주를 또 다른 돌파구의 기회로 보고 있다. 〈ESPN〉

adage 속담. 격언   **apropos** 관련 있는. 적절한   **undulating** 물결 모양의

CHAPTER 6

올림픽

치열한 경쟁이 펼쳐지는 레이스에서 선수들은 **치열한 순위 다툼을 벌인다.**
The runners **jostle for position** in the fiercely competitive race.

MP3 **203**

"jostle for position(치열한 순위 다툼을 벌이다)"은 말 경주에서 기수들이 더 나은 위치를 차지하기 위해 서로 부딪치고 밀치며 경쟁하는 상황에서 유래했습니다. 요즘은 스포츠 외에 다른 분야에서 어떤 이점을 얻기 위해 경쟁하는 모든 상황을 설명하는 데 쓰입니다.

1 예선 라운드에서, 많은 선수들이 메달 라운드에 진출하고자 하는 희망으로 순위 경쟁을 펼칠 것이다.

In the preliminary rounds, many competitors will **jostle for position** in hopes of advancing to the medal rounds.

2 결승선을 불과 몇 미터 남기고, 주자들은 전력 질주로 마지막까지 치열한 순위 다툼을 벌이기 시작했다.

With only a few meters left to go, the runners began to **jostle for position** in a fierce sprint to the end.

—— in a sprint 전력 질주로

3 관중이 꽉 들어찬 경기장에서 수영 선수들은 가능성을 유지하려 치열한 순위 싸움을 벌이고 사력을 다해 싸워야 했다.

In a crowded field, the swimmers had to **jostle for position** and fight for every inch to stay in contention.

—— every inch 전부 다, 속속들이   in contention 기회가 있는, 가능성이 있는

At the start, the four rowers **jostled for position**, and after about 200 meters, a Romanian boat and the Chinese crew moved ahead of the U.S. and Australian boats. The U.S. boat had fallen back into last place by the 500-meter mark, but it kept up a solid pace and gained on Australia and Romania in the second half of the race. It wasn't enough to catch up, though, and the U.S. boat finished about 2 1/2 seconds behind Romania, which won with a time of 6 minutes, 24.46 seconds. <The Washington Post>

처음에 네 명의 선수가 치열한 순위 다툼을 벌이고, 200미터 정도 지나자 루마니아 보트와 중국 선수가 미국과 호주의 배보다 앞서 나갔다. 미국 보트는 500미터 지점에서 다시 꼴찌로 밀려났지만, 꾸준한 페이스를 유지해 레이스 후반부에 호주와 루마니아를 따라붙었다. 하지만 따라잡기에는 역부족이었고 미국 보트는 6분 24초 46의 기록으로 우승한 루마니아에 약 2초 반 뒤처진 채 경기를 마쳤다. 〈워싱턴 포스트〉

rower 노 젓는 사람   **fall back into ~** ~에 뒤로 물러나다   **gain on ~** ~에 따라붙다

많은 어려움 끝에 마침내 마라톤이 **고비를 넘겼다**.
After many struggles, the marathon is finally over the hump.

hump는 솟아오른 언덕을 나타내는데 "get[be] over the hump(고비를 넘기다)"는 어떤 일이나 도전에서 가장 어려운 부분을 극복한 지점을 지칭할 때 자주 쓰입니다. 올라가기 힘든 언덕 또는 언덕 정상부터는 수월한 내리막길이라는 묘사에서 유래했습니다.

1   체조 선수 시몬 바일스는 여자 개인 종합 결승에서 우승을 차지하며 고비를 넘긴 것으로 보이며, 이미 인상적인 올림픽 기록에 메달을 더 추가할 준비가 되어 있다.
   With her victory in the women's all-around final, gymnast Simone Biles seems to **have gotten over the hump** and is now poised to add more medals to her already impressive Olympic haul.
   —— all-around 다방면의, 전반적인   haul 점수, 특점

2   남자 농구 대표팀은 고비를 넘길 수 있었고 강적을 물리치며 8강 진출을 확정지었다.
   The men's basketball team was able to **get over the hump** and defeat a tough opponent, securing their spot in the quarterfinals.

3   수영 선수는 예선에서 고전했지만, 마침내 고비를 넘기고 결승에 진출할 수 있었다.
   The swimmer had been struggling in the heats, but was finally able to **get over the hump** and qualify for the finals.
   —— in the heats 예선전에서

4   일련의 좌절과 부상 끝에, 그 선수는 마침내 고비를 넘기고 시상대에 오를 수 있었다.
   After a series of setbacks and injuries, the athlete was finally able to **get over the hump** and secure a place on the podium.

   After coming up short in their first two games, the U.S. men's basketball team **got over the hump** on Sunday with a dominant win over Argentina. The Americans were in control for most of the game, with Kevin Durant leading the way with 29 points. The win secured their spot in the quarterfinals and eased some concerns about the team's struggles in the early stages of the tournament. <NBC Olympics>

   첫 두 경기에서 기대에 못 미치는 성적을 낸 미국 남자 농구 대표팀은 일요일 아르헨티나를 상대로 압도적인 승리를 거두며 고비를 넘겼다. 미국은 경기 내내 주도권을 잡았고, 케빈 듀란트가 29점을 올리며 팀의 승리를 이끌었다. 이 승리로 8강 진출이 확정되고, 토너먼트 초반 팀 부진에 대한 우려도 다소 완화되었다. 〈NBC 올림픽스〉

   come up short 기대에 미치지 못하다

세계 챔피언은 이번 레이스에서도 **예상한 대로** 압도적인 경기력을 선보였다.

The world champion was true to form with another dominant performance in the race.

MP3 205

"true to form(예상한 대로)"은 말 경주에서 유래된 것으로, form은 말의 과거 성적과 능력을 가리킵니다. 과거 행동이나 패턴을 기반으로 예상대로 행동하거나 수행한다는 의미이며, '역시 또 지각했군'의 의미로 "True to form, they're late again."이라고 할 수도 있습니다.

1 미국의 카엘렙 드레셀이 예상대로 남자 50미터 자유형에서 우승하며 일요일에 도쿄 올림픽 5번째 금메달을 획득했다.
   The United States' Caeleb Dressel was **true to form** in winning the men's 50-meter freestyle and his fifth gold medal of the Tokyo Olympics on Sunday.

2 러시아는 예상대로 일요일 리듬체조 단체전과 개인종합에서 금메달을 획득하며 리듬체조를 장악했다.
   The Russians, **true to form**, dominated rhythmic gymnastics on Sunday, winning gold in the team event and in the all-around individual competition.

3 네덜란드는 예상대로 일요일 여자 사이클 도로 경주에서 전년도 챔피언이 금메달을, 팀 동료가 은메달을 획득하는 등 좋은 성적을 거두었다.
   The Netherlands were **true to form** in the women's cycling road race on Sunday, with the defending champion taking the gold medal and teammate winning silver.

NEWS

After a disappointing showing in Rio de Janeiro, Dressel was determined to prove himself on the biggest stage, and he has been **true to form** in Tokyo, winning five gold medals and setting multiple Olympic and world records in the process. With his blazing speed and smooth stroke, Dressel has established himself as one of the greatest sprint swimmers in history and a force to be reckoned with in any pool. <The New York Times>

리우데자네이루에서 실망스러운 모습을 보였던 드레셀은 가장 큰 무대에서 자신을 증명하기로 결심했고, 예상대로 도쿄에서 5개의 금메달을 획득하고 여러 개의 올림픽 및 세계 신기록을 세우며 자신의 기량을 마음껏 발휘하고 있다. 빠른 스피드와 부드러운 스트로크로 드레셀은 역사상 가장 위대한 단거리 수영 선수 중 한 명이자 모든 수영 경기장에서 무시할 수 없는 강자로 자리매김했다. 〈뉴욕 타임즈〉

sprint swimmer 단거리 수영 선수   **reckon with** ~을 무시할 수 없는 존재로 여기다

이 젊은 선수는 **경기에 나서서** 팀의 리더 역할을 맡을 준비가 되어 있다.
The young player is ready to step up to the plate and take on a leadership role in the team.

MP3 206

야구에서 유래한 표현으로, "plate"는 홈플레이트(본루)를 가리키며, "step up"은 타자가 타석으로 다가가는 걸 뜻합니다. 팀은 각 선수가 자기 역할을 해내도록 기대하기 때문에 누군가에게 "step up to the plate(어려운 일을 하다, 책임을 지다, 행동을 취하다)"하라고 할 때는, 최선을 다해 노력하여 자신의 일을 해내고 책임을 지라는 의미입니다.

1 올림픽이 다가오면서, 세계 무대에서 나아가 경쟁할 선수들에게 모든 시선이 집중되고 있다.
As the Olympic Games approach, all eyes are on the athletes who will **step up to the plate** and compete on the world stage.

2 많은 선수들이 부담감을 안고 경기에 나서 올해 최고의 성적을 내기 위해 노력하고 있다.
With the pressure on, many athletes are looking to **step up to the plate** and deliver their best performances of the year.

3 이 대회는 젊은 선수들에게 가장 큰 스포츠 무대에서 나아가 자신을 증명할 수 있는 기회이다.
This is a chance for young athletes to **step up to the plate** and prove themselves on the biggest stage in sports.

4 전 세계가 지켜보는 가운데, 이제는 경기에 나서서 자신의 실력을 보여줄 선수들의 몫이다.
As the world watches, it's up to these athletes to **step up to the plate** and show what they're made of.

5 올림픽은 선수들이 경기에 나서서 역사를 만들어가는 시간이며, 누가 그 기회를 잡아 대처하고 실력을 발휘할지 기대하고 있다.
The Olympics are a time for athletes to **step up to the plate** and make history, and we can't wait to see who will rise to the occasion.

────── rise to the occasion 난국에 대처하다, 위기에 처해서 수완을 발휘하다

American athletes will **have to step up to the plate** if they want to compete with the world's best in Tokyo. The United States is sending its largest Olympic delegation ever, but that won't be enough to guarantee success. The competition will be fierce, and athletes will need to perform at their best to bring home medals. <The Washington Post>

미국 선수들이 도쿄에서 세계 최고 선수들과 경쟁하기 위해서는 더 많은 노력을 기울여야 할 것이다. 미국은 역대 최대 규모의 올림픽 대표단을 파견하고 있지만, 그것만으로는 성공을 보장할 수 없다. 경쟁은 치열할 것이고 선수들은 메달을 따기 위해 최선을 다해야 할 것이다. 〈워싱턴 포스트〉

금메달 결정전이 가까워질수록 **기대감이 고조되었다.**

There was palpable anticipation as the gold-medal match drew near.

MP3 207

이 표현은 손에 만져질 듯 뚜렷한 설렘이나 기대감을 의미합니다. "palpable" 자체가 '만져지거나 느껴질 수 있는'을 뜻하기 때문에, "palpable anticipation(뚜렷한[고조되는] 기대감)"은 기대감이 너무 강해서 거의 물리적으로 육체적으로 느껴진다는 뜻입니다.

1   개막식이 다가오면서, 선수와 관중 모두의 기대감이 최고조에 달하고 있다.

As the opening ceremony approaches, **the palpable anticipation** among athletes and spectators alike is reaching fever pitch.

—— reach fever pitch 몹시 흥분하다

2   두 정상급 수영 선수의 라이벌 구도로 팬들은 수영장에서의 결전을 손꼽아 기다리며 다가올 경기에 대한 기대감이 고조되고 있다.

The rivalry between two top swimmers has created **palpable anticipation** for the upcoming race, with fans eagerly awaiting the showdown in the pool.

—— showdown 마지막 결전

3   여자 체조 단체 결승이 올림픽 하이라이트가 될 것이며, 경기가 가까워질수록 기대감이 고조되고 있다.

The women's gymnastics team final is sure to be a highlight of the Olympics, with **the palpable anticipation** building as the event draws nearer.

4   농구 8강전이 코앞으로 다가오면서 팬들의 기대감이 역대 최고조에 달하고 있다.

With the basketball quarterfinals just around the corner, **the palpable anticipation** among fans is at an all-time high.

—— all-time 역대의, 사상, 공전의

The Tokyo Olympics are finally here, and **the palpable anticipation** among athletes and fans alike is at an all-time high. After a year-long delay due to the COVID-19 pandemic, the world's best athletes have gathered in Tokyo to compete for gold, silver, and bronze. Despite the challenges posed by the pandemic, the organizing committee has worked tirelessly to ensure a safe and secure Games for everyone involved. <CNN Sports>

도쿄 올림픽이 드디어 다가왔고, 선수와 팬 모두의 기대감은 사상 최고조에 달해 있다. 코로나19 팬데믹으로 인해 1년 연기된 후, 세계 최고 선수들이 도쿄에 모여 금, 은, 동메달을 놓고 경쟁을 펼친다. 팬데믹으로 인한 어려움에도 불구하고 조직위원회는 모든 참가자들이 안전하고 안심할 수 있는 대회를 치르기 위해 부단히 노력해 왔다. 〈CNN 스포츠〉

The rivalry between two top swimmers has created **palpable anticipation** for the upcoming race, with fans eagerly awaiting the showdown in the pool.

PART 7
환경

CHAPTER 1

오염과 지구 온난화

공장은 주거 지역에서 떨어진 도시 **외곽에** 위치해 있다.
The factory is located on the fringe of town, away from residential areas.

MP3 **208**

"on the fringe(변두리에)"이 표현은 '주류에서 벗어난 사람'이나 '아웃사이더'의 의미로 사용합니다. 또, 특정 그룹이나 활동 주변에 있는 것을 나타낼 수도 있어요. "fringe"는 '(숄이나 스카프 등의 가장자리) 장식술'이라는 뜻으로, 사회의 가장자리나 변두리에 있는 사람이나 생각을 가리키는 비유적인 표현입니다.

1   대기 오염을 줄이려는 노력에도 불구하고, 도시 외곽에 사는 많은 사람들은 여전히 유해한 오염 물질에 노출되어 있다.
    Despite efforts to reduce air pollution, many people who live **on the fringe** of urban areas are still exposed to harmful pollutants.

2   환경 운동가들은 정부의 현재 정책이 도심에 사는 사람들에게만 혜택을 주고 변두리에 사는 사람들은 오염으로 인한 피해를 고스란히 떠안게 한다고 주장한다.
    Environmental activists argue that the government's current policies only benefit those in the city center and leave those **on the fringe** to suffer the consequences of pollution.

3   새로운 연구에 따르면 산업 지역의 변두리에 있는 사람들도 공해로 인한 부정적인 건강 영향을 경험할 수 있다.
    A new study shows that even those **on the fringe** of industrial areas can experience the negative health effects of pollution.

4   도시 외곽에 새 공장을 짓기로 결정하면서 공해와 인근 지역 사회에 미치는 영향에 대한 우려가 커졌다.
    The decision to build a new factory **on the fringe** of town has raised concerns about pollution and its impact on nearby communities.

On the fringe of urban areas, where land is cheaper and zoning regulations more lenient, thousands of people live within spitting distance of heavily trafficked roads and industrial plants, their homes regularly subjected to air pollution that is visible and tangible. <The Washington Post>

토지가 더 저렴하고 구역 규제가 더 관대한 도시 변두리에서는, 수천 명의 사람들이 교통량이 많은 도로와 산업 공장에서 가까운 거리에 살고 있으며, 그들의 집은 눈에 보이고 확실한 대기 오염에 정기적으로 노출되어 있다. 〈워싱턴 포스트〉

spitting distance 짧은 거리, 손이 닿는 거리   **be subjected to ~** ~의 대상이다, ~을 받다
tangible 확실한, 명백한

대기 오염은 많은 **환경 파괴** 요인 중 하나이다.
Air pollution is one of the many factors contributing to environmental degradation.

MP3 209

"environmental degradation(환경 파괴)"은 공기, 물, 토양 및 야생동물을 포함한 자연 환경의 악화 또는 파괴를 나타냅니다. 이러한 악화는 대개 오염, 삼림 벌채, 남획 같은 인간 활동의 결과로 발생하지요.

1 극지방의 만년설이 녹아 내리는 것부터 동물 종 전체가 사라지는 것까지, 환경 파괴의 영향은 매일 점점 더 분명해지고 있다.

The effects of **environmental degradation** are becoming more and more evident every day, from the melting of polar ice caps to the disappearance of entire species of animals.

2 환경 파괴의 장기적인 결과는 엄청나며, 이를 해결하기 위한 즉각적인 조치를 취하지 않으면 미래 세대에도 계속 영향을 미칠 것이다.

The long-term consequences of **environmental degradation** are staggering, and they will continue to impact future generations if we don't take immediate action to address them.

—— staggering 충격적인, 믿기 어려운

3 기름 유출 사고로 인해 주변 지역에 심각한 환경 파괴가 발생했으며, 야생동물과 해양 생물이 가장 큰 피해를 입었다.

The oil spill has caused significant **environmental degradation** to the surrounding area, with wildlife and marine life paying the highest toll.

—— pay the highest toll 가장 많은 희생을 치르다

4 기후 변화와 환경 파괴는 불가분의 관계에 있으며, 한 가지 문제를 해결하려면 다른 문제도 해결해야 한다.

Climate change and **environmental degradation** are inextricably linked, and addressing one requires addressing the other.

NEWS

Environmental degradation, such as pollution and deforestation, is a major contributor to climate change. As we continue to extract resources and consume energy at an unsustainable rate, we are accelerating the destruction of our planet's natural systems. This not only affects wildlife and ecosystems, but also has significant social and economic consequences for human populations around the world. <The Guardian>

오염과 삼림 벌채 같은 환경 파괴가 기후 변화의 주요 원인이다. 우리가 지속 불가능한 속도로 자원을 채굴하고 에너지를 소비하면서 지구의 자연 시스템 파괴를 가속화하고 있다. 이는 야생동물과 생태계에 영향을 미칠 뿐 아니라 전 세계 인류에게 심각한 사회적, 경제적 영향을 미친다. 〈가디언〉

그는 **광야의 목소리**가 되어 환경 문제의 심각성을 알리고 있다.
He is a voice in the wilderness, raising awareness of the severity of the environmental issue.

MP3 **210**

"a voice in the wilderness(광야의 목소리)"는 일반적으로 널리 인정되거나 인식되지 않는 특정 문제나 아이디어에 대해 이야기하는 사람을 가리킵니다. 마태복음서에서 요한은 '광야에서 부르짖는 자의 목소리'로 묘사되는데 거기서 유래된 표현으로, 현대에서는 대다수에 의해 무시되거나 조롱받으면서도 자기 의견을 말하는 사람을 뜻합니다.

1   오늘날, 그는 더 이상 광야의 외침이 아니라 지구가 직면한 시급한 과제를 해결하기 위해 커지는 운동의 리더가 되었다.

Today, he is no longer **a voice in the wilderness**, but a leader of a growing movement to address the urgent challenges facing our planet.

2   이러한 헌신적인 활동가들은 미래 세대를 위해 환경을 보호하기 위해 끊임없이 싸우는 진정한 광야의 목소리이다.

These dedicated activists are truly **a voice in the wilderness**, fighting tirelessly to protect our environment for future generations.

3   몇몇 과학자들은 멸종 위기에 처한 종들과 그 서식지를 보호해야 한다는 시급한 필요성을 강조하며 계속해서 광야의 목소리가 되고 있다.

A few scientists continue to be **a voice in the wilderness**, highlighting the urgent need to protect endangered species and their habitats.

4   이 열정적인 활동가들은 우리에게 변화를 일으키기에 결코 늦지 않았다는 사실을 일깨워주는 광야의 목소리이다.

These passionate activists are **a voice in the wilderness**, reminding us that it is never too late to make a difference.

A voice in the wilderness, the environment is not one of the issues that has been emphasized during this presidential campaign. Instead, we have been treated to debates about whether the other candidate served in Vietnam, and we have heard endlessly about social security, tax reform, and health care. <The San Diego Union-Tribune>

광야의 목소리인 환경은 이번 대선 캠페인에서 강조된 이슈 중 하나가 아니다. 대신 상대 후보의 베트남 참전 여부에 대한 논쟁만 있었고, 사회 보장, 세제 개혁, 의료 서비스에 대한 이야기는 끝없이 들었다. 〈샌디에이고 유니온-트리뷴〉

be treated to ~ ~을 대접받다

빈출 표현
211

기후 변화 문제는 지구상 많은 환경 문제 중 **심각한 결정타**가 될 수 있다. **The issue of climate change could be the straw that broke the camel's back among many environmental problems on Earth.**

MP3 **211**

"the straw that broke the camel's back(심각한 결정타)"은 잔뜩 짐을 실은 낙타 등에 지푸라기 하나 얹는 게 사소해 보이지만, 결국 아슬아슬하게 견디고 있던 무게를 이기지 못하고 쓰러트리게 할 수 있다는 속담에서 유래했습니다.

1   멕시코만 기름 유출 사고가 일부 환경운동가들에겐 심각한 결정타 같은 사건이었을지 모르지만, 걸프만 연안 주민들에게는 오래된 환경 재앙 중 가장 최근의 사건일 뿐이다.
   The oil spill in the Gulf of Mexico may have been **the straw that broke the camel's back** for some environmentalists, but for residents of the Gulf Coast, it's the latest in a long line of environmental disasters.

2   기후 변화가 기상 이변에서는 심각한 결정타였을 수도 있지만, 지금 조치를 취함으로써 미래의 재난을 예방하는 것은 우리 모두의 몫이다.
   Climate change may have been **the straw that broke the camel's back** in terms of extreme weather events, but it's up to us to prevent future disasters by taking action now.

3   최근 발생한 공장 폭발 사고는 수년 간 공장에서 발생하는 대기 오염을 우려해 온 지역 주민들에게 심각한 결정타와 같은 일이었다.
   The recent factory explosion was **the straw that broke the camel's back** for local residents who have been concerned about air pollution from the plant for years.

4   또 다른 멸종 위기 종의 손실은 생물 다양성 손실면에서 결정타일 수 있지만, 지금 행동한다면 상황을 되돌릴 시간이 아직 남아 있다.
   The loss of yet another endangered species could be **the straw that broke the camel's back** in terms of biodiversity loss, but there's still time to turn things around if we act now.

Environmentalists have warned for years that the destruction of the rainforest could lead to catastrophic consequences for the planet, and the fires that have been raging in the Amazon rainforest may be **the straw that broke the camel's back**. With over 70,000 fires reported in the Amazon this year alone, the world is watching as one of our most important ecosystems is destroyed. <CNN>

환경운동가들은 열대우림 파괴가 지구에 재앙적인 결과를 초래할 수 있다고 수년 동안 경고했고, 아마존 열대우림에서 맹렬히 계속되는 화재가 심각한 결정타가 될 수도 있다. 올해에만 아마존에서 7만 건 이상의 화재가 보고된 가운데, 세계는 가장 중요한 생태계 중 하나가 파괴되는 것을 지켜보고 있다. 〈CNN〉

rage 맹렬히 계속되다

빈출 표현
212

공업 지대 확장 결정은 **독이 든 성배**로 묘사되었다.
The decision to expand the industrial zone has been described as a poisoned chalice.

MP3 212

"a poisoned chalice(독이 든 성배)"는 처음에는 매력적으로 보이지만 실제로는 어렵거나 불쾌한 일을 가리킵니다.

1   오염된 산업 부지를 치우는 건 높은 비용과 법적 책임으로 인해 소유주에게는 독이 든 성배와도 같았다.
Cleaning up the contaminated industrial site proved to be **a poisoned chalice** for the new owners due to the high costs and legal liabilities.

2   이전 정부가 남긴 환경 파괴, 오염, 유독성 폐기물의 유산을 물려받는 정부에게 그건 독이 든 성배이다.
It's **a poisoned chalice** for any government that inherits the legacy of environmental degradation, pollution, and toxic waste left by the previous administration.

3   수십 년 동안 이 지역의 강은 산업 폐기물 하치장으로 사용되었고, 식수와 낚시를 위해 강에 의존하는 지역 사회에는 독이 든 성배로 변했다.
For decades, the rivers in this region have been used as a dumping ground for industrial waste, turning them into **a poisoned chalice** for the communities that rely on them for drinking water and fishing.
—— dumping ground 쓰레기 하치장

4   환경 운동가들은 새 화력 발전소 건설 제안은 대기 오염을 증가시키고 공중 보건에 피해를 줄 독이 든 성배라고 경고하고 있다.
Environmental campaigners are warning that the proposal to build a new coal-fired power station is **a poisoned chalice** that will lead to increased air pollution and damage to public health.

The poisoned chalice of high pollution levels that residents of capital cities across the world are drinking in could have a long-lasting and possibly permanent impact on their health, experts have warned. With some people now breathing air at the same level of pollution as if they were smoking a pack of cigarettes a day, doctors have said that the only way to protect the public is to reduce the number of vehicles on the roads and restrict the use of polluting fuels such as diesel. <The Independent>

전 세계 수도 주민들이 마시는 오염도 높은 독이 든 성배가 건강에 오래 지속되고 영구적인 영향을 미칠 수도 있다고 전문가들은 경고했다. 일부 사람들은 하루에 담배 한 갑을 피우는 것과 같은 수준의 오염된 공기를 마시고 있기 때문에 의사들은 대중을 보호하는 유일한 방법은 도로의 차량 수를 줄이고 디젤과 같은 오염 유발 연료의 사용을 제한하는 것이라고 했다. 〈인디펜던트〉

방대한 양의 화석 연료 사용은 **살얼음 위를 걷는 것**처럼 위험할 수 있다.
The vast amount of fossil fuel use can be as risky as walking on thin ice.

MP3 213

"walk on thin ice(살얼음 위를 걷다)"는 말 그대로 언제든 깨질 수 있는 얇은 빙판 위를 걷는 위태로운 상황을 묘사합니다. 이와 같이 누군가가 "walk on thin ice"라고 한다면 잘못된 행동 하나만으로도 심각한 결과를 초래할 위험한 상황에 있다는 것을 의미합니다.

1 과학자들은 지구 온난화와 관련하여 우리가 살얼음 위를 걷고 있으며, 재앙을 피하기 위해 긴급 조치가 필요하다고 경고한다.
Scientists warn that we **are walking on thin ice** when it comes to global warming, and urgent action is needed to avert catastrophe.

2 파리 협약은 우리가 살얼음 위를 걷는 걸 막기 위한 것이었지만, 최근 보고서에 따르면 우리는 여전히 재앙을 향해 가고 있다고 한다.
The Paris Agreement was supposed to prevent us from **walking on thin ice**, but recent reports suggest that we are still headed for disaster.

3 일부 정치인들은 지구 온난화의 현실과 살얼음 위를 걷는 것의 위험성에 대해 부정하고 있다.
Some politicians are in denial about the reality of global warming and the dangers of **walking on thin ice**.

4 북극의 얼음이 녹는 것은 우리가 살얼음 위를 걷고 있다는 분명한 신호이며, 우리가 빨리 행동하지 않으면 그 결과는 끔찍할 수 있다.
The melting of Arctic ice is a clear sign that we **are walking on thin ice**, and if we don't act soon, the consequences could be dire.

 dire 대단히 심각한, 나쁜

NEWS

The UN Secretary-General, António Guterres, warned in a video message that the world was **"walking on thin ice"** and that the Paris Agreement was no longer enough to prevent catastrophic warming. He called on world leaders to come up with new and more ambitious plans to cut greenhouse gas emissions, and to commit to phasing out coal, ending fossil fuel subsidies, and investing in green infrastructure. <The Guardian>

안토니오 구테흐스 유엔 사무총장은 영상 메시지를 통해 세계가 '살얼음 위를 걷고 있다'며, 파리 협약만으로는 더 이상 파국적인 온난화를 막을 수 없다고 경고했다. 그는 세계 지도자들에게 온실가스 배출을 줄이기 위한 새롭고 더 야심찬 계획을 세우고, 석탄의 단계적 퇴출, 화석 연료 보조금 중단, 친환경 기반 시설에 대한 투자를 약속할 것을 촉구했다. 〈가디언〉

call on 요청하다　**phase out** 단계적으로 없애다　**subsidies** 보조금
infrastructure 기반 시설

빈출 표현
214

시간이 지남에 따라 플라스틱 폐기물의 축적은 심각한 환경 오염 문제**로 바뀔 수** 있다.
Over time, the accumulation of plastic waste can morph into a significant pollution problem.

MP3 **214**

"morph into(~로 변하다)"는 형태, 모양 또는 성격이 점진적으로 변형되거나 변경되는 과정을 겪는 걸 의미합니다. "morph"는 '형태' 또는 '모양'을 의미하는 그리스어 '모르페'에서 유래했고, 참고로 애벌레가 나비로 변신하는 과정을 metamorphosis(변태)라고 합니다.

1　지구가 계속 뜨거워지면서, 한때 춥고 얼음처럼 차가운 곳으로 여겨지던 지역이 (이전과) 무척 다른 환경으로 변하기 시작했다.
As the world continues to heat up, areas that were once thought of as cold and icy are beginning to **morph into** much different environments.
—— heat up 뜨거워지다

2　기후 변화로 인해 많은 숲이 건조한 지형으로 변해 산불 위험이 증가하고 있다.
Climate change has caused many forests to **morph into** dry landscapes, increasing the risk of wildfires.

3　과학자들은 지구 온난화와 산호 탈색으로 인해 그레이트 배리어 리프가 불과 수십 년 안에 완전히 다른 생태계로 변할 수 있다고 경고한다.
Scientists warn that the Great Barrier Reef could **morph into** a vastly different ecosystem within just a few decades due to global warming and coral bleaching.
—— coral bleaching 산호 탈색, 산호 백화

4　금세기 말까지 해수면이 최대 3피트까지 상승할 것으로 예상되어 해안 도시들이 가상의 베니스로 변할 수도 있다.
Coastal cities may soon **morph into** virtual Venices, with sea levels expected to rise by up to three feet by the end of the century.

NEWS

The Arctic **is** rapidly **morphing into** a region that bears little resemblance to the Arctic of even a decade ago. The ice that has covered the region for thousands of years is melting at an unprecedented pace, and the region is becoming increasingly accessible. While this may bring opportunities for resource exploration and new shipping routes, it also raises concerns about the environmental and geopolitical implications of such rapid change. <The Hill>

북극은 10년 전의 북극과 거의 닮지 않은 지역으로 빠르게 변하고 있다. 수천 년 동안 북극을 덮고 있던 얼음이 전례 없는 속도로 녹고 있으며, 북극에 대한 접근성이 점점 더 높아지고 있다. 이는 자원 탐사 및 새로운 운송 경로에 대한 기회를 가져올 수도 있지만, 또한 급격한 변화의 환경 및 지정학적 영향에 대한 우려를 불러일으키기도 한다. 〈더 힐〉

정부는 환경 보호 정책의 효과를 **높이기** 위해 매년 매우 강력한
목표를 수립한다. **The government sets very strong
goals every year to ratchet up the effectiveness
of environmental protection policies.**

MP3 **215**

래칫(ratchet)은 한 방향으로만 움직이고 반대 방향으로 움직이지 못하게 되어 있는 기어로, "ratchet up(단계적으로 높이다)"은 기어가 조이는 것처럼 무언가 서서히 증가하여 특정한 목표치에 도달하면 그 목표치를 고정하는 것을 의미합니다.

1 기후 운동가들은 각국 정부가 온실가스 배출량을 줄이기 위한 약속을 단계적으로 높여 강화할 것을 촉구하고 있다.
Climate activists are urging governments to **ratchet up** their commitments to reduce greenhouse gas emissions.

2 기후 변화에 관한 정부 간 협의체의 최신 보고서는 지구 온난화를 섭씨 1.5도로 제한하기 위한 전 세계적인 노력을 강화해야 한다고 강조한다.
The latest report from the Intergovernmental Panel on Climate Change emphasizes the need to **ratchet up** global efforts to limit global warming to 1.5 degrees Celsius.

3 기상 이변이 더욱 빈번하고 심각해짐에 따라, 세계 지도자들에게 기후 위기에 대한 대응을 단계적으로 높이라는 압력이 커지고 있다.
As extreme weather events become more frequent and severe, pressure is mounting on world leaders to **ratchet up** their response to the climate crisis.

4 많은 전문가들은 단순히 배출량을 줄이는 것만으로는 충분하지 않으며, 대기 중 이산화탄소를 제거하기 위한 노력을 단계적으로 높여야 한다고 생각한다.
Many experts believe that it's not enough to simply reduce emissions — we need to **ratchet up** our efforts to remove carbon dioxide from the atmosphere.

NEWS

The world's top central bankers have warned that the fight against climate change will require **"ratcheting up"** of efforts, and called for greater cooperation between financial institutions, governments and the private sector. Speaking at the Green Swan conference in Frankfurt on Friday, the heads of the Bank of England, the European Central Bank, and the US Federal Reserve all stressed the need to address the financial risks posed by global warming. <The Guardian>

세계 최고 중앙은행 총재들은 기후 변화에 맞서 싸우기 위해서는 노력의 '단계적 상향'이 필요하다고 경고하고 금융 기관, 정부, 민간 부문 간의 협력을 강화를 촉구했다. 금요일 프랑크푸르트에서 열린 그린 스완 컨퍼런스에서 연설하면서 영란은행, 유럽중앙은행, 미국 연방준비제도이사회 수장들은 모두 지구 온난화로 인한 금융 위험에 대처할 필요성을 강조했다. 〈가디언〉

과학적 연구는 오염의 원인과 결과를 우리가 이해할 수 있게 **기반을 제공한다.**
Scientific research undergirds our understanding of the causes and consequences of pollution.

MP3 **216**

"gird"는 '끈으로 묶다' 또는 '둘러싸다'를 의미하고 "under"는 '아래나 밑에'의 뜻입니다. 현대에서는 "undergird"가 주장, 이론 체계의 '기반을 제공하다'라는 의미로 쓰입니다.

1. 지구 온난화 과학은 데이터를 공유하고 서로의 연구를 동료 검토하는 국제적인 연구자 네트워크의 뒷받침을 오랫동안 받았다.
   The science of global warming **has** long **been undergirded** by an international network of researchers who share data and peer-review one another's work.

2. 기후 변화는 유권자들 마음속에 지배적인 이슈가 되었고 2020년 선거를 앞두고 많은 정책 논쟁의 근간을 이루고 있다.
   Climate change has become a dominant issue in the minds of voters and **undergirds** much of the policy debate ahead of the 2020 elections.

3. 파리 협약은 각국이 온실가스 배출량을 줄이기 위해 구체적인 약속을 하는 등 기후 변화에 맞서 싸우기 위한 기반이 될 것으로 예상되었다.
   The Paris Agreement was supposed to **undergird** the fight against climate change, with countries making specific commitments to reduce their greenhouse gas emissions.

4. 지구 온난화에 대처하기 위한 미국과 중국 간의 합의는 기후 변화에 대처하려는 국제적인 노력을 뒷받침하고 있다.
   The agreement between the U.S. and China to tackle global warming **has undergirded** international efforts to fight climate change.

NEWS

The fight against global warming **has** long **been undergirded** by a growing international consensus that the world must take action to reduce greenhouse gas emissions and mitigate the worst effects of climate change. This consensus was enshrined in the Paris Agreement, which has been ratified by more than 180 countries. Despite some setbacks, such as the U.S. withdrawal from the accord, the global effort to combat climate change has continued to gain momentum. <The New York Times>

지구 온난화와의 싸움은 전 세계가 온실가스 배출을 줄이고 기후 변화로 인한 최악의 영향을 완화하기 위해 조치를 취해야 한다는 커져가는 국제적 합의에 오랫동안 뒷받침을 받았다. 이러한 합의는 180개 이상의 국가가 비준한 파리 협약에 명시되어 있다. 미국의 협약 탈퇴 같은 일부 차질에도 불구하고, 기후 변화에 대처하기 위한 전 세계적인 노력은 계속해서 추진력을 얻고 있다. 〈뉴욕 타임즈〉

mitigate 완화시키다   **enshrine** 소중이 모시다, 간직하다   **gain momentum** 추진력을 얻다

지구 온난화를 해결하는 유일한 방법은 **체계적이고 근본적인 변화**이다.
The only way to solve the global warming is through systemic change.

MP3 **217**

"systemic change (체계적이고 근본적인 변화)"는 전체 시스템이 작동하는 방식에 영향을 미치는 근본적인 변화를 말합니다. 종종 사회, 정치 또는 환경 문제와 관련하여 쓰이며, 깊이 뿌리 내린 문제를 해결하기 위해 종합적이고 변혁적인 접근 방식이 필요함을 나타냅니다.

1 지구 온난화의 영향을 해결하려면 재생 에너지와 보다 지속 가능한 농업 관행으로의 전환을 포함한 전 세계적 규모의 체계적이고 근본적인 변화가 필요하다.
Addressing the effects of global warming requires **systemic change** on a global scale, including a shift to renewable energy and more sustainable agricultural practices.

2 현재의 경제 체제는 환경 보호를 우선시하도록 설계되지 않았으며, 보다 지속 가능한 모델로 전환하려면 체계적이고 근본적인 변화가 필요할 것이다.
The current economic system is not designed to prioritize environmental protection, and it will require **systemic change** to shift towards a more sustainable model.

3 최근 IPCC 보고서는 온실가스 배출을 줄이고 지구 온난화의 영향을 해결하기 위한 제도적 변화가 시급하다는 점을 강조한다.
The recent IPCC report underscores the urgent need for **systemic change** to reduce greenhouse gas emissions and address the impacts of global warming.
—— IPCC 기후 변화에 관한 정부간 협의체

 NEWS

Systemic change is necessary to address the global water crisis, according to a new report by the World Wildlife Fund. The report states that increasing water scarcity and pollution require a shift in the way we use and manage water resources. This includes investing in infrastructure for water storage and treatment, promoting sustainable agriculture, and adopting more efficient water use practices in households and businesses. <CNBC>

세계야생동물기금의 새로운 보고서에 따르면 전 세계 물 위기를 해결하기 위해서는 체계적인 변화가 필요하다. 이 보고서는 물 부족과 오염이 증가함에 따라 수자원 사용 및 관리 방식에 변화가 필요하다고 진술한다. 여기에는 물 저장 및 처리를 위한 기반 시설에 투자하고, 지속 가능한 농업을 장려하며, 가정과 기업에서 보다 효율적인 물 사용 관행을 채택하는 것이 포함된다. 〈CNBC〉

PART 8

사설, 논평

CHAPTER 1

긍정적 평가 & 부정적 평가

빈출 표현
218

올림픽 선수들은 **군계일학**이다.
The athletes at the Olympics are
the cream of the crop.

MP3 **218**

"the cream of the crop(군계일학, 최고 중의 최고)"은 우유 위에 뜨는 가장 귀한 크림을 나타내는 것으로, 주어진 분야에서 최고 수준의 사람이나 사물을 설명할 때 쓰입니다.

1   최고의 대학들은 항상 세상을 변화시키고자 하는 최고의 젊은 인재들을 끌어당긴다.
The top universities always attract **the cream of the crop** of young talent who want to make a difference in the world.

2   새로운 스타트업은 기술 산업에서 가장 뛰어난 인재를 고용하여 그들이 주목할 만한 세력이 될 수 있도록 보장한다.
The new startup has managed to hire **the cream of the crop** in the tech industry, ensuring that they will be a force to be reckoned with.
—— reckon with ~ ~을 무시할 수 없는 존재로 대하다

3   올림픽이 진행 중인 지금, 이 선수들은 각 종목의 최고 선수들이며, 경외심을 불러일으키는 경기력을 선보이고 있음이 분명하다.
With the Olympics underway, it's clear that these athletes are **the cream of the crop** in their respective sports, putting on some truly awe-inspiring performances.
—— put on ~ 행동을 선보이다   awe-inspiring 경외심을 불러 일으키는

4   연례 메트 갈라에 패션 산업 최고의 스타들이 모여 정말 멋진 룩을 선보였다.
The cream of the crop in the fashion industry gathered at the annual Met Gala, showcasing some truly stunning looks.
—— showcase 전시하듯 보여주다

NEWS

New York Fashion Week is always a time to see **the cream of the crop** in the industry, as top designers and models converge to showcase their latest collections. This year, the week kicked off with a bang, with big names like Tom Ford and Ralph Lauren presenting their lines to a packed audience of fashion insiders and enthusiasts. The collections were diverse, with everything from bright colors and bold prints to understated, elegant designs. <USA Today>

뉴욕 패션 위크는 최고의 디자이너와 모델들이 모여 최신 컬렉션을 선보이기 때문에 항상 업계에서 가장 뛰어난 컬렉션을 볼 수 있는 시간이다. 올해는 톰 포드, 랄프 로렌과 같은 유명 디자이너가 패션 관계자 및 애호가들로 가득 찬 청중에게 자신의 라인을 선보이며 패션 위크가 화려하게 시작되었다. 컬렉션은 밝은 색상과 대담한 프린트부터 절제되고 우아한 디자인까지 다양했다. 〈USA 투데이〉

converge 모여들다, 만나다   **kick off** 시작하다   **with a bang** 멋지게
understated 절제된

그는 일을 떠안자마자 **발빠르게 시작했다.**
As soon as he took on the job, he hit the ground running.

"hit the ground running(발빠르게 시작하다)"은 군대에서 낙하산으로 비행기에서 낙하한 후 지면에 닿자마자 전장으로 뛰어들어가는 모습에서 유래했습니다. 새로운 프로젝트나 직장에서 일을 시작하면서 적응 시간이 필요하지 않다는 의미입니다.

1 신임 CEO는 발빠르게 시작해 향후 몇 년 동안 회사의 성장을 주도할 것으로 기대된다.
The new CEO is expected to **hit the ground running** and drive the company's growth in the coming years.

2 폭넓은 경험과 업계 지식을 갖춘 신임 매니저는 바로 업무를 시작하고 팀에 즉각적인 영향을 미칠 준비가 되어 있다.
With his extensive experience and industry knowledge, the new manager is poised to **hit the ground running** and make an immediate impact on the team.

3 재능 있는 젊은 선수는 발빠르게 시작할 준비가 되어 있고 다가오는 챔피언십에 가장 큰 무대에서 자신의 실력을 보여줄 준비가 되어 있다.
The talented young athlete is ready to **hit the ground running** and showcase his skills on the biggest stage at the upcoming championships.

4 새로운 스타트업은 발빠르게 시작해서 혁신적인 기술로 업계를 뒤흔들 수 있는 좋은 위치에 있다.
The new startup is well-positioned to **hit the ground running** and disrupt the industry with their innovative technology.

NEWS

The Texas Rangers are hoping that new manager Chris Woodward can **hit the ground running** and lead the team to success in the upcoming season. Woodward, who previously served as the Los Angeles Dodgers' third base coach, brings a wealth of experience and a fresh perspective to the Rangers. With his focus on player development and data analytics, Woodward is poised to make an immediate impact on the team and help them compete in a tough American League West division. <Dallas Morning News>

텍사스 레인저스는 크리스 우드워드 신임 감독이 곧바로 업무를 시작하여 다가오는 시즌에 팀을 성공으로 이끌 수 있기를 기대하고 있다. 로스앤젤레스 다저스의 3루 코치를 역임한 우드워드 감독은 풍부한 경험과 새로운 시각을 레인저스에 제공하게 된다. 우드워드 감독은 선수 개발과 데이터 분석에 중점을 두어 팀에 즉각적인 영향을 미치고 치열한 아메리칸 리그 서부 지구에서 경쟁할 수 있게 도울 준비가 되어 있다. 〈댈러스 모닝 뉴스〉

빈출 표현 220

새 직원은 경험 부족으로 보일 수 있지만, 그녀는 **흙 속의 진주**이다.
The new employee may seem inexperienced, but she's a diamond in the rough.

MP3 220

"a diamond in the rough(흙 속의 진주)"는 다이아몬드 채굴에서 유래되었는데, 거친 상태의 다이아몬드는 별 볼일 없어 보이지만, 세공을 통해 광채를 뽐낼 잠재력이 있습니다. 어떤 작업이나 개발을 거치면 빛날 수 있는 보석 같은 존재를 의미합니다.

1 이 신입 사원은 시작은 거칠었을지 모르지만, 뛰어난 기술과 할 수 있다는 태도를 가진 흙 속의 진주라는 사실이 금방 드러났다.
   The new employee may have had a rough start, but it quickly became apparent that she was **a diamond in the rough**, with exceptional skills and a can-do attitude.

2 이 작은 마을의 고등학교 풋볼 팀은 별 볼일 없어 보일 수도 있지만, 쿼터백은 게임에 대한 천부적인 재능을 가진 흙 속의 진주이다.
   This small-town high school football team might not look like much, but their quarterback is **a diamond in the rough** with a natural talent for the game.

3 이 신인 농구 선수는 다른 팀에서 간과했을지 모르지만, 가르친다고 배울 수 있는 게 아닌 기술과 본능으로 우리 프랜차이즈의 흙 속의 진주임을 입증했다.
   This rookie basketball player may have been overlooked by other teams, but he's proven to be **a diamond in the rough** for our franchise, with skills and instincts that can't be taught.

   ——— franchise 프로 스포츠 리그의 회원권

4 불우한 환경에서 자랐지만 이 젊은 예술가는 흙 속의 진주였고, 이제 전 세계 갤러리에서 그녀의 작품을 감상할 수 있다.
   Despite growing up in a tough neighborhood, this young artist was **a diamond in the rough**, and now her work is celebrated in galleries all over the world.

Eric Paschall isn't exactly **a diamond in the rough**. He was a second-round pick who had a productive college career and showed some ability in Summer League. Then he started torching NBA defenses in the preseason, and a 34-point debut suggested the Warriors had found themselves a rotation player. <San Francisco Chronicle>

에릭 파스칼은 정확히 말해 흙 속의 진주가 아니다. 그는 2라운드에 지명된 선수로 대학에서 결실 있는 경력을 쌓았고 서머 리그에서 어느 정도 능력을 보여 줬다. 그러다 프리시즌에서 NBA 수비에 불을 놓기 시작했고, 데뷔전에서 34점을 올리며 워리어스의 로테이션 선수로 발돋움했다. 〈샌프란시스코 크로니클〉

그 아티스트의 최신 앨범은 널리 호평을 받았다 해도
과언이 아니다.
Suffice it to say the artist's latest album has
received widespread acclaim.

MP3 221

"suffice it to say that(~라 말해도 충분하다, 과언이 아니다)"은 세부 사항을 모두 말하지
않고도 자신의 주장을 충분히 설명할 수 있음을 나타내는 데 자주 사용합니다. 단어
"suffice"는 "be sufficient"와 같은 개념으로 '충분하거나 적절하다'의 뜻입니다.

1   새 CEO의 혁신적인 접근 방식이 불과 몇 달 만에 회사를 반전시켰다 해도 과언이 아니다.
Suffice it to say, the new CEO's innovative approach has turned the
company around in just a few short months.

2   인상적인 실적과 뛰어난 재능을 갖춘 이 팀은 성공할 준비가 되어 있다고 해도 과언이 아니다.
With their impressive track record and exceptional talent, the team
is poised for success, **suffice it to say**.
——— track record 실적

3   새 소프트웨어의 최첨단 기능과 사용자 친화적 인터페이스는 타의 추종을 불허한다고 해도
과언이 아니다.
The new software's state-of-the-art features and user-friendly
interface are second to none, **suffice it to say**.
——— second to none 제일의, 타의 추종을 불허하는

4   이 단체의 모금 노력이 예상을 뛰어넘었고 지역 사회에 실질적인 변화를 가져왔다고 하기에
충분하다.
Suffice it to say, the organization's fundraising efforts have exceeded
expectations and made a real difference in the community.

NEWS

Suffice it to say that Bruno Fernandes has been a revelation for Manchester
United since his arrival in January. The Portuguese international has been
an inspiration in midfield, with his goals, assists and all-round influence on
the team helping to take United from mid-table obscurity to the verge of
Champions League qualification. <Manchester Evening News>

브루노 페르난데스는 1월에 부임한 이후 맨체스터 유나이티드에게 신의 계시라 말해도 과언이 아니다.
포르투갈 국가대표인 페르난데스는 미드필드에서 영감을 불어넣으며 골과 어시스트, 팀에 대한
전방위적인 영향력으로 맨유를 모호한 중위권에서 챔피언스리그 예선 직전까지 끌어올리는 데
도움을 줬다. 〈맨체스터 이브닝 뉴스〉

revelation (신의) 계시   **verge** 직전, 경계선

제시된 증거는 **의심의 여지없이** 그를 유죄로 판결할 만했다.
The evidence presented was enough to convict him beyond a reasonable doubt.

MP3 222

"beyond a reasonable doubt(의심의 여지없이)"는 형사 재판에서 유죄 판결에 필요한 증거 수준을 나타내는 법적 용어입니다. 검찰이 제출한 증거가 용의자가 범죄를 저질렀다는 데 합리적인 의심이 없도록 충분히 강력하다는 것을 의미하죠. 법률 관계뿐 아니라 다양한 방면에서 활용되고 있습니다.

1   의심의 여지없이 올해 팀은 챔피언십에 진출할 잠재력이 있다.
    Beyond a reasonable doubt, this year's team has the potential to make it to the championships.

2   재판에 제출된 증거는 의심의 여지 없이 피고의 유죄를 입증했다.
    The evidence presented at the trial proved the defendant's guilt **beyond a reasonable doubt**.

3   회사의 강력한 재무재표와 고객들의 긍정적인 리뷰는 의심의 여지없이 투자자들에게 그 회사가 신뢰할 수 있는 선택이라는 것을 분명히 보여준다.
    The company's strong financial statements and positive reviews from customers make it clear **beyond a reasonable doubt** that they are a reliable choice for investors.

4   철저한 조사 결과, 그 사고가 장비 오작동으로 인한 것임이 의심의 여지 없이 명백하다.
    After conducting a thorough investigation, it is clear **beyond a reasonable doubt** that the accident was caused by a malfunction in the equipment.

The U.S. Senate has acquitted Donald Trump of inciting insurrection at the U.S. Capitol on Jan. 6, concluding that the evidence presented by House managers did not prove his guilt **beyond a reasonable doubt**. The final vote was 57-43, with seven Republicans joining all 50 Democrats in voting to convict. While the vote fell short of the two-thirds majority needed for a conviction, it was the most bipartisan impeachment vote in U.S. history, with the most votes from members of the opposing party. <Reuters>

미국 상원은 1월 6일 미국 의사당에서 내란 선동 혐의로 기소된 도널드 트럼프에 대해 하원 관리들이 제시한 증거가 의심할 여지가 없을 정도로 유죄를 입증하지 못했다고 결론을 내리며 무죄를 선고했다. 최종 표결은 57대 43으로 공화당 의원 7명이 민주당 의원 50명 전원과 함께 유죄 판결에 찬성했다. 유죄 판결에 필요한 3분의 2 과반수에는 미치지 못했지만, 반대 당 의원들의 표가 가장 많았던 미국 역사상 가장 초당적인 탄핵 표결이었다. 〈로이터〉

acquit A of B A에게 B에 대해 무죄를 선고하다   **insurrection** 반란 사태
bipartisan 초당적인

프로젝트는 실패했지만, 우리가 소중한 교훈을 얻었다는
사실에 위안을 삼는다.
While the project was a failure, we take solace in
the fact that we learned valuable lessons.

MP3 **223**

"solace"는 슬픔이나 고통에서의 '위로'나 '안도감'으로, "take solace in the fact(~라는 사실에 위안을 삼다)"는 무언가 나쁜 일이 일어났지만, 특정 사실로 어느 정도 위안을 받을 수 있다는 것을 의미합니다.

1   경제의 미래에 대해 낙관할 수 있는 이유가 여전히 많다는 사실에 위안을 삼아라.
    Take solace in the fact that there are still plenty of reasons to be optimistic about the future of the economy.

2   어려움에도 불구하고, 우리는 보다 정의롭고 공평한 사회를 향한 진전을 이루었다는 사실에 위안을 삼을 수 있다.
    Despite the challenges, we can **take solace in the fact** that we have made progress towards a more just and equitable society.

3   처음에는 받아들이기 어려울 수 있지만, 실패는 종종 성공을 향한 첫걸음이라는 사실에 위안을 삼을 수 있다.
    While it may be difficult to accept at first, we can **take solace in the fact** that failure is often the first step towards success.

4   불확실한 시기에, 우리에게는 삶과 공동체에서 긍정적인 변화를 가져올 수 있는 힘이 있다는 사실에 위안을 얻을 수 있다.
    In times of uncertainty, it can be comforting to **take solace in the fact** that we have the power to make positive change in our own lives and communities.

5   팬데믹을 헤쳐 나가면서, 우리는 과학자와 연구자들이 새로운 치료법과 백신을 개발하기 위해 밤낮 없이 애쓰고 있다는 사실에 위안을 삼을 수 있다.
    As we continue to navigate the pandemic, we can **take solace in the fact** that scientists and researchers are working tirelessly to develop new treatments and vaccines.

The government has taken steps to provide financial relief to those in need, and as the vaccine rollout continues, we can expect to see more businesses reopen and jobs return. It may be a difficult road ahead, but we can **take solace in the fact** that we have overcome challenges in the past and can do so again. <Forbes>
정부는 도움이 필요한 사람들에게 재정적 지원을 제공하는 조치를 취했으며, 백신 출시가 계속됨에 따라 더 많은 비즈니스가 재개되고 일자리가 회복될 것으로 기대할 수 있다. 앞으로의 여정이 험난할 수도 있지만, 과거에 어려움을 극복했고 다시 극복할 수 있다는 사실에 위안을 삼을 수 있다. 〈포브스〉

rollout 공개, 전시, 출시

안전 점검을 건너뛰는 것은 **망하는 길**이다.
Skipping the safety check is a recipe for disaster.

MP3 **224**

"a recipe for disaster(망하는 길)"는 요리에서 유래한 표현으로, 조리법을 바르게 따르지 않으면 요리가 낭패를 볼 수 있다는 의미를 내포합니다. 마찬가지로, 특정한 행동이나 상황이 제대로 처리되지 않으면 재앙적인 결과로 이어질 수 있다는 뜻입니다.

1 단층 선상에 원자력 발전소를 건설하는 것은 재앙의 지름길이다.
Building a nuclear power plant on a fault line is **a recipe for disaster**.
———— fault line 단층선

2 경험이 부족한 운전자에게 고성능 자동차를 운전하게 하는 것은 재앙의 지름길이다.
Allowing inexperienced drivers on the road with high-performance cars is **a recipe for disaster**.

3 희미하게 나타나는 금융 위기의 징후를 무시하는 것은 재앙으로 가는 길이다.
Ignoring the signs of a looming financial crisis is **a recipe for disaster**.
———— looming 희미하게 나타나는, 어렴풋이 보이기 시작하는

4 실험실에서 휘발성 높은 두 가지 화학 물질을 결합하는 것은 재앙을 불러오는 길이다.
Combining two highly volatile chemicals in a laboratory is **a recipe for disaster**.

5 검증되지 않은 기술을 대규모로 사용하는 것은 재앙의 지름길이다.
Using untested technology on a large scale is **a recipe for disaster**.

NEWS

"Allowing untrained personnel to operate heavy machinery is **a recipe for disaster**," said John Doe, a construction safety expert. "Not only is it a violation of safety regulations, but it puts everyone on the job site at risk. If an accident were to occur, the consequences could be catastrophic. It's imperative that companies invest in proper training and certification programs to ensure that their employees are qualified and capable of operating this equipment safely."
<Construction News>

"훈련을 받지 않은 사람이 중장비를 조작하도록 허용하는 것은 재앙의 지름길입니다."라고 건설 안전 전문가인 존 도우는 말했다. "안전 규정을 위반하는 것일 뿐만 아니라 작업 현장에 있는 모든 사람을 위험에 빠뜨립니다. 만약에 사고라도 발생하면 그 결과는 치명적일 수 있습니다. 기업은 적절한 교육 및 인증 프로그램에 투자하여 직원들이 자격을 갖추고 이 장비를 안전하게 작동할 수 있도록 확실히 하는 것이 필수적입니다." 〈컨스트럭션 뉴스〉

John Doe 존 도우(특히 법정에서, 남자의 이름을 모르거나 비밀로 할 경우에 쓰는 가명)
imperative 반드시 해야 하는

팀을 관리하는 것은 **이해하기 어려운 게 아니다.**

Managing a team **is not rocket science.**

MP3 **225**

"be not rocket science(이해하기 어려운 게 아니다)"는 무엇인가를 이해하거나 해결하는 것이 어렵지 않다는 것을 나타내는 말로 자주 쓰입니다. 로켓공학 분야에서 유래된 것으로, 로켓공학은 로켓과 우주선의 설계, 제작 및 운용 등 복잡하고 기술적인 분야입니다. 이런 로켓공학과 비교해서 현재 다루는 일은 그렇게 어렵거나 복잡하지 않다는 것을 시사합니다.

1 미래에 대한 계획을 세우지 못하면 재앙적인 결과를 초래할 수 있다는 사실을 이해하는 게 어려운 일이 아니다.

It's not rocket science to understand that failure to plan for the future could have disastrous consequences.

2 팬데믹에 대처하는 게 이해하기 어려운 게 아니지만, 일부 세계 지도자들은 기본적인 공중 보건 조치에도 어려움을 겪는 것 같다.

Dealing with the pandemic **is not rocket science**, yet some world leaders seem to be struggling with basic public health measures.

3 경고 신호를 무시하고 해로운 관행을 계속하면 지구에 돌이킬 수 없는 피해를 입힐 거라는 사실을 깨닫는 게 어려운 일이 아니다.

It's not rocket science to realize that ignoring warning signs and continuing with harmful practices will lead to irreversible damage to our planet.

4 이 나라의 의료 시스템을 고치는 것은 힘든 일이 아니지만, 모든 시민의 복지를 우선시하는 정치적 의지와 헌신이 필요할 것이다.

Fixing the healthcare system in this country **is not rocket science**, but it will require political will and a commitment to prioritize the well-being of all citizens.

"**It's not rocket science**, but it's not walking the dog either," says Zafar Adeel, director of the United Nations University's Institute for Water, Environment and Health. He argues that, just as cars have emissions standards, we need something similar for our clothes. <The Guardian>

"로켓공학처럼 힘든 일은 아니지만, 그렇다고 개를 산책시키는 것도 아닙니다."라고 유엔대학의 물, 환경 및 보건 연구소 소장인 자파르 아딜은 말한다. 그는 자동차에 배기가스 배출 기준이 있는 것처럼 우리 의류에도 비슷한 기준이 필요하다고 주장한다. 〈가디언〉

그는 항상 **불리한 입장에 처하게 되는** 것 같다.
He always seems to get the short end of the stick.

MP3 226

"get the short end of the stick(불리한 입장에 처하다)"은 제비뽑기에서 짧은 막대기를 받는 경우를 나타낼 때 쓰는 표현으로, 1800년대 미국에서 쓰이기 시작했습니다. 지금은 타인과 비교해 '손해를 보거나 불리한 제비를 뽑거나 운이 나쁘다'의 뜻으로 활용됩니다.

1 직원들은 열심히 일하지만 보너스와 승진에 있어서는 늘 손해를 보고 뒷전인 것 같다.
Despite their hard work, the employees always seem to **get the short end of the stick** when it comes to bonuses and promotions.

2 중소기업은 더 많은 자원을 보유한 대규모 경쟁업체에 비해 상대적으로 불리한 입장이라고 느끼는 경우가 많다.
Small businesses often feel like they **get the short end of the stick** compared to their larger competitors who have more resources.

3 불우한 배경을 가진 학생들은 교육 기회와 교육 자원 접근성 측면에서 불리한 위치에 있는 경우가 많다.
Students who come from disadvantaged backgrounds often **get the short end of the stick** in terms of educational opportunities and access to resources.

4 이혼 합의에서, 한쪽 당사자는 자산 분배와 관련해 자신이 불리한 입장에 처해 있다고 느끼는 것이 일반적이다.
In a divorce settlement, it's common for one party to feel like they **got the short end of the stick** when it comes to asset distribution.

NEWS

America's once-promising relationship with Afghanistan has been rocky from the start, with the country often appearing to **get the short end of the stick**. The US first cozied up to Afghan militants in the 1980s during the Soviet-Afghan War, only to turn its back on the country after the conflict ended. Since then, the U.S. has made several attempts to promote democracy and stability in Afghanistan, including a nearly 20-year military presence, but with little success. <The Guardian>

한때 유망했던 미국과 아프가니스탄의 관계는 처음부터 흔들렸고, 아프가니스탄은 종종 협상에서 불리한 입장에 처하는 것처럼 보였다. 미국은 1980년대 소련–아프간 전쟁 당시 아프간 무장 세력과 처음으로 손을 잡았지만 전쟁이 끝난 후 아프간에 등을 돌렸다. 그 이후로 미국은 거의 20년 동안 군대가 주둔하는 등 아프가니스탄의 민주주의와 안정을 촉진하기 위해 여러 차례 시도했지만 거의 성공하지 못했다. 〈가디언〉

cozy up to ~ ~와 손을 잡다, 친해지다

기후 변화는 긴급히 대처해야 할 **회색 코뿔소**이다.
Climate change is a Gray Rhino that we must address urgently.

MP3 227

이 용어는 미셸 워커의 책 〈The Gray Rhino: How to Recognize and Act on the Obvious Dangers We Ignore(회색 코뿔소: 우리가 무시하는 명백한 위험을 인지하고 대처하기)〉에서 처음 쓰였습니다. "Gray Rhino"는 '지속적인 경고로 충분히 인지할 수 있지만 쉽게 간과하는 위험 요인'이란 개념이며, 회색인 '그레이'가 붙은 이유는 위험이 흑백처럼 명확하지 않고, 분명하지 않기 때문입니다. 추가적인 분석과 조치가 필요하다는 의미를 내포합니다.

1 주택 시장 붕괴는 많은 경제학자와 규제 당국자들이 놓친 전형적인 회색 코뿔소 사건이었다.
The housing market collapse was a classic **Gray Rhino** event that many economists and regulators missed.

2 다가오는 물 위기는 더 이상 무시할 수 없는 회색 코뿔소 상황이다.
The looming water crisis is a **Gray Rhino** situation that cannot be ignored any longer.

3 기후 변화는 너무 늦기 전에 정면으로 맞서야 하는 궁극적인 회색 코뿔소이다.
Climate change is the ultimate **Gray Rhino** that we need to tackle head-on before it's too late.
—— head-on 정면으로

4 가짜 뉴스의 확산은 우리 민주주의와 사회를 약화시키는 회색 코뿔소이다.
The spread of fake news is a **Gray Rhino** that is undermining our democracy and society.

The massive and rising U.S. national debt is **the Gray Rhino** of our times: a known risk that policymakers and investors ignore at our peril. Despite repeated warnings, the debt keeps growing — by nearly $1 trillion in the past year — and it's projected to continue to do so, thanks to entitlement spending, defense needs and an aging population. The consequences of this neglect could be dire, ranging from higher interest rates to inflation to a possible debt-driven financial crisis that could dwarf the Great Recession. <The Washington Post>

미국의 점점 증가하는 막대한 국가 부채는 우리 시대의 회색 코뿔소로, 정책 입안자와 투자자들이 우리의 위험을 무릅쓰고 무시하는 위험이다. 거듭된 경고에도 불구하고 부채는 작년에 1조 달러 가까이 증가했으며, 수급권 지출, 국방 수요, 인구 고령화 등으로 인해 앞으로도 계속 증가할 것으로 예상된다. 이러한 방치의 결과는 대공황을 왜소해 보이게 만들 수 있는 고금리로 인한 인플레이션에서 부채로 인한 금융 위기 가능성에 이르기까지 대단히 심각할 수 있다. 〈워싱턴 포스트〉

at one's peril 위험을 각오하고　**be projected to** ~할 것으로 예상되다
entitlement (특정 집단을 위한 정부의) 재정 지원 혜택　**dwarf** 왜소해 보이게 만들다

CHAPTER 2

의문과 요구, 변화

그가 말하는 건 **걸러 들어야** 한다.
You should take what he says with a grain of salt.

MP3 **228**

"take something with a grain of salt(~을 걸러 듣다)"는 고대 시대에 독약을 먹은 후 소금을 조금 섭취하면 그 효과를 중화시킬 수 있다는 믿음에서 유래했습니다. 그러다 무언가에 회의적인 경우, 그것을 곧이 곧대로 받아들이지 말고 적당히 걸러서 받아들이는 것이 좋다는 의미로 발전했습니다.

1   전문가들은 표본 크기가 작고 방법론에 의문이 있기 때문에 레드 와인의 이점에 대한 최신 연구를 걸러서 받아들여야 한다고 말한다.
Experts say that we should **take** the latest study on the benefits of red wine **with a grain of salt**, as the sample size was small and the methodology questionable.

2   일부 소식통은 새 정부 정책이 일자리를 창출하고 경제를 부양할 것이라고 주장하지만, 일자리 창출에 대한 실적이 좋지 않았기 때문에 이러한 주장을 걸러서 듣는 것이 중요하다.
While some sources claim that the new government policy will create jobs and boost the economy, it's important to **take** these claims **with a grain of salt**, as their track record on job creation has been poor.

3   많은 영양학자들은 칼로리 섭취에 대한 기존 과학과 모순되기 때문에 독자에게 이런 주장을 신중하게 받아들이라고 촉구하고 있다.
Many nutritionists are urging readers to **take** this claim **with a grain of salt**, as it contradicts established science on calorie intake.

4   새로운 투자를 통해 주주 가치를 높이겠다는 CEO의 약속은 회사가 과대 약속과 기대 불충족 전력이 있기 때문에 신중하게 받아들여야 한다.
The CEO's promises to increase shareholder value through a new round of investments should **be taken with a grain of salt**, as the company has a history of overpromising and underdelivering.

——— underdeliver 기대를 충족시키지 못하다

NEWS

During a pandemic, it's more important than ever to **take** everything **with a grain of salt**. Rumours and misinformation spread quickly, and can do real harm. Conspiracy theories that the virus was manufactured in a lab or that it doesn't exist at all are just a couple of examples of the many untruths circulating on social media. <The Guardian>

팬데믹 상황에서는 모든 것을 걸러서 신중하게 받아들이는 것이 그 어느 때보다 중요하다. 소문과 잘못된 정보는 빠르게 확산되며 실제 피해를 입힐 수 있다. 바이러스가 실험실에서 제조되었다거나 바이러스가 전혀 존재하지 않는다는 음모론은 소셜 미디어에 떠도는 수많은 허위 사실 중 몇 가지 예에 불과하다. <가디언>

그가 이길 가능성은 **기껏해야 미미하다.**
His chances of winning are tenuous at best.

MP3 **229**

"tenuous at best(별 볼일 없는, 기껏해야 미약한)"는 불안정하거나 불확실한 상황이나 관계를 묘사하는 데 쓰입니다. "tenuous"는 '얇은, 약한' 또는 '부서지기 쉬운'의 의미로, 상황이 쉽게 무너질 수 있다는 뜻을 내포합니다. 주로 격식 있는 학술적인 문맥에서 사용합니다.

1   용의자와 범죄를 연결 짓는 증거가 기껏해야 미약한 수준이며, 둘 사이의 명확한 동기나 직접적인 연관성이 성립되지 않는다.
    The evidence linking the suspect to the crime is **tenuous at best**, with no clear motive or direct connection established between them.

2   예측할 수 없는 시장의 특성과 변화하는 소비자 선호도를 고려할 때 회사의 내년도 재무 전망은 기껏해야 별 볼일 없는 수준이다.
    The company's financial projections for the coming year are **tenuous at best**, given the unpredictable nature of the market and changing consumer preferences.

3   단일 정책 변화로 기후 변화라는 복잡한 문제를 해결할 수 있다는 생각은 기껏해야 미약한 수준이며, 다각적인 접근과 지속적인 노력이 필요하다.
    The idea that a single policy change will solve the complex issue of climate change is **tenuous at best**, requiring a multifaceted approach and sustained effort.
    —— multifaceted 다면적인, 다측면의

4   이 신약이 모든 형태의 암을 치료할 수 있다는 주장은 임상 시험이 제한적이고 결과가 상충되는 등 기껏해야 미약한 수준이다.
    The argument that this new drug will cure all forms of cancer is **tenuous at best**, with limited clinical trials and conflicting results.

NEWS

"Tenuous at best" was how the financial analyst described the outlook for the struggling corporation. The company had posted its fifth straight quarterly loss, and its stock price had plummeted to its lowest level in years. The analyst warned investors that the company's debt load was becoming unsustainable and that a bankruptcy filing could be imminent. <The Washington Post>

'기껏해야 미약하다'는 재무 분석가가 어려움을 겪는 그 회사의 전망을 설명한 방식이었다. 이 회사는 5분기 연속 손실을 기록했고 주가는 수년 만에 최저 수준으로 급락했다. 애널리스트는 투자자들에게 회사의 부채 부담이 지속 불가능해지고 있으며 파산 신청이 임박할 수 있다고 경고했다. 〈워싱턴 포스트〉

plummet 급락하다   **imminent** 임박한

우리가 그의 공헌을 언급하지 않으**면 실례가 될 것이다.**
We would be remiss to not mention his contributions.

MP3 **230**

"remiss"는 '태만함'이나 '부주의'를 의미하며, "would be remiss to (~하는 건 적절하지 않을 것이다)"는 이러한 부주의나 태만한 행동을 방지하기 위해 반드시 취해야 할 조치나 결정이 있다는 것을 시사합니다.

1   낙관적인 태도를 유지하는 것도 중요하지만, 이 신기술과 관련된 잠재적 위험을 무시하는 건 적절하지 않을 것이다.
   While it's important to remain optimistic, we **would be remiss to** ignore the potential risks associated with this new technology.

2   책임감 있는 언론인으로서, 추가 증거 없이 이러한 주장의 진실성에 의문을 제기하지 않는 것은 태만이 될 것이다.
   As a responsible journalist, I **would be remiss to** not question the veracity of these claims without further evidence.

   —— veracity 진실성

3   회사의 재무 상태가 현재로서는 유망해 보이지만, 변화하는 시장의 잠재적 영향을 고려하지 않는 건 적절하지 않을 것이다.
   While the company's financials look promising at the moment, it **would be remiss to** not consider the potential impact of a changing market.

4   의도하지 않은 결과를 초래할 수도 있기 때문에 제안된 정책 변경에 우려를 표명하지 않는 건 적절하지 않을 것이다.
   I **would be remiss to** not express my concerns about the proposed policy changes, which may have unintended consequences.

NEWS

Of course, it **would be remiss to** suggest that these kinds of companies will not face challenges as they grow. Markets are not always predictable, and there is always the potential for regulatory changes or technological advancements that could disrupt business as usual. But the impact of the digital age on how we work and live is undeniable, and companies that are able to harness its power are likely to be among the winners in the years to come. <Forbes>

물론, 이러한 유형의 기업이 성장하면서 어려움에 직면하지 않을 거라고 제안하는 건 적절하지 않을 것이다. 시장이 항상 예측 가능한 것은 아니며, 규제 변화나 기술 발전으로 인해 평소와 같은 비즈니스가 중단될 가능성은 항상 존재한다. 하지만 디지털 시대가 우리의 일과 생활 방식에 미치는 영향은 부인할 수 없으며, 그 힘을 활용할 수 있는 기업이 앞으로 몇 년 안에 승자가 될 가능성이 높다. 〈포브스〉

disrupt 방해하다, 지장을 주다   **harness** 이용하다

이 주제는 **이미 물 건너간 일**이다.
This one is like beating a dead horse.

MP3 231

"beating a dead horse(물 건너간 일, 소용 없는 일)"는 바꿀 수 없는 일에 계속해서 시간, 노력, 에너지를 낭비하는 상황을 표현하는 말입니다. 죽은 말을 채찍질해 봤자 어떤 반응도 없는 것처럼 이미 끝난 일에 계속 노력하는 것은 무의미하다는 의미입니다.

1   이미 여러 차례 요청을 드렸으므로, 이 문제를 다시 제기하는 것은 소용 없는 일일 것 같다.
    We've already made the request multiple times, so bringing it up again would be like **beating a dead horse**.

2   이미 초과 근무를 하고 있음에도 불구하고 CEO는 직원들에게 더 많은 것을 계속 요구했는데, 소용 없는 일이다.
    The CEO continued to demand more from his employees, even though they were already working overtime — it's like **beating a dead horse**.

3   실현되지 않을 걸 알면서도, 같은 일을 반복해서 요구하는 것은 소용 없는 일이다.
    Asking for the same thing over and over again, despite knowing it won't happen, is like **beating a dead horse**.

4   위원회가 이미 두 번 제안을 거부했으므로, 다시 제안을 제기하는 건 소용 없는 일일 것이다.
    The committee has already rejected the proposal twice, so bringing it up again would be **beating a dead horse**.

5   임금 인상을 다시 요청해 봐야 의미가 없다. 상사가 이미 그런 일은 없을 거라고 분명히 밝혔다. 소용 없는 일이다.
    There's no point in asking for a raise again; the boss has already made it clear that it won't happen. We'd just be **beating a dead horse**.

President Biden's call to Congress to raise the minimum wage to $15 an hour marks the latest effort by Democrats to put pressure on Republicans who have long opposed an increase. But some worry the effort is akin to **beating a dead horse**. Republicans have resisted raising the wage for years, arguing that it would hurt small businesses and cost jobs. <CNBC>

바이든 대통령이 의회에 최저 임금을 시간당 15달러로 인상할 것을 촉구한 것은 오랫동안 최저임금 인상에 반대해 온 공화당에 압력을 가하려는 민주당의 최근 노력이다. 그러나 일부에서는 이러한 노력이 죽은 말을 때리는 것처럼 소용 없을 거라고 우려한다. 공화당원들은 임금 인상이 중소기업에 피해를 주고 일자리를 잃게 될 것이라고 주장하며 수년 동안 임금 인상에 저항해 왔다. 〈CNBC〉

be akin to ~ ~와 흡사하다

그녀는 우리에게 와서 **두 손을 모아** 도움을 **청했다.**

She came to us pleading with folded hands for help.

MP3 232

고대 인도와 힌두 문화에서 기도나 구걸을 할 때 손을 모으는 것은 존경과 겸손의 동작이었습니다. 이를 나타내는 "plead with folded hands(두 손 모아 호소하다)"는 정중하거나 공식적인 맥락에서 자주 쓰입니다. 뒤에 도움을 요청하는 대상이 올 때 to를, 목적이 올 때는 for를 씁니다.

1 그 작은 마을의 시민들이 범죄율 증가를 해결해 달라고 시장에게 두 손 모아 호소하고 있다.
The citizens of the small town **are pleading with folded hands** to their mayor to address the rising crime rate.

2 환경 운동가들이 기후 변화에 대응하기 위한 긴급한 조치를 취해 달라고 정부에 두 손 모아 호소하고 있다.
The environmental activists **are pleading with folded hands** to the government to take urgent action to combat climate change.

3 그 대학 학생들이 등록금 인하를 해 달라며 대학교 행정실에 두 손 모아 간청하고 있다.
The students of the university **are pleading with folded hands** to the administration to reduce the tuition fees.

4 희생자 가족들이 법원에 정의를 구현해 달라며 두 손 모아 탄원하고 있다.
The families of the victims **are pleading with folded hands** to the court for justice.

5 회사 직원들은 더 나은 근무 조건을 위해 경영진에게 두 손 모아 호소하고 있다.
The employees of the company **are pleading with folded hands** to the management for better working conditions.

NEWS

"I feel this is the only instance in the history of the country when an accused **is pleading with folded hands** to the authorities to pronounce a verdict. If I am guilty then give me punishment. Why am I allowed to sit in the constitutional post of a chief minister? Who is responsible for such a situation in the state," he said. <The Telegraph Online>

"이 나라 역사상 피고인이 두 손 모아 평결을 내려 달라고 정부 당국에 탄원하는 사례는 이번이 유일한 듯합니다. 제가 유죄라면 처벌을 내려 주세요. 왜 제가 헌법상 최고 장관 자리에 앉을 수 있습니까? 그러한 상황에 대한 책임은 누구에게 있습니까?"라고 그는 말했다. 〈텔레그래프 온라인〉

빈출 표현
233

우리는 **한계에 도전하여** 진정으로 혁신적인 것을 내놓아야 한다.
We need to push the envelope and come up
with something truly innovative.

이 표현에서 "envelope"은 '안전하고 수용 가능한 것으로 여겨지는 범위'를 의미합니다. 이런 한계를 '민다(push)'는 것은 일반적인 한계를 벗어나게 해서 무엇이 가능한지 시도 하는 의미로 볼 수 있습니다. 누군가가 새로운 것을 만들어 내거나 혁신을 이루기 위해 일반적이거나 수용 가능한 것을 벗어나려고 할 때 씁니다.

1   새로운 제안은 이 업계에서 가능하다고 생각했던 것의 한계를 뛰어넘는 것이다.
    The new proposal **pushes the envelope** in terms of what we thought
    was possible in this industry.

2   그 회사는 혁신과 창의성 측면에서 한계를 뛰어넘는 것으로 유명하다.
    The company is known for **pushing the envelope** when it comes to
    innovation and creativity.

3   CEO는 경쟁에서 앞서 나가기 위해 한계를 뛰어넘고자 한다.
    The CEO wants to **push the envelope** in order to stay ahead of the
    competition.

4   비평가들은 회사가 한계를 지나치게 넓히고 불필요한 위험을 감수하고 있다고 주장한다.
    Critics argue that the company **is pushing the envelope** too far and
    taking unnecessary risks.

5   정부가 환경 보호를 위해 규제 측면에서 한계를 뛰어넘고 있다.
    The government **is pushing the envelope** in terms of regulations to
    protect the environment.

The current political climate **is pushing the envelope** in terms of
what many people thought was possible just a few years ago. Calls for more
progressive policies and social justice have become mainstream, and many
are pushing the envelope when it comes to holding elected officials
accountable. <The New York Times>

현재의 정치 환경은 불과 몇 년 전만 해도 많은 사람들이 가능하다고 생각했던 것의 한계를 뛰어넘고
있다. 보다 진보적인 정책과 사회 정의에 대한 요구가 주류가 되었으며, 많은 사람들이 선출직 공무원의
책임을 묻는 데 한계를 넘고 있다. 〈뉴욕 타임즈〉

hold ~ accountable ∼에게 책임을 묻다

우는 아이에게 젖 주는 법이니 끈질기고 큰 소리로 요청하라.
Be persistent and loud, for the squeaky wheel gets the grease.

MP3 **234**

'삐걱거리는 바퀴(the squeaky wheel)'에 '기름칠한다(gets the grease)'는 속담인데, 우리 말 표현으로 '우는 아이에게 젖 준다'와 같습니다. 의사 표현을 안 하고 가만히 있는 사람 보다는 적극적으로 요청하는 사람이 원하는 것을 얻게 된다는 뜻입니다.

1   커뮤니티 그룹의 구성원들은 수년 동안 자원 부족에 대해 목소리를 높여 왔지만, 공개적으로 항의하고 나서야 비로소 관심을 받게 되었다. 우는 아이에게 젖 준다는 말이 있듯이 말이다.

The members of the community group have been speaking out about the lack of resources for years, but it wasn't until they made a public protest that they finally got some attention. **The squeaky wheel gets the grease**, as they say.

2   자신의 필요와 욕구에 목소리를 내는 것을 두려워하지 마라. 우는 아이에게 젖 준다는 걸 기억해라.

Don't be afraid to be vocal about your needs and wants. Remember, **the squeaky wheel gets the grease**.

3   비즈니스 세계에서는 자기 목소리를 내고 요구를 관철시키는 사람이 원하는 것을 얻는 사람이다. 우는 아이가 젖을 얻어 먹는 법이다.

In the business world, those who speak up and make their demands heard are the ones who get what they want. **The squeaky wheel gets the grease**.

NEWS

The saying goes that **the squeaky wheel gets the grease**, and this proved true for a group of residents in a small town in Iowa. For years, they had been voicing concerns about the safety of a busy intersection, but their requests for a traffic light went unheeded. Finally, after a local news station picked up the story and the residents staged a public protest, the city council agreed to install a traffic light. It just goes to show that sometimes, you need to be persistent and vocal to get what you want. <The Des Moines Register>

'우는 아이에게 젖 준다'라는 속담은 아이오와주의 한 작은 마을에 사는 주민들에게도 해당되는 말이었다. 주민들은 수년 동안 교통량이 많은 교차로의 안전에 우려를 표명해 왔지만, 신호등을 설치해 달라는 요청은 무시당했다. 마침내 지역 뉴스 방송국에서 이 이야기를 취재하고 주민들이 공개 시위를 벌인 끝에 시의회가 신호등 설치에 동의했다. 원하는 것을 얻으려면 때로는 끈질기고 목소리를 높여야 한다는 것을 보여주는 사례이다. 〈디모인 레지스터〉

unheeded 무시된

우리는 **쓸데없이 시간을 낭비할** 필요가 없다. 이미 있는 걸 사용하자.
We don't need to reinvent the wheel, let's use what we already have.

MP3 235

바퀴는 수천 년 전 발명되었고 다시 만들 필요가 없죠. "reinvent the wheel(쓸데없이 시간을 낭비하다)"은 이미 발명·발견된 것을 불필요하게 다시 만들려는 생각을 하는 것 자체가 시간 낭비임을 나타내는 표현입니다.

1 회사의 경영진은 시장에서 앞서 나가기 위해 쓸데없이 시간을 낭비할 필요가 없다는 것을 깨달았다.
The company's executives realized they didn't need to **reinvent the wheel** to stay ahead in the market.

2 많은 환경 옹호자들이 탄소 배출량을 줄이는 데 큰 진전을 이루려고 쓸데없이 시간을 낭비할 필요가 없다고 주장한다.
Many environmental advocates argue that we don't need to **reinvent the wheel** to make significant progress in reducing carbon emissions.

3 새로운 시스템 개발로 시간을 낭비하는 대신 그 시는 다른 대도시에서 성공한 것으로 입증된 기존의 대중교통 모델을 채택하기로 결정했다.
Rather than trying to **reinvent the wheel** with a new system, the city decided to adopt an existing public transportation model that had proven successful in other metropolitan areas.

4 일부 교육자들은 새로운 교육 방법으로 쓸데없이 시간을 낭비하는 것이 오히려 학생들의 학습에 해가 될 수 있다고 생각한다.
Some educators feel that constantly **reinventing the wheel** with new teaching methods can actually be detrimental to student learning.

5 일부 팀은 복잡한 플레이와 전략으로 쓸데없이 시간을 허비하는 반면, 다른 팀은 기본에 충실하고 실행에 집중한다.
While some teams try to **reinvent the wheel** with complex plays and strategies, others stick to the basics and focus on execution.

The challenge with a pandemic is that it is a global phenomenon that has not been seen in recent memory. Unlike climate change, it's not like we can **reinvent the wheel** in terms of policy response, for example. There's no such thing as a pandemic policy. <The Guardian>
팬데믹으로 인한 도전 과제는 최근 기억에 없는 전 세계적인 현상이라는 점이다. 기후 변화와 달리 그건 정책 대응 측면에서 예를 들면 바퀴를 다시 발명하는 것과는 다르다. (쓸데없이 시간을 낭비하는 것과는 다르다.) 팬데믹 정책 같은 것은 존재하지 않는다. 〈가디언〉

이 업계에서는, **꾸준한 변화 과정**에 적응해야 한다.
In this industry, we must adapt to the shifting sands of progress.

MP3 236

"the shifting sands of progress(꾸준한 변화 과정, 종잡을 수 없는 상황)"는 마치 사막의 모래와 같이 고정된 것이 아니라 동적인, 끊임없이 변화하는 과정이며 지속적인 적응과 조정이 필요하다는 뜻입니다. 또 진보나 향상은 예기치 않은 도전과 장애물이 발생해 창의적인 해결책이 필요한, 예측할 수 없는 측면임을 암시하기도 합니다.

1 사회가 변화함에 따라 우리는 시대에 발맞추기 위해 꾸준한 변화 과정을 헤쳐나가는 법을 배워야 한다.
   As society changes, we must learn to navigate **the shifting sands of progress** to keep up with the times.

2 기술 환경은 끊임없이 변화하고 있으며, 종잡을 수 없는 진보 상황이 새로운 기회와 도전을 창출한다.
   The landscape of technology is ever-changing, with **the shifting sands of progress** creating new opportunities and challenges.

3 비즈니스 세계는 끊임없이 변화하며, 종잡을 수 없는 진보 상황에서 기업은 적응하거나 뒤처질 수밖에 없다.
   The business world is in a constant state of flux, with **the shifting sands of progress** forcing companies to adapt or be left behind.

4 오늘날 같이 빠르게 변화하는 세상에서 종잡을 수 없는 상황은 흥미롭기도 하고 벅차기도 하지만, 변화를 수용하는 이들이 성공할 가능성이 더 높다.
   In today's fast-paced world, **the shifting sands of progress** can be both exciting and daunting, but those who embrace change are more likely to succeed.

NEWS

The world is changing at a rapid pace, with **the shifting sands of progress** constantly reshaping our society. Technology is advancing at an unprecedented rate, and businesses are facing new challenges as they try to keep up with the times. In this environment, it's important to be adaptable and willing to embrace change. Those who are able to navigate **the shifting sands of progress** will be more likely to succeed, both personally and professionally. <Forbes>

세상은 빠른 속도로 변화하고 있으며, 종잡을 수 없는 상황이 우리 사회를 끊임없이 재편하고 있다. 기술은 전례 없는 속도로 발전하고 있으며, 기업은 시대에 발맞추고자 하면서 새로운 도전에 직면해 있다. 이런 환경에서는 적응력 있고 변화를 기꺼이 수용하는 것이 중요하다. 이런 종잡을 수 없는 진보 상황을 헤쳐 나갈 수 있는 이들이 개인적으로나 직업적으로 성공할 가능성이 더 높다. <포브스>

시장**의 변화 역학**은 우리에게 더 기민하라고 요구한다.
**The changing dynamics of the market
requires us to be more agile.**

MP3 237

"changing dynamics of(~의 변화 역학)"는 특정 상황에 영향을 미치는 관계, 또는 상황에 따라 진화하는 변화를 나타냅니다. 이 용어는 비즈니스, 정치 및 사회적 맥락에서 자주 쓰이며, 특정 상황에 영향을 미치는 요소가 변화하고 발전하는 방식을 설명합니다.

1 세계 경제의 변화 역학에 따라, 각국은 경쟁력을 유지하는 수단으로 점점 더 기술에 의존하고 있다.

   With **the changing dynamics of** the global economy, countries are increasingly turning to technology as a means of staying competitive.

2 스트리밍 서비스의 부상과 물리적 매체의 쇠퇴로 음악 산업의 변화 역학은 아티스트와 음반사에게 새로운 비즈니스 모델에 적응하라고 강요하고 있다.

   The changing dynamics of the music industry, with the rise of streaming services and the decline of physical media, is forcing artists and record labels to adapt to new business models.

3 코로나19 팬데믹으로 인해 많은 직원이 재택 근무를 하고 디지털 소통 도구에 의존하면서 직장 내 변화 역학을 가져왔다.

   The COVID-19 pandemic has brought about **the changing dynamics** in the workplace, with many employees now working from home and relying on digital communication tools.

4 전 세계 인구가 계속 증가하고 도시화됨에 따라, 식량 생산과 유통의 변화 역학 관계가 점점 더 중요해지고 있다.

   As the world's population continues to grow and urbanize, **the changing dynamics of** food production and distribution is becoming increasingly important.

The changing dynamics of the global auto industry has been on full display this year, as traditional automakers have struggled to adapt to the rise of electric vehicles and the increasing popularity of ride-hailing services like Uber and Lyft. The industry has been forced to rethink everything from manufacturing processes to sales and marketing strategies, as consumers demand more environmentally friendly and technologically advanced vehicles. <Forbes>

전통적인 자동차 제조업체들이 전기 자동차의 부상과 우버 및 리프트 같은 차량 호출 서비스의 인기 증가에 적응하는 데 고군분투하면서 올해 전 세계 자동차 산업의 변화 역학이 본격적으로 드러났다. 소비자들이 보다 친환경적이고 기술적으로 진보된 차량을 요구함에 따라 자동차 업계는 제조 공정부터 판매 및 마케팅 전략에 이르기까지 모든 것을 재고해야 했다. 〈포브스〉

빈출 표현 238

관습을 깨고 새로운 시도를 해 볼 때다.

It's time to break away from convention and try something new.

"break away from convention(관습을 깨다, 관습에서 벗어나다)"은 전통적이거나 고정된 생각이나 행동 방식에서 벗어나는 것을 의미합니다. 이는 새로운 접근법과 아이디어를 시도하는 의지를 나타내며, 종종 진보나 혁신을 달성하기 위한 것이기도 합니다.

1   기술 발전으로 인해 산업이 크게 변화함에 따라, 기업이 시장에서 경쟁력을 유지하기 위해 관습에서 벗어나 혁신을 수용하는 것이 필수적이다.

As industries undergo significant shifts due to technological advancements, it is imperative that companies **break away from convention** and embrace innovation to remain competitive in the market.

2   패션 산업은 경직된 관습과 전통적인 운영 방식으로 알려져 있다. 그러나 관습을 깨고 업계를 뒤흔드는 독특하고 지속 가능한 작품을 만드는 새로운 디자이너들이 등장하고 있다.

The fashion industry has been known for its rigid conventions and traditional ways of operating. However, new designers are emerging who **are breaking away from convention**, creating unique and sustainable pieces that are disrupting the industry.

3   어떤 분야에서든 변화를 일으키고 발전을 이끌기 위해서는 관습을 깨고 틀에서 벗어나 생각하는 것이 중요하다.

To effect change and drive progress in any field, it is important to **break away from convention** and think outside the box.

NEWS

Cristiano Ronaldo's decision to **break away from convention** and join Juventus has created a lot of buzz in the soccer world. For years, he was synonymous with Real Madrid, and his move to Italy was seen as a bold and risky decision. However, Ronaldo's impressive performances on the field have proven that he is still one of the world's top players and that **breaking away from convention** can pay off. <ESPN>

크리스티아누 호날두가 관습을 깨고 유벤투스에 합류하기로 한 결정은 축구계에서 많은 화제를 불러일으켰다. 수년 동안 레알 마드리드의 대명사였던 호날두의 이탈리아 이적은 대담하고 위험한 결정으로 여겨졌기 때문이다. 하지만 호날두는 경기장에서 인상적인 활약을 펼치며 자신이 여전히 세계 최고의 선수 중 한 명이며 관습을 깨는 것이 보상을 받을 수 있다는 것을 증명했다. 〈ESPN〉

be synonymous with ~ ~와 동일시되다

기존의 틀을 깨고 진정으로 혁신적인 일을 해 봅시다.
Let's **break the mold** and do something truly innovative.

MP3 **239**

"break the mold(기존의 틀을 깨다)"는 새로운 방법으로 무엇을 하거나 관습적 사고에 도전하거나 혹은 상황을 바꾸는 것을 의미합니다. 제품을 동일한 모양과 형태로 만드는 물리적 '성형 공정, 틀(the mold)'에서 벗어나 독특한 것을 만들어 낸다는 것을 시사합니다.

1   많은 사람들이 재택 근무와 원격 근무를 하고 있는 지금이야말로 기존의 틀을 깨고 다양한 근무 방식을 모색하기에 좋은 시기이다.

With so many of us working from home and in remote teams, it is a good time to **break the mold** and explore different work arrangements.

2   경쟁에서 앞서 나가기 위해 기업은 끊임없이 혁신하고 기존의 틀을 깨야 한다. 이는 틀을 벗어나 생각하고 새로운 기술과 아이디어를 수용하는 것을 의미한다.

In order to stay ahead of the competition, businesses need to constantly innovate and **break the mold**. This means thinking outside the box and embracing new technologies and ideas.

3   빠른 변화에 발맞추기 위해 의사와 의료인들은 기존의 틀을 깨고 새로운 일과 치료법을 기꺼이 채택해야 한다.

To keep up with rapid changes, doctors and healthcare providers must be willing to **break the mold** and adopt new practices and treatments.

4   우리의 교육 시스템은 개혁이 절실히 필요하며, 이를 위해서는 전통적인 교육 방법의 틀을 깨야 한다.

Our education system is in desperate need of reform, and this requires **breaking the mold** of traditional teaching methods.

The tech industry has long been criticized for its lack of diversity and inclusion, but some companies are stepping up to **break the mold**. One of these is Alphabet, Google's parent company, which recently released its annual diversity report. The report showed an increase in the number of women and underrepresented minorities in its workforce, as well as progress in leadership positions. <Forbes>

기술 업계는 다양성과 포용성이 부족하다는 비판을 오랫동안 받아왔지만, 일부 기업들은 그 틀을 깨기 위해 노력하고 있다. 구글의 모회사 알파벳도 그중 하나로, 최근에 연례 다양성 보고서를 발표한 바 있다. 이 보고서에서는 직원 중 여성과 인구 비율 대비 대표수가 적은 소수 민족 수가 증가했으며, 리더십 직책에서도 진전이 있었다고 밝혔다. 〈포브스〉

inclusion 포함   **underrepresented minorities** 인구 비율 대비 대표수가 적은 소수 민족

회사는 새로운 시장 조건에 적응하기 위해 **순식간에 바뀌어야** 했다.

The company had to turn on a dime to adapt to the new market conditions.

MP3 240

"turn on a dime(순식간에 바뀌다)"은 미국에서 사용되는 10센트 동전 "dime"이 매우 작아서 손가락으로 쉽게 돌릴 수 있다는 점에서 유래했습니다. 무언가 "turn on a dime"을 할 수 있다면, 노력 없이 급하게 뒤집을 수 있음을 나타냅니다.

1 시장 상황은 불안정하며 투자 심리에 갑작스러운 변화가 생기면 순식간에 바뀔 수도 있다.
   The situation in the market is precarious and could **turn on a dime** if there's a sudden shift in investor sentiment.

2 팬데믹으로 인해 기업은 변화하는 소비자 요구와 행동에 적응하기 위해 민첩하게 움직이고 순식간에 바뀌어야 했다.
   The pandemic has forced businesses to be nimble and **turn on a dime** to adapt to changing consumer needs and behaviors.
   —— nimble 민첩한

3 급변하는 정치 세계에서, 여론은 한순간에 바뀔 수 있으며, 정치인들은 뒤처지지 않게 신속하게 방향을 전환할 준비가 돼 있어야 한다.
   In the fast-paced world of politics, public opinion can **turn on a dime**, and politicians must be prepared to pivot quickly to avoid being left behind.
   —— pivot 회전하다, 돌다

4 기업이 변화하는 소비자 선호도와 기술 트렌드를 앞서지 못하면 기업의 운명은 한순간에 바뀔 수 있다.
   A company's fortunes can **turn on a dime** if it fails to stay ahead of changing consumer preferences and technological trends.

In a world where consumer preferences can **turn on a dime**, companies must be nimble and adaptable to survive. This has been especially true during the pandemic, which has forced businesses to quickly pivot to meet changing consumer needs and behaviors. The companies that have been successful in navigating these uncertain times are those that have been able to **turn on a dime** and quickly adjust their strategies to stay ahead of the curve. <Forbes>

소비자 선호도가 한순간에 바뀔 수 있는 세상에서, 기업은 생존을 위해 민첩하고 적응력이 뛰어나야 한다. 특히 팬데믹으로 인해 기업들이 변화하는 소비자 니즈와 행동에 맞춰 빠르게 전환해야 했던 상황에서는 더욱 그러하다. 이러한 불확실한 시기를 성공적으로 헤쳐나간 기업들은 급회전하여 빠르게 전략을 조정해 시대를 앞서 나갈 수 있었던 기업들이다. 〈포브스〉

ahead of the curve 시대를 앞서서, 유행에 앞서서

영어를 가르치며 영어 공부의 다양한 측면에서 많은 이들과 상담합니다. 중고급자들의 영어 고민을 상담하면서 성공한 사례 몇 가지를 소개합니다.

Q1

선생님, 저는 회사 업무상 원어민들과 컨퍼런스 콜을 자주 하는데 상대방이 말을 너무 빨리해서 알아듣는 게 50퍼센트도 안 돼서 고민입니다. 예전에 동남아 분들과 영어로 대화할 때는 잘 들리고 말이 그나마 잘 통했는데, 업무상 콜을 하는 미국인들은 말이 정말 빨라서 고민이에요. 제가 생각한 말을 하는 건 어느 정도 하는 편인데, 상대방의 말을 듣고 바로 응답하는 게 잘 안 되고 아무튼 뭐라고 하는지 잘 안 들려서 위축되는 경우가 많습니다. 어떻게 빠른 말을 잡아내는 청취력을 키울 수 있나요?

A1

원어민들은 현지인들과 일상에서 말하는 습관으로 국제 실무 상황에서도 말하는 경향이 있어서 말이 아주 빠릅니다. 보통 우리가 익숙한 속도가 분당 100 단어 정도인데 탄력이 붙어 말하는 원어민은 분당 200 단어를 쏟아내기도 합니다. 배려 영어가 아닌 실전 영어의 특징이 바로 이런 속사포 스피킹인데요. 업무상 많이 쓰는 구문들을 숙달하고 당사자의 화법 특성을 파악하는 게 필요합니다. 이를 위한 전략으로 콜을 하는 날 우선 녹음을 해보고 음성 녹음 파일을 가지고 복습공부해 보시길 권합니다. 오디오 파일을 곰 플레이어로 재생하면 키보드에 X를 한 번 누르면 배속을 1.0에서 0.9 두 번 누르면 0.8 등 재생 속도를 낮출 수 있습니다. 0.7 배속으로 낮추면 왠만한 빠른 말의 단어 그리고 단어의 음절 단위를 잡아낼 수 있을 겁니다. 이런 식으로 놓쳤던 구간의 표현과 필수 구문을 수기로 dictation을 겸해 받아 적으면서 1분 분량의 스크립트를 만들어 보세요. 도저히 안 들리는 부분은 원어민 친구나 동료에게 도움을 받아 스크립트를 완성해 보시길 권합니다.

1분 스크립트를 완성한 다음에는 내용을 완전 숙지하고 정상 속도로 두세 번 다시 들으면서 직청직해해 보세요. 스크립트를 보지 않고 소리로만 잡아내는 훈련을 하는 겁니다. 그 다음 단계로는 놓쳤던 핵심 구간을 본인이 직접 성대모사하듯 빠르게 말하는 훈련을 해 보세요. 강약, 음정의 고저, 연음 속도와 호흡 등을 복제하듯 속도를 따라잡는 스피킹을 해 보는 겁니다. 어느 정도 매끄럽게 원어민처럼 구문 발음을 뭉치 단위로 복제하고 나면 대개의 경우 그 필수 구문과 그 원어민의 발음 특징을 확실히 파악할 수 있게 되는데, 이후에는 컨퍼런스 콜이 더 편해질 겁니다. 이는 실무에 필요한 벤치마킹 청취 훈련이며 본인이 직접 속도를 따라잡고 발음 자신감이 생기면 먼지 쌓인 것처럼 뿌옇던 청취와 스피킹이 명료해지고 자신감을 다시 키울 수 있을 겁니다.

Q2

선생님, 저는 외국인들과 일상회화를 무리 없이 해서 큰 지장이 없는데 업무상 통역을 갑자기 맡을 때 뜻대로 잘 안 돼서 기가 팍 죽을 때가 있습니다. 우리말 설명을 영어로 옮기는 일인데 아는 내용도 시원하게 뽑아낼 수가 없어서 제 영어 실력에 의문을 품고 심지어 자괴감을 느끼기도 해서 고민입니다. 영어 회화와 통역이 다르다는 걸 알겠는데, 이중언어 구사력을 단기간에 높이려면 어떻게 공부해야 하나요?

A2

영어 회화와 스피킹을 잘하고 발음이 좋은 건 큰 장점입니다. 설득력 있게 말하고 상대방을 이해시키는 내공이 있다고 보셔도 될 겁니다. 통번역을 잘하려면 요약 능력, 순발력 그리고 한–영 어휘력이 풍부해야 합니다. 특히 한–영 어순으로 다양하고 방대한 표현을 낱개 단어가 아닌 뭉치 단어(구나 절) 단위로 체화시키고 자연스러운 영어로 응용할 수 있는 활용 능력을 배양해야 합니다. 통역하는 내용이 가령 BTS와 K-pop의 인기 관련 주제라고 상정해 봅시다. 최신 뉴스를 국내 뉴스와 CNN이나 BBC 등에서 검색해서 동일 내용의 기사를 꼼꼼하게 정독하면서 우리말-영어 핵심 구문을 정리해 보세요. 이를테면 creating a sensation with Asian fans(아시아 팬들 사이에 큰 인기를 끌고 있다) stir a controversy(논란을 일으키다) 등이 있을 수 있겠지요. 이런 핵심 표현들을 한-영 어순으로 정리하고 뭉치 단어 매칭 연습을 평소에 해 두면 두고두고 통번역하는 데 큰 자산이 될 겁니다. 우리말 어휘와 영어 단어의 특징과 뉘앙스가 많이 다르지만, 뭉치 단위의 구나 절은 의미 단위로 바로 대응되는 경우가 많습니다.

이외에도 요약능력과 순발력을 키우려면 구술 써머리 연습을 하는게 좋습니다. YTN이나 SBS등 국내 뉴스의 유튜브 채널을 보면 영상 하단에 국문 스크립트가 나옵니다. 2-3분 분량의 뉴스를 시청하고 스크립트도 소리내서 읽어보고 바로 우리말로 핵심내용을 1분 동안 요약해서 말해보는겁니다. 처음에는 다 알아들었다고 생각한 내용도 30초 이상 기억을 못하는 경우가 많습니다. 집중해서 재청취를 하고 숫자 단위의 정확한 내용을 다 기억해내려하기 보단 굵직한 아이디어 중심으로 5-6개 핵심 문장을 차분하게 올바르게 뽑아내다 보면 그 과정에서 부연 예시와 고유명사 등이 추가로 떠오르고 뒤섞여 있던 아이디어들이 술술풀리는 경험도 할 수 있습니다. 이런 훈련을 통해 2-3분 분량의 내용을 1분 가까이 요약 재구성할 수가 있을 것입니다. 한-한 구술써머리를 한 후에는 핵심 아이디어를 다시 곱씹으며머릿속의 국문 요약본을 영어로 말해보는 겁니다. 아무래도 처음에는 수월하지 않으니 우리말 키워드를 따로 메모해서 이를 보면서 내용을 영어로 살을 붙여보는 겁니다. (flesh out the sentences)

꾸준한 연습과 훈련을 하면 핵심 문장을 뽑아내는 구문의 완성도가 높아지고 속도도 높아지면 영어탄력을 받으실 수가 있습니다. 유기적인 한-영 전환 학습으로 어휘의 장기 기억도 가능해지니 이 연습을 영어 루틴으로 만들면 큰 효과를 볼 수 있습니다.

1   ad nauseam

(라틴어) 지겹도록; 메스꺼움을 느낄 정도로

The politician repeated his talking points **ad nauseam** during the debate.

정치인은 토론 중에 지겨울 정도로 자신의 화두를 반복했다.

---

2   angstrom

(스웨덴어) 옹스트롬(파장이나 원자간 거리의 측정 단위. 1미터의 100억 분의 1에 해당)

The diameter of an atom is typically measured in **angstroms**.

원자의 지름은 일반적으로 옹스트롬(100억분의 1미터)으로 측정된다.

---

3   bravado

(스페인어) 허세

The boxer's **bravado** before the fight was all bluster, as he was knocked out in the first round.

그 권투선수는 1라운드에서 KO패를 당했기 때문에, 시합 전 보인 허세는 다 허풍이었다.

---

4   cachet

(프랑스어) (사람들이 흠모하는) 특징[특질] (= prestige)

The designer's new line of handbags had a certain **cachet** that attracted high-end customers.

디자이너의 새로운 핸드백 라인은 고급 고객을 끌어들이는 특징이 있었다.

---

5   caveat

(라틴어) (특정 절차를 따르라는) 통고[경고]

The agreement came with a **caveat** that the company could terminate the contract at any time.

계약서에는 그 회사가 언제든지 계약을 종료할 수 있다는 경고문이 포함되어 있었다.

---

6   clientele

(프랑스어) (어떤 기관·상점 등의) 모든 의뢰인들[고객들]

The restaurant's **clientele** was mainly made up of wealthy businesspeople.

그 레스토랑의 고객은 주로 부유한 사업가들로 구성되었다.

7 cul-de-sac
(프랑스어) 막다른 골목

The only way to get to the house was through a narrow **cul-de-sac** at the end of the block.
그 집으로 가는 유일한 방법은 블록 끝에 있는 좁고 막다른 골목길을 통과하는 것이었다.

8 debacle
(프랑스어) 대 실패, 큰 낭패

The company's latest product launch was a **debacle**, resulting in a loss of millions of dollars.
회사의 최신 제품 출시가 대 실패하여 수백만 달러의 손실을 초래했다.

9 dossier
(프랑스어) (한 사람·사건·주제에 대한) 서류[자료] 일체 (= file)

The detective's **dossier** on the suspect included surveillance footage, witness statements, and criminal history.
용의자에 관한 형사의 서류에는 감시 영상, 목격자 진술 및 범죄 기록이 포함되었다.

10 echelon
(프랑스어) 계급, 계층

She worked her way up through the **echelons** of the company to become a top executive.
그녀는 회사의 계층을 승승장구 거쳐 결국 최고 임원이 되었다.

11 en route
(프랑스어) (어디로 가는) 도중에

The package is **en route** and should arrive by the end of the week.
소포가 배송 중이며 이번 주말까지 도착할 예정이다.

12 esprit de corps
(프랑스어) 단결력, 소속감

The team's **esprit de corps** was evident in their unselfish play and supportive attitudes.
이타적인 플레이와 서로를 지지하는 태도에서 팀의 단결력이 분명하게 드러났다.

13 fait accompli
(프랑스어) 기정 사실

By the time the company announced the merger, it was already a **fait accompli**.
회사가 합병을 발표할 때쯤에 합병은 이미 기정사실이었다.

14 fiasco

(이탈리아어) 낭패 (= disaster)

The concert was a **fiasco**, with technical difficulties and a disorganized stage setup.
콘서트는 기술적 어려움과 무질서한 무대 설치로 인해 낭패를 보았다.

15 gourmand

(프랑스어) 미식가, 대식가 (= glutton)

He was a true **gourmand**, always seeking out new and exotic foods to try.
그는 항상 새롭고 이국적인 음식을 찾아 도전하는 진정한 미식가였다.

16 habeas corpus

(라틴어) 인신 보호 영장

The prisoner's lawyer filed a writ of **habeas corpus** to challenge his detention.
죄수의 변호사가 인신 보호 영장을 신청하여 그의 구금에 이의를 제기했다.

17 hoi polloi

(그리스어) (못마땅함 또는 유머로) 일반 대중

The event was open to the **hoi polloi**, with tickets priced affordably for all.
이 행사는 일반 대중에게 개방되었으며, 티켓 가격은 모두에게 저렴했다.

18 hubris

(그리스어) 교만, 자만심

The CEO's **hubris** led him to make risky decisions that ultimately led to the company's downfall.
대표이사는 자만하여 위험한 결정을 내렸고, 이건 결국 회사의 몰락으로 이어졌다.

19 incognito

(이탈리아어) 자기 신분을 숨기고, 가명[익명]으로

The celebrity arrived **incognito**, wearing a baseball cap and sunglasses to avoid being recognized.
그 연예인은 눈에 띄지 않으려고 야구 모자와 선글라스를 쓰고 암행으로 도착했다.

20 incommunicado

(라틴어) 외부와[타인과] 연락이 끊긴; 소통이 단절된

The prisoner was held **incommunicado** for several days without access to a phone or lawyer.
죄수는 며칠 동안 전화도 안 되고 변호사를 만나지 못하고 연락이 단절된 채 구금되었다.

21 inebriated
(라틴어) (격식 또는 유머로) 술에 취한

The driver was pulled over and found to be **inebriated**, with a blood alcohol level well above the legal limit.
운전자에게 차를 한쪽에 대라고 한 후 보니 혈중 알코올 농도가 법적 한도를 훨씬 초과해 술에 취한 것으로 밝혀졌다.

22 ingenue
(프랑스어) (특히 영화나 연극에서) 순진한 처녀

The **ingenue's** fresh face and natural talent made her a rising star in Hollywood.
그 순진한 여성은 신선한 마스크과 타고난 재능으로 할리우드에서 떠오르는 스타가 되었다.

23 innuendo
(이탈리아어) 풍자, 빗대어 하는 말, 빈정거림

The tabloid's article was filled with **innuendo**, suggesting scandalous behavior without any concrete evidence.
타블로이드지의 기사는 구체적인 증거 없이 물의를 빚는 행위들을 암시하는 풍자로 가득 차 있었다.

24 kitsch
(독일어) (인기는 있지만) 질 낮은[가치 없는] 예술품[물건]

The tourist shop was filled with **kitsch** souvenirs like plastic snow globes and t-shirts with cheesy slogans.
관광 상점에는 플라스틱 스노우 볼과 싸구려 슬로건이 적힌 티셔츠 같은 질 낮은 물품들로 가득했다.

25 kudos
(그리스어) (특정한 성취나 위치에 따르는) 영광, 명예(= prestige), 찬사

The scientist received **kudos** from her colleagues for her groundbreaking research on climate change.
이 과학자는 기후 변화에 대한 획기적인 연구로 동료들로부터 찬사를 받았다.

26 machismo
(스페인어) (거친 태도를 보이며 하는) 남자다움[남자임]의 과시

The culture's **machismo** attitude towards gender roles often leads to discrimination against women.
성 역할에 대한 그 문화의 마초주의적 태도로 인해 여성을 향한 차별이 종종 초래된다.

27 malaise
(프랑스어) (특정 상황·집단 내에 존재하는 설명·규명하기 힘든) 문제들[불안감]

The patient's **malaise** and fatigue prompted the doctor to order further tests to diagnose the underlying condition.
환자의 불안감과 피로감으로 인해 의사는 기저 질환을 진단하기 위한 추가 검사를 지시했다.

28 malfeasance
(라틴어) (특히 공무원의) 불법[부정] 행위

The investigation revealed evidence of **malfeasance** by the mayor's office, including bribes and kickbacks.
조사 결과 뇌물 및 리베이트를 포함한 시장실의 부정 행위 증거가 드러났다.

29 melange
(프랑스어) (여러 가지) 혼합물

The artist's work was a **melange** of different styles and influences, creating a unique and original aesthetic.
그 작가의 작품은 다양한 스타일과 영향이 혼합된 혼합물로 독특하고 독창적인 미학을 창조했다.

30 memento mori
(라틴어) 죽음의 상징 (죽음을 상기시키는·경고하는 사물이나 상징)

The gravestone bore the inscription "**memento mori**," reminding visitors of the fleeting nature of life.
묘비에는 "메멘토 모리"라는 문구가 새겨져 있어 방문객들에게 인생의 덧없음을 상기시켜 준다.

31 mise en scene
(프랑스어) (연극의) 무대 장치, 현장

The director paid careful attention to the **mise en scene** in order to create a realistic and immersive environment for the audience.
감독은 관객에게 사실적이고 몰입감 있는 환경을 조성하기 위해 미장센에 세심한 주의를 기울였다.

32 passé
(프랑스어) (못마땅함) 유행이 지난, 구식의(= outmoded)

The restaurant's menu seemed **passé** and old-fashioned, with dishes that were no longer popular or trendy.
레스토랑의 메뉴는 더 이상 인기가 없거나 유행하지 않는 요리로 구식이고 고리타분해 보였다.

33 post-mortem
(라틴어) 검시(檢屍)(= autopsy), 사후 분석(논의)

The company conducted a **post-mortem** of the failed product launch in order to identify the causes of the debacle.
회사는 실패의 원인을 파악하기 위해 실패한 제품 출시에 관한 사후 조사를 실시했다.

34 rapport
(프랑스어) (친밀한) 관계, 조화, 화합

The therapist worked to establish a **rapport** with her patient, building trust and empathy through active listening and open communication.
치료사는 적극적인 경청과 열린 의사소통을 통해 신뢰와 공감을 쌓으면서 환자와 친밀한 관계를 형성하려고 노력했다.

35 soirée
(프랑스어) (불어에서 격식) 파티(특히 어떤 사람의 집에서 밤에 격식을 갖추어서 하는 것)

The fundraiser was a formal **soirée**, with guests dressed in black-tie attire and enjoying champagne and hors d'oeuvres.

이 모금 행사는 검은색 넥타이 복장의 게스트들이 샴페인과 전채 요리를 즐기는 격식 있는 파티였다.

36 touché
(프랑스어) (논쟁·토론에서 상대방의 지적·논점을 받아들이며) 내가 졌군[정곡을 찔렀군]

"I must admit, your argument is quite compelling," he said. "**Touché.**"

"당신의 주장이 상당히 설득력이 있다는 걸 인정해야겠군요." 그가 말했다. "정곡을 찔렀는데요."

37 verbatim
(라틴어) 말[글자] 그대로(의) (= word for word)

The court reporter transcribed the witness's testimony **verbatim**, capturing every word and inflection.

법정 기자는 증인의 증언을 그대로 받아 적으며 모든 단어와 억양상 굴절을 포착했다.

38 vignette
(프랑스어) 비네트(특정한 사람·상황 등을 분명히 보여 주는 짤막한 글·행동), 삽화[사진]

The author's book was filled with vivid and poignant **vignettes** of everyday life in a small town.

저자의 책은 작은 마을의 일상을 생생하고 가슴 찡하게 묘사한 짧은 글로 가득했다.

39 vis-à-vis
(프랑스어) …에 대하여[관하여], 비교하여

The company's performance **vis-à-vis** its competitors was lacking, with lower profits and market share.

경쟁사 대비 회사의 실적은 수익과 시장 점유율이 낮아 부진했다.

40 vox populi
(라틴어) 민중의 소리, 여론

The politician claimed to represent the **vox populi**, appealing to the desires and values of the majority of voters.

그 정치인은 대다수 유권자의 욕구와 가치에 호소하면서 민심을 대표한다고 주장했다.

INDEX

ㄱ

ㅂ

ㅅ

ㅆ

ㅇ

ㅈ

ㅊ

ㅋ

ㅌ

ㅍ

A

B

C

I

J

O

P

R

S

T

U

V

W